现代公司
社会责任研究

李红军 著

燕山大学出版社
·秦皇岛·

图书在版编目（CIP）数据

现代公司社会责任研究 / 李红军著 . — 秦皇岛：燕山大学出版社，2021.12
ISBN 978-7-5761-0225-3

Ⅰ . ①现… Ⅱ . ①李… Ⅲ . ①公司—企业责任—社会责任—研究 Ⅳ . ① F272-05

中国版本图书馆 CIP 数据核字（2021）第 185216 号

现代公司社会责任研究

李红军　著

出 版 人：	陈　玉
责任编辑：	王　宁
封面设计：	星辰创意
出版发行：	燕山大学出版社
地　　址：	河北省秦皇岛市河北大街西段 438 号
邮政编码：	066004
印　　刷：	英格拉姆印刷(固安)有限公司
经　　销：	全国新华书店

开　　本：700mm×1000mm　1/16	印　　张：14.5	字　　数：260 千字
版　　次：2021 年 12 月第 1 版	印　　次：2021 年 12 月第 1 次印刷	
书　　号：ISBN 978-7-5761-0225-3		
定　　价：58.00 元		

版权所有　侵权必究
如发生印刷、装订质量问题，读者可与出版社联系调换
联系电话：0335-8387718

前　言

公司社会责任指的是企业对社会合乎道德的行为，即企业或组织在赚取利润的同时，应该主动承担的对环境、社会和利益相关者的责任。随着经济全球化的不断加深，现代公司社会责任理念涉及范围更广，影响力更大，成为世界各国普遍公认的时代现象。改革开放多年来，我国经济发展取得了举世瞩目的成就。随着市场经济体制改革的深入和国企改制的逐步推进，我国企业逐渐转变为独立的市场经济主体，同时也成为社会经济发展的重要成员和主要载体。

关于现代公司社会责任，目前国内外有多种理论与观点。本书对现代公司社会责任的研究，目的是告诉企业应如何承担公司社会责任，怎样才算是承担了公司社会责任。本书从公司社会责任概述入手，介绍了公司社会责任的基础理论知识，阐述了公司社会责任的内涵、主要内容和理论基础。在此基础上，对现代公司社会责任的主要维度进行了具体分析，探讨了七个维度——消费者维度、员工维度、股东维度、环境维度、社区维度、供应链维度和政府维度。另外，针对现代公司社会责任与公司治理、现代公司社会责任与企业文化、现代公司社会责任与公共利益、现代公司社会责任建设与企业的可持续发展进行了详细的研究。同时，就竞争与合作中的现代公司社会责任进行了深入系统的探讨，并探索了现代公司社会责任评价分析、现代公司社会责任会计信息披露质量与现代公司社会责任实现机制。当前，虽然我国企业社会责任的理论研究还处在大力推进之中，但企业承担社会责任已经是不可阻挡的大趋势。

对于现代公司社会责任研究来说，不仅需要对公司社会责任的理论有一个较为透彻的理解，也需要对公司社会责任的相关方面有足够清晰的认知。因此，我们需要与时俱进，不断更新与发展公司社会责任理念，随着时代的发展而不断完善，促进现代公司的发展，从而推动我国经济的完善。笔者相信，未来我国企业社会责任的理论研究将随着企业社会责任实践同时发展，越来越多的企业把承担社会责任纳入管理工作的重要议程并付诸实践，使得我国经济不断健康发展，从而实现中华民族的伟大复兴。

目 录
CONTENTS

第一章 公司社会责任概述 ... 001
第一节 公司社会责任的内涵 ... 001
第二节 公司社会责任的主要内容 ... 009

第二章 现代公司社会责任的理论基础 ... 018
第一节 利益相关者理论 ... 018
第二节 企业伦理理论 ... 022
第三节 社会资本理论 ... 026
第四节 企业公民理论 ... 030

第三章 现代公司社会责任的主要维度 ... 035
第一节 消费者维度 ... 035
第二节 员工维度 ... 039
第三节 股东维度 ... 042
第四节 环境维度 ... 044
第五节 社区维度 ... 049
第六节 供应链维度 ... 053
第七节 政府维度 ... 056

第四章 现代公司社会责任与公司治理 ... 060
第一节 公司治理的基本理论概述 ... 060
第二节 利益相关者与公司治理 ... 070

第三节　现代公司社会责任与公司治理结构探索 …………………… 081

第五章　现代公司社会责任与企业文化 …………………………………… 087
　第一节　企业文化的基本理论概述 …………………………………… 087
　第二节　企业伦理文化——企业文化建设的新内涵 ………………… 092
　第三节　公司社会责任——一种新型的企业文化 …………………… 099

第六章　竞争与合作中的现代公司社会责任 ……………………………… 107
　第一节　企业的竞争与合作 …………………………………………… 107
　第二节　合作中现代公司应履行的社会责任 ………………………… 110
　第三节　竞争与合作中现代公司提高社会责任的路径 ……………… 114

第七章　现代公司社会责任与公共利益 …………………………………… 120
　第一节　公共利益的界定 ……………………………………………… 120
　第二节　公共利益与现代公司社会责任的关系 ……………………… 124
　第三节　公共利益中现代公司承担社会责任的利益考量 …………… 129

第八章　现代公司社会责任建设与企业的可持续发展 …………………… 133
　第一节　公司可持续发展的伦理要素——公司社会责任 …………… 133
　第二节　新发展观——基于社会责任的公司发展方式的变革 ……… 138
　第三节　竞争优势再造——公司社会责任建设的成本效益分析 …… 141
　第四节　社会责任问题——我国公司可持续发展中的要点 ………… 150

第九章　现代公司社会责任评价研究 ……………………………………… 155
　第一节　现代公司社会责任履行情况概述 …………………………… 155
　第二节　现代公司社会责任评价指标体系构建 ……………………… 162
　第三节　现代公司社会责任综合评价 ………………………………… 173
　第四节　现代公司社会责任综合评价结果分析 ……………………… 181

第十章　现代公司社会责任会计信息披露质量研究 ……………………… 187
　第一节　社会责任会计信息披露的相关概念与理论基础 …………… 187
　第二节　公司社会责任会计信息披露案例简介 ……………………… 190
　第三节　公司社会责任会计信息披露质量基本评价 ………………… 192
　第四节　公司社会责任会计信息披露存在的问题及建议 …………… 198

第十一章　现代公司社会责任实现机制研究 …… 203
　第一节　现代公司社会责任实现机制的基本概述 …… 204
　第二节　现代公司社会责任实现机制的内容体系 …… 207
　第三节　推动现代公司社会责任实现机制构建的措施 …… 214

参考文献 …… 222

第一章 公司社会责任概述

第一节 公司社会责任的内涵

一、公司社会责任概念的演进

社会责任并不是一个新概念，早在20世纪初就有学者在其论著中涉及有关思想，但直到博文（Howard R. Bowen）的《企业家的社会责任》一书出版时，才推动了有关社会责任的探讨。

（一）概念的提出

公司社会责任，亦可被称为企业社会责任。19世纪早期，西方企业对社会责任并不是很关心，他们普遍认为公司或企业只是为自己和股东创造利润。索尔特（Titus Salt）在1851年提出的被称为"慈善家的住房建设"的计划中，最早表达了公司社会责任的观点。在《改变中的经济责任的基础》一文中，克拉克（Maurice Clark）指出社会责任中有很大一部分是企业的责任，主张需要有责任感的经济原则，发展这种原则并将它深植于的商业伦理之中。因此，克拉克被认为是最早提出公司社会责任思想的学者。公司社会责任的具体概念则是博文提出的，现代公司社会责任的研究领域也由此开创。博文于1953年在其著作《企业家的社会责任》一书中提出，企业追求自身权利的同时必须尽到社会责任和义务，应该在保护社会大众的利益和改善社会的活动中发挥积极作用。同时，他给出了企业家社会责任的最初定义——企业家有义务按照社会所期望的目标和价值，来制定政策、进行决策或采取某些行动。

继博文之后，更多学者参与了公司社会责任的研究，研究对象也开始从企业家个体转向企业作为经济组织的社会责任，研究始于对概念的界定。在该领域几乎与博文齐名的戴维斯（Keith Davis）强调"责任铁律"，即那些不承担社会责任而使用权利的人最终将丧失权利。基于这个观点，戴维斯认为，企业对社会责任的回避将导致社会所赋予权利的逐步丧失，因此，社会责任是指公司考虑或回应超出狭窄的经济、技术和立法要求之外的议题，实现公司追求的传统经济目标和社会利益。

20世纪70年代初，关于公司是否承担社会责任引起了广泛争论，两位著名经济学家弗里德曼（Milton Friedman）和萨缪尔森（Paul A. Samuelson）分别提出了对立的观点。因此，戴维斯重新强调，就讨论目的而言，公司社会责任指公司考虑和回应的议题要超出公司狭隘的经济、技术和法律要求，并且公司有义务评价其行为结果对外部社会系统所造成的影响，确保其决策能够促进社会福利并取得公司追求的传统经济利润。弗雷德里克（W. C. Frederick）强调，社会责任意味着企业家应该监督经济体制的运行以满足社会的期望，促进社会的进步。他强调生产的经济意义在于，生产和分配应以提高总体社会经济福利为目的，公众期望社会的经济、人力资源能通过企业被运用于广泛的社会目的，而不是单纯为了个人和企业狭隘的有限利益。麦克奎尔（Joseph Mc Guire）提出，一个组织不仅仅在经济和法律义务方面，而且在道德伦理义务方面也负有责任。企业在作决策时应该和对待其他义务一样，要重视道德伦理的义务。这里的道德义务可以被理解为这样两层意思：一层是对社会其他部门的责任感并作为内部的约束；另一层是自愿的行为，这样它就失去了责任的强制性，从而成为一种慈善行为。虽然麦克奎尔未具体说明应该包括哪些责任，但却详细阐述了公司经营中对政治、社会福利、教育的必要关注。沃尔顿（Walton）认为，社会责任的概念能够使人们认识到企业和社会之间存在的密切关系，企业行为不仅影响他人，还可能影响整个社会系统。因此，当企业在追求经营目标时，管理人员必须考虑更广泛的社会系统。

（二）概念的发展

斯坦纳（George A. Steiner）提出，企业除了必须遵守基本的经济原则外，还有责任帮助社会实现基本目标。企业越大，社会责任也越大，而且企业承担社会责任能够带来短期利益和长期利益。曼尼（Manne）提出，任何关于公司社会责任可行定义的另一方面是，公司和企业的行为必须是自愿的行为才算是合格的，并且为此而付出的必须是公司和企业真实的支出而不是个人的慷慨捐助，法律等强制要求承担的责任不应该包含在公司社会责任之列。约翰逊（Johnson）分析了四种关于公司社会责任的定义。

第一是传统定义，即一个承担社会责任的企业，其管理人员应该能够平衡各种利益关系，不仅顾及股东的最大利益，还应该兼顾雇员、供应商、交易商、当地社区和国家的利益。第二是利润最大化定义，即社会责任的观点表明，经济组织能够通过实施社会责任项目来提高组织的利润。第三是效用最大化定义，即社会责任的第三个方法是假设经济组织的根本动机是效用最大化，企业追求多重目标而不仅仅是利润最大化。第四是社会责任的词典定义，即企业具有一系列动态的目标和责任，其选择和实现是根据重要性来排列与评估的，企业对此要像有道德的公民一样进行选择。约翰逊认为，这四种定义实际上是从不同角度相互补充公司社会责任的概念。

20世纪70年代中期，弗雷德里克将公司社会责任定义为"企业回应社会压力的能力"，并用"企业社会责任"来代替。同样，阿克曼（Ackennan）和鲍尔（Bauer）批判早期公司社会责任的定义过于强调企业承担社会责任的动机，而忽视其实施，他们建议企业采取三方面的行动对社会进行回应，即监控和评价外部环境条件、关心利益相关者的要求、设计一些计划和政策以回应不断变化的环境及利益相关者的要求。由于这个概念有助于公司社会责任的实施，所以，社会回应管理一直是20世纪八九十年代研究的主题，并成为公司社会责任管理实践的重要方法之一。波斯特（James E. Post）认为，大多数公司社会责任概念主要是关注企业经营行为对社会所造成的影响，具有模糊而笼统的含义，与企业管理的内部活动或企业所处的外部环境缺乏联系，因此，他们选择用"公共责任"来代替"社会责任"，用来定义在公共生活的特定环境下组织管理的功能。他们提出，企业实施对公共责任的管理，要考虑的是企业基本的经济活动及其所造成的内外部影响；企业公共政策的制定要广泛考虑政府要求、法律规定、公众观点等因素，不能仅仅依靠个人道德观点或少数利益群体来对公司社会责任范围进行界定。这一观点表达了对企业经营中内、外部社会问题的关注，也表达了公共责任对企业公共政策制定的影响。但由于"公共责任"的措辞仍显得过于模糊和空泛，后来的研究更倾向于选择"社会责任"或"社会政策"来阐述同一议题。塞西（S. P. Sethi）首先提出了包含"社会义务""社会责任"和"社会回应"的企业"社会绩效维度"。在他看来，社会义务是指企业回应市场压力或法律约束的行为，其标准是经济和法律；社会责任却超出了社会义务的范围，是指将公司行为提高到一个水平，使之适应现行的社会规范、价值和绩效期望；社会回应则是企业行为对社会需求的适应，涉及企业在一个动态社会系统中长期的角色。

20世纪90年代后期，理论界又提出了企业公民理论，即将企业看成社会的一部分，认为企业同个体的社会公民一样，既拥有社会公民权益，又必须承担对社会的责任。查尔斯·汉迪（Charles Handy）提出了企业社区的概念，认为一个公共企业不仅应该被看成财富的一部分，而且应该被看成一个共同体，任何人都没有权利拥有这个共同体。乔治·恩德勒（Georges Enderle）从经济伦理学的角度提出了"平衡企业"概念，认为作为一个道德行为者的企业，具有经济的、社会的和环境的责任，它在各个层次上与其他行为者有关联，并在某种不确定的和变化着的范围内进行运作。以上对公司社会责任的定义表明，企业管理理念和经营理念已经发生了深刻变化，企业不但要为股东创造利润，而且还要考虑对利益相关者负责；不但要考虑产品的技术水平，而且还要关注产品的环保质量；不但要考虑生产效率，而且还要考虑在生产过程中劳动者的权益；不但要考虑产品的知名度，而且还要关注企业的社会形象（美誉度）。这些不仅都超出了传统对企业的"经济人"假设，而且还把企业看成与社会不可分割的一部分，企业与社会密切相关。[①]

二、关于公司社会责任的代表性定义

关于公司社会责任，目前没有形成统一的认识，存在多种多样的定义，其主流观点主要有以下几种。

第一，哈罗德·孔茨（Harold Koontz）和海因茨·韦里克（Heinz Weihrich）认为，公司应当承担社会责任，就是要认真考虑公司的一举一动对社会的影响。

第二，戴维斯和罗伯特·L.布卢姆斯特朗（Robert L. Blomstrom）对企业社会作如下定义：公司社会责任是指决策者在谋求企业利益的同时，对保护和增加整个社会福利方面所承担的义务。这个定义表明了公司社会责任的两个积极面，即保护和改善。保护社会福利意味着要避免对社会的消极影响，改善社会福利则意味着为社会创造积极的利益。

第三，麦克奎尔将经济和法律目标联系起来强调公司社会责任，他认为公司社会责任意味着企业不仅仅有经济和法律义务，而且还对社会负有超过这些义务的某些责任。该定义也是一个包罗甚广的公司社会责任概念，但它的可取之处在于它承认经济目标以及法律义务的首要性。

第四，埃德温·M.爱普斯坦（Edwin M. Epstein）将公司社会责任与公司管理对利益相关者和伦理规范日益增多的关注联系起来。爱普斯坦认为，公司社会责任就是要努力使公司决策结果对利益相关者产生有利的而不是有害的影响。公司行为的结果是否正当是公司社会责任关注的焦点。

---

① 王丹丹，夏子叶.造纸企业社会责任与财务绩效关系实证研究[J].中国林业经济，2019（5）：6-9.

第五，斯蒂芬·P. 罗宾斯（Stephen P. Robbins）对"公司社会责任"这样定义：公司社会责任是指超过法律和经济要求的，企业为谋求对社会有利的长远目标所承担的责任。世界可持续发展企业委员会则认为，公司社会责任是企业针对社会（既包括股东，也包括其他利益相关者）的合乎道德的行为。

第六，世界可持续发展委员会指出，公司社会责任在广义上是指企业对社会合乎道德的行为，特别是企业在经营上必须对所有利益相关者负责，而不只是对股东负责。公司社会责任是企业承诺持续遵守的道德规范，为经济发展作出贡献，并且改善员工及其家庭、当地整体社区、社会的生活品质。

第七，中国人民大学教授常凯指出，公司社会责任是指在市场经济体制下，企业除了为股东追求利润外，也应该考虑相关利益人，即影响和受影响于企业行为的各方利益。其中，雇员利益是公司社会责任中的最直接和最主要的内容。

第八，刘俊海认为，所谓公司社会责任就是企业不能仅仅以最大限度地为股东营利作为唯一存在的目的，而应当最大限度地增进股东利益之外的其他所有社会利益。曾培芳认为，公司社会责任是企业行为外部性的客观表现，即如果企业为了个体利益的行为导致的结果客观上给其他个体或社会带来了收益，那么这种行为的外部性就是其所谓的社会责任。

第九，ISO26000国际标准提出，社会责任是组织通过透明和道德的行为，为其决策和活动对社会和环境的影响而承担的责任。

第十，李伟阳、肖红军从社会福利视角对"追求对社会负责任的企业行为"的本质属性进行最高层次的抽象。他们概括了公司社会责任的"元定义"，将其界定为在特定的制度安排下，企业有效管理自身运营对社会、利益相关方、自然环境的影响，追求在预期存续期内最大限度地增进社会福利的意愿行为和绩效。

笔者认为，公司社会责任就是指在某特定社会发展时期，公司对其利益相关者应该承担的经济、法规、伦理、自愿性慈善以及其他相关的责任。

现代公司应当承担多少以及何种类型的社会责任一直是一个引起关注和争论的热点问题。

综合以上分析，可以得出三个结论：①公司社会责任是社会对企业的期望，必须从社会而不是从单个企业的角度来理解公司社会责任。②从形式上看，"综合责任说"有助于完整地反映期望，因而优于独立责任说；从内容上看，两者实际上关注的是同一个问题，即除了经济和法律责任外，企业还应该履行什么责任，如果对这第三种责任认识一致，两者便没有本质区别。③经济、法律以外的责任不是公益责任，而是道德责任。道德责任是理解公司社会责任内涵的关键。由此导出对公司社会责任的理解：公司社会责任是指企业应该承担的，以利益相关为对象，包含经济责任、法律责任和道德责任在内的一种综合责任。

三、公司社会责任的两种代表性观点

关于公司社会责任，有以下两种颇具代表性的观点。

（一）密尔顿·弗里德曼（Milton Friedman）的公司社会责任说

密尔顿·弗里德曼于1970年发表了题为《企业的社会责任就是增加利润》的文章，文中对企业的社会责任提出了鲜明的观点。密尔顿·弗里德曼认为，企业有且只有一种社会责任，即在游戏规则（公开的、自由的、没有诡计与欺诈的竞争）范围内，为增加利润而运用资源来开展活动。其主要理由如下：只有人才能负有责任，公司是一个虚拟的人，只能负虚拟的责任。公司总裁作为代理人，履行公司社会责任将损害他人的利益。在以私有产权为基础的、理想的自由市场中没有人能够强迫其他人，所有的合作都是自愿的，如果参与这种合作的各个方面不能够得到好处，他们就没有必要参加进来。除了个人共享的价值观与责任外，不存在其他任何的价值观和"社会的"责任。社会是人的集合体，是人们自愿组成的各种群体的集合体。在实际中，社会责任学说通常只是一种伪装，是为了获得自身利益才这样做的。

（二）公司承担道德责任说

公司社会责任的观念是在与传统经济观念相对抗的过程中缓慢发展起来的，这两种观念之间的紧张状态并没有停止，它还会继续下去。公司社会责任是针对传统企业责任提出来的另一种企业责任。独立责任说清晰地表明，公司除了履行传统的经济责任外，还需履行别的责任，即所谓的社会责任。而且，独立责任说承认履行经济责任和社会责任之间存在对立的一面。弗里德里克把始于20世纪60年代的关于公司社会责任的讨论划分为三个阶段：第一阶段，管理者在经过许多思考之后，接受了他们负有社会责任这个观念；第二阶段，他们学着怎样在他们的掌管之下建立和完成社会项目；第三阶段，专家和管理者们正在寻找能够指导公司社会行为的道德标准。

这从一个侧面说明，人们逐渐认识到，道德责任是公司应该对社会履行的责任之一。

斯蒂芬·P. 罗宾斯（Stephen P. Robbins）区分了社会责任和社会义务，认为一个公司只要履行了经济和法律责任，就算履行了社会义务，而社会责任则在社会义务的基础上加了一个道德责任，促使人们从事使社会变得更美好的事情，而不做那些有损于社会的事情。即使是"利润最大化"论的支持者弗里德曼也承认公司应该履行道德责任。以至于卡罗尔认为，弗里德曼接受了公司社会责任四层次模型中的三个层次：经济的、法律的和道德的，唯一没有包括进去的是自愿的或慈善的层次。当然，因为弗里德曼强调只对股东负责，是否能真正做到合乎道德地对待利益相关者是值得怀疑的。但无论如何，公司应该履行道德责任这一点是得到广泛认同的。

四、公司社会责任的古典观和社会经济观

在西方企业伦理学和管理伦理学著作中，社会责任是一个含义极广因而也是歧义较多的一个概念。较为流行的说法有：只是创造利润、不仅是创造利润、是自愿的活动、关心更大的社会系统和社会敏感等。有关定义可分为两类，斯蒂芬·P.罗宾斯将其称为"古典观"和"社会经济观"。

（一）公司社会责任的古典观

古典观的最重要支持者是弗里德曼。弗里德曼认为股东只关心一件事：财务收益率。所以，无论是市场上的单个公司，还是整个国家的所有公司，为了自身的发展，都不应该承担较高的社会责任，否则将会使公司的经济绩效降低，即公司的社会责任与经济绩效是负相关的关系，公司唯一的社会责任就是追求利润最大化，也就是公司社会责任一元论。罗宾斯认为，从微观经济学的一般观点出发，可以得出这样的结论：如果公司的社会责任行为增加了经营成本，则这些成本必须或是以高价转嫁给消费者，或者是通过较低的边际利润由股东们承担。但在一个竞争的市场中，如果管理当局提高价格，必然减少销售。完全竞争的市场并未假设成本中含有社会责任成本。因此，提高价格必然损失市场。另外，在一个竞争的市场中，投资是向回报率最高的地方流动的。如果担负社会责任的公司不能将高的社会成本转嫁给消费者，而不得不在内部吸收这些成本的话，其回报率必然降低。经过一段时间，投资就会从担负社会责任的公司流出来，去寻找由于不承担社会责任而有更高回报率的公司。

（二）公司社会责任的社会经济观

与古典观对立的社会经济观认为，利润最大化是公司的第二位目标，而不是第一位目标，公司的第一位目标是保证自身的生存。这种观点认为公司是社会的

一个组成部分，有责任为社会财富的最大化作出自己的贡献。针对古典观的观点，社会经济观主要有四种代表性的观点。

1. 利益相关者观点

利益相关者理论明确指出，公司对界定清晰的利益相关者负有社会责任，这些利益相关者包括股东、债权人、员工、消费者和供应商等交易伙伴，也包括政府部门、本地居民、当地社区、媒体和环保主义者等压力集团。这种观点把公司社会责任等同于公司责任，具体可概括为以下几个主要方面：第一，公司对员工的责任（如员工安全健康、住房医疗、再培训等）；第二，公司对消费者的责任（如质量保证、不进行欺诈等）；第三，公司对政府的责任（如纳税、履行政府经济政策等）；第四，公司对社区的责任（如对社团和慈善事捐赠、美化环境等）；第五，公司对环境的责任（如环境治理、资源综合利用等）。

2. 社会契约的观点

以唐纳德森（Thomas Donaldson）为代表的"社会契约论"坚持一种更广泛的、超出法律的社会契约，认为公司功能的基础在于社会契约，公司作为社会中的一员，被赋予了存在和经营的权利，因而也理应有义务对社会负责。

3. 社会本位观点

该观点认为公司不仅应当考虑所有利益相关者的利益，而且还应当尽力帮助解决与公司无直接关系的社会问题。格里芬（Griffin R. W.）认为，公司社会责任是指在提高自身利益的同时，承担回报和增加整个社会福利等方面的责任。他指出，对公司行为要为社会和环境责任负责的强烈要求使得公司需要将社会和环境政策纳入公司经营战略，以达到获得持续竞争优势的目的。

4. 多元社会责任的观点

多元社会责任的比较流行的观点是把公司社会责任划到公司责任属下。持此观点的人们认为，公司责任可分为公司经济责任、公司法律责任、公司道德责任和公司社会责任。公司经济责任是指公司所负有的谋求利润最大化之责任。公司法律责任为法律所明文规定的公司义务。公司道德责任是指公司有能力认识到并有能力控制但未控制其自身，其行为对社会福利造成重大负面影响且超出社会既定行为标准，从而公司应承担道义上的责任。公司社会责任是指公司对其有着间接关系的第三人所应负的除经济、法律、道德三方面以外的责任。

（三）对公司社会责任的古典观和社会经济观的评价

虽然古典观与社会经济观对公司的社会责任的看法持相反的意见，但这两种看法之间并不是完全对立的，究其原因，一方面是他们对这一问题的研究选择的框架不同，另一方面是他们对公司所要承担的社会责任在定量上没有进行明确区分，因而得出两种非此即彼的矛盾结论。因此，笔者认为公司承担社会责任是很有必要的。公司承担社会责任的必要性和意义在于以下三个方面。

第一，承担适当的社会责任可以使公司获得成本优势。成本优势指公司通过在内部加强成本控制，在研发、销售、服务和广告等领域把成本降低到最低限度而获得相对于竞争对手的优势。奉行诚实守信、公平竞争、遵守基本的行业规则是公司社会责任的重要内容。

第二，承担适当的社会责任可以使公司获得差异化优势。迈克尔·波特（Michael E. Porter）认为，差异化优势是公司向顾客提供的产品和服务在产业范围内独具特色，从而可以给产品带来额外的溢价，如果一个公司的产品或服务的溢出价格超过因其独特性所增加的成本，那么拥有这种差异化的公司将获得竞争优势。差异化竞争优势的一个重要表现是公司拥有良好的"信号标准"，信誉或形象是其最典型、最重要的因素。公司良好的"信号标准"有助于考虑选择一个特别的供应商，或在买方采购决策中起重要作用。因为信誉、形象等信号标准而引起的壁垒具有持久性，公司承担适当社会责任所获得的信誉和形象可以转化为差异化优势。

第三，承担适当的社会责任可以转化为公司的重要资源。公司资源通常是指公司在向社会提供产品或服务的过程中所拥有的能够实现公司战略目标的各种要素集合，包括人力、物力、财务、技术创新、组织和商誉等。公司通过承担适当的社会责任可以为自身塑造良好的公司形象，在消费者当中形成良好的口碑，从而为公司创造商誉。

第二节　公司社会责任的主要内容

一、公司社会责任的特征和原则

（一）公司社会责任的特征

公司社会责任是公司作为主体对社会承担的责任，从整个社会的角度考虑，公司是众多社会主体中一员，公司没有必要也不可能行使所有社会组织的功能，公司只需承担其应负有的社会责任。一般而言，公司所应承担的社会责任具有以下特征。

第一，公司社会责任是对传统的股东利益最大化的公司理念的修正，是公司实现经济利益的要求。现代公司制度的确立，几乎改变了整个社会结构，也确立了公司在社会经济中的重要地位。传统的公司理论以股东为出发点，认为最大限度地营利从而实现股东利润最大化是公司最高甚至唯一的目标。而公司社会责任论则以社会本位为出发点，认为公司的目标应是二元的，除最大限度地实现股东利益外，还应尽可能地维护和增进社会利益。对公司来说，利润和社会利益任一目标都将受到另一目标的制约，二者在相互约束的条件下实现各自的最大化，以便在公司目标上达到一种均衡状态。从法律层面来定义社会责任，法学专家认为对社会负责并非要求公司必须抛弃传统的经济使命，也并不是指履行社会责任的公司与社会责任感相对较差的公司有不同的赢利能力。社会责任要求公司在可获得利益与取得利益的成本之间进行权衡。显然，公司社会责任是对股东利润最大化这一传统原则的修正和补充，且这一修正和补充并不否认股东利益最大化原则，其主旨在于以公司的二元目标代替传统的一元公司目标。公司利润的目标和社会目标的冲突及其平衡，正是公司社会责任理论提出和建构的出发点和归宿。

第二，公司社会责任是一种积极责任，是第一性义务，不包括不履行第一性义务所应承担的不利后果（第二性义务）。"责任"一词常常包含一方主体基于他方主体的某种关系而负有的责任；负有关系责任的主体不履行其关系责任所应承担的否定性后果两层含义。前者为第一性义务，后者为第二性义务。尽管违反第一性义务将产生某种道义甚至是法律上的否定性后果，但依多数学者的理解，第二性义务并未纳入公司社会责任这一范畴。可以说，公司社会责任中的"责任"仅指"第一性义务"（包括法律义务和道德义务）。此外，就第一性义务而言，公司社会责任不仅要求公司负有不威胁、不侵犯社会公共利益的消极不作为义务，还要求公司应将维护和增进社会公共利益作为积极的义务，而后者才是公司社会责任的真谛。从这一角度说，公司社会责任表现为一种积极责任。

第三，公司社会责任的主体是公司及其经营者。公司社会责任研究必须解决责任的归属问题：社会责任究竟是由公司来承担，还是公司经营者来承担。笔者认为，应该将公司社会责任的主体分为两个层次来讨论。现代公司一般都是拥有独立财产和具有独立人格的法人，都具有主体资格，公司法人能够而且应该成为责任的主体。也就是说，具有独立人格的公司应该是公司社会责任的责任主体。传统公司主流理论认为，公司经营者仅仅是股东的代理人或者受托人，因此公司经营者只需对股东负责。公司社会责任理论则要求公司经营者要平衡公司利害关系人之间的不同利益要求，在公司利害关系人之间进行资源的分配和再分配。换言之，公司社会责任理论认为，公司经营者不仅要对股东利益负责，而且应对非股东利益相关者负责。由于公司不履行社会责任从根本上说是公司经营者未尽其职责所致，既然公司有履行社会责任的义务，那么公司经营者就应该履行该义务，将公司对社会的义务转化为公司经营者对社会的义务。因此，公司不尽社会责任（违反社会义务），应首先由公司承担责任，而公司经营者也须承担责任。

第四，公司社会责任以社会公众，具体而言是公司的非股东利益相关者为社会义务的相对方。公司的社会责任对谁负责？这是公司社会责任相对于人的问题。在公司社会责任问题上，不存在像一般债权关系、合同关系上的与责任相对应的特定的权利人。社会利益的主体是社会公众，侵犯社会利益也就是侵犯社会公众的利益。如果笼统地以社会公众作为社会责任的相对人，必然会因为责任的相对方的不确定性而无法建立让公司承担社会责任的法律机制，从而使公司社会责任虚构化。按照各国的通常理解，公司社会责任的相对方是公司的非股东利益相关者，是指在股东以外，受公司决策与行为现实的和潜在的、直接的和间接的影响的一切人，具体包括雇员、消费者、债权人、所在社区以及资源和环境的受益者等。

（二）公司社会责任的原则

在公司社会责任理论演化的过程中，众多研究者试图将公司社会责任的原则具体化，但他们的努力都没有在三种互相关联却截然不同的现象之间作出区分：对整个公司的期望是因为公司的经济机构角色，对特定公司的期望是因为这些公司的目的与行为，以及对管理者的期望是因为他们在公司里扮演着道德模范的角色。一旦这三种分析的层次（制度的、组织的以及个人的）区分开来，那么一些在之前互相对立的概念就可以融合在一起来解释与三种层级相对应的三种公司社会责任原则。对此所作的归纳与总结如表1-1所示。

表1-1 公司社会责任的原则

原则	合法原则	公共责任原则	管理判断力原则
定义	社会给予公司合法身份与权利。从长远看，那些没有按照社会所期望的有责任的使用权利的公司将会失去权利	公司对与它们参与社会的首要和次要领域相关的结果负有责任	管理者是公司中的道德模范。在公司社会责任的每个领域中，他们有义务对具有社会责任性的结果使用这种判断力

续表

原则	合法原则	公共责任原则	管理判断力原则
适用层次	制度层次，基于一个公司作为公司组织的基本义务	组织层次，基于一个公司的具体环境以及与环境的关系	个人层次，基于个人是组织中的具体行为者
关注点	义务与许可	组织的行为参数	抉择、机遇和个人责任
价值	定义了公司与社会之间的制度关系，并将社会对公司的期望具体化	将公司的责任限定为与公司的行为和利益相关的问题，不限定公司可能的行为的范围	将管理者的责任定义为道德模范与在履行社会责任的过程感知选择机会并进行抉择

二、公司社会责任的基本要素

（一）公司社会责任的市场行为

公司社会责任的市场行为是公司通过竞争的市场所体现的社会责任。公司的生存和发展要在竞争的市场中实现，公司要发展，就要扩大生产规模，就要扩大招聘员工，这就扩大了社会就业；公司追求利润的不断扩大，就为政府增加了税收。因此，对公司社会责任的最大检验是市场行为。公司社会责任的市场行为体现了典型社会契约理论的功利性特点。公司是一个为利润而营运的经济组织。公司在承担社会责任时履行了社会契约，并且认为对自己是有利的。公司承担社会责任化解了公司与社会的紧张关系，从而改善了公司生存的社会环境，为公司发展创造了更好的社会条件。

（二）公司社会责任的责任行为

公司管理者应对一切承担公司经营风险的利益相关者负责。公司的所有权不仅是股东所投资的实物资产，还应包括雇员所投入的专有技能，以及债权人、供应商和客户所投入的专用投资。公司管理者的任务在于使公司创造的社会总价值最大化，而不仅是最大化的股东投资回报，他们必须全面考虑公司的决策和行为对公司所有利益相关者的影响。公司社会责任的责任行为要素体现了典型社会契约理论的平等性特点。公司利益相关者存在着一种复杂的社会契约关系，在这种复杂的社会契约关系中，公司利益相关者各方在缔约时的地位都是平等的，公司利益相关者的社会契约平等性是公司这一相对固定契约关系得以成立的基础。

（三）公司社会责任的自愿行为

公司社会责任的自愿行为是不完全社会契约的要求。这些不完全社会契约由于受到社会条件的限制，不能在社会契约中确定下来。公司社会责任的自愿行为表现为两点：第一，超越法律的要求。法律是对社会行为的一种约束，但有些社会行为法律尚未约束或约束得还不够严格。公司社会责任要求企业必须自愿去承担法律尚未约束到的社会责任，如工人的安全、环境污染的控制等。第二，社会舆论的要求。社会舆论对公司社会责任起到一种监督作用。社会舆论所提倡的公司社会责任要求公司对社会舆论作出积极的反应，如对慈善团体机构的捐助、支持教育等。公司社会责任的自愿行为体现了典型的社会契约理论的自由性特点。在完全社会契约条件下，企业自愿去承担社会契约所要求的社会责任；在不完全社会契约条件下，企业应自愿去承担法律尚未约束到的社会责任和对社会舆论作出积极的反应。

三、公司社会责任的范围

在法律的、行政的、经济的以及社会的多种约束和影响下，公司社会责任的范围不断得到扩展，公司社会责任包括公司个体责任、公司市场责任和公司公共责任。

（一）公司个体责任

公司个体责任包括公司对员工和公司对所有者的责任。

第一，公司对员工的责任。公司是员工的利益共同体，员工在公司中通过劳动创造价值，公司理应给予员工相应的报酬和保障。这就要求公司对员工的安全、教育、福利等方面承担义务，公司必须为员工提供公平的就业、上岗、调动和晋升的机会，健全劳动保护制度，保证员工有安全、卫生的劳动环境等。

第二，公司对所有者的责任，这是公司最基本的社会责任。公司对所有者的责任概括起来有三个方面：一是保证所有者资产增值保值和投资者股票升值，为投资者提供较高利润的责任；二是及时准确披露消息的责任；三是公正合理地对待所有者的利润和附加利润分配的责任。

（二）公司市场责任

公司市场责任是指公司对消费者的责任和公司对合作者的责任。

第一，公司对消费者的责任。公司的利益蕴含在消费者的利益之中，公司要对消费者履行在产品质量或服务质量方面的承诺。公司有义务为消费者提供高质量、安全、价格公平、无公害的商品，及时为消费者提供各种有关的咨询指导以及培训和优质的售后服务。

第二，公司对合作者的责任。公司的生存和发展过程是一个与合作伙伴共同成长的过程，合作是一种契约化的互利关系，而契约化的互利关系本质上是一种责任关系。公司对合作者的责任一般来讲主要有三个方面：一是向对方披露真实信息，主动为对方减少风险的责任，任何有意隐瞒真实信息、通报虚假信息不仅是对对方不负责任的行为，同时也是毁灭自己的行为；二是与对方共同分析市场前景，签订对双方都有利的合同的责任；三是严格履行合同的责任。

（三）公司公共责任

公司公共责任是公司为了获得使用公共资源的权利而必须承担的责任，包括公司对政府、社区以及生态环境的责任。

第一，公司对政府的责任。要求公司应按照有关法律、法规的规定照章纳税并接受政府的监督，不得逃税、偷税和非法避税；同时，公司必须生产社会所需的物质产品和精神产品。

第二，公司对社区的责任。任何一个公司都是在一定的社区中存在和发展的，社区是公司成长的土壤。因此，回馈社区是公司的责任，公司应为社区提供劳动就业机会，为社区的公益慈善事业提供捐助，还应该积极参与社区的建设。

第三，公司对生态环境的责任。公司的生态环境责任反映的是人类与自然的关系，其本质上反映的是整个人类利益的问题。公司借由对环境的审视、资源回收工作的推动、污染的防治，以及减少资源的浪费等活动与机制，以减轻其对环境的影响。公司的生态责任要求公司一方面应当生产对环境无害或较少危害的绿色产品，倡导绿色生产和绿色消费；另一方面，公司应当合理利用资源，减少对环境的污染，并承担污染环境的相关费用。

四、公司是否应该承担社会责任

关于公司是否应该承担社会责任，黎友焕和叶祥松认为，社会各界包括企业界和理论界对公司社会责任的争论从来没有停止过。这说明，学术界大体可分为两种观点，一种是支持公司履行社会责任，另一种则是反对公司履行社会责任。

（一）对公司社会责任支持的观点

该观点认为公司承担社会责任可以平衡公司的势力与责任，减少政府干预，增加公司的长期收益，对利益相关者需求的变化作出反应，解决由公司引起的社会问题。这一观点的主要论点有：公司权责相符，社会赋予公司生存的权利，那么公司就应该承担相应的责任和义务。社会进步离不开经济的发展和公司的繁荣，但是单纯的经济繁荣并不等于社会进步。因而，公司作为社会的一分子也应为完全意义上的社会进步尽责尽力。承担社会责任有助于公司追求长远利益。公司承担一定的社会责任，从长期看，实质上是一种自利行为。公司履行社会责任，不仅能得到社会较好的接纳，还有利于树立良好的公司形象，公司因此将拥有良好的外部环境和较高的员工士气，反过来也能够促进公司的发展。社会问题的造成有各种原因，有公司运行的原因，也有社会本身自发性的原因。对于公司所造成的问题，公司自然应负起责任，动员自身所拥有的力量，协助解决各种社会问题。

被誉为"社会良心的维护者和社会问题的解决者"的美国管理学家安德鲁斯（K. Andrews）认为，利润最大化是公司的第二位目标，而不是第一位目标，公司的第一位目标是保证自身的生存。彼得·德鲁克（Peter F. Drucker）认为，公司的目的必须在公司本身之外。事实上，公司的目的必须在社会之中，因为工商企业是社会的一种器官。诺贝尔经济学奖获得者西蒙（Herbert A. Simon）是公司社会责任的赞成者。他认为，公司的社会责任应是公司组织活动的目的，公司经济活动只是基于事实的判断，而公司的社会责任则是从道德价值推演获得的公司目的之一。他指出环境污染的蔓延会使社会成本增加，损害价值原则（社会责任原则）。公司防止公害，并将其纳入公司成本，这就履行了社会责任，维护了价值原则，尽管在一定程度上会影响效率原则。他还认为，公司活动中的各种现象都存在效率问题，这些都离不开道德价值的评判。只有既看到事实方面的合理性，又看到其价值因素，这样公司的效率原则和社会责任原则才能得到协调。为此，他特别提醒企业，不能只注意直接效果，应该同时注意间接社会效果，防止价值取向的偏差。[①]

（二）反对公司社会责任的观点

反对公司承担社会责任的第一种观点认为，公司承担社会责任会降低经济效率和收益，造成竞争者之间成本的差异，对利益相关者形成隐性成本，损害股东、员工和顾客的利益。第二种反对的观点是基于对公司承担社会责任以后业绩下降的担忧，认为公司无法承担大量的社会责任。公司虽然拥有一定的经济资源，但它必须明智地使用这些资源。公司可以将少量资源用在承担社会责任上面，而不能为承担社会责任而投入重要的经济资源，如果被迫去承担社会义务，为此增加的成本将把各种产业中的边际厂商赶出公司的行列。第三种反对的观点认为，承担社会责任会冲淡公司的主要目标。公司的主要目标是盈利，社会责任是政府部

---

① 郑清兰，周竹梅，韩杰.内部控制、企业社会责任对公司治理的影响[J].山东青年政治学院学报，2021，37（2）：64-71.

门的事情。如果公司热衷于承担社会责任，就可能转移公司经营者的兴趣，减弱公司在市场中的地位，其结果是使公司在经济和社会两个角色上都不能有好的表现，最终会两头落空。公司的社会行动会降低公司在国际上的竞争力，导致公司成本的增加，这些成本通常会转移到产品价格上，最终由消费者承担。这将使从事社会活动的公司在国际上处于不利地位，减少在国际市场上的销量。第四种反对的观点认为公司社会责任的义务对象并不存在，对于社会责任由谁承担，谁可以作为权利人请求社会责任的履行等问题，理论界至今没有给出令人满意的答案。

传统经济理论反对公司把责任扩展到市场决策以外，并强烈反对公司承担任何责任，认为与其承担社会责任不如高效生产产品和提供服务，为股东尽可能多地创造财富。这种观点本质上是将公司看作一个经济实体，将经济价值观视为公司行为决策的唯一因素。坚决拥护这个观点的代表人物就是米尔顿·弗里德曼，他坚信经营者让公司履行社会责任属于非法处置股东资产的行为，违背代理人最大化股东利润的义务。若让公司承担社会责任，必会打破经济自由基础之上的和谐秩序。他强调自由社会存在且仅存的公司社会责任，就是在遵守游戏规则的前提下使用资源及从事旨在增加利润的活动。弗里德曼还相信，如果公司承担过多的社会责任，就是在扮演了经济角色外还承担了政治功能，会威胁到政治的自由。这种混合的政治和经济力量由公司管理者来控制是很危险的。

理查德·A. 波斯纳（Richard A. Posner）认为，在利润最大化前提下，公司承担社会责任可能会产生很多危害：一是试图以最低成本为市场生产产品而不想改良社会的公司最终可能一事无成；二是公司社会责任的成本在很大程度上以提高产品价格的形式由消费者来承担，这不仅损害消费者利益，而且公司最终也会被逐出市场；三是公司承担社会责任会降低股东自己履行社会责任的能力，相反公司利润最大化可以增加股东财富，股东可以用这些财富来承担社会责任。他指出，公司的社会责任成本将以产品价格上升的形式转嫁给消费者，这不但会损害消费者利益，而且其自身也可能会被逐出市场。然而通过利润最大化可以增加股东财富，股东可以利用这些财富来承担社会责任。

哈耶克（F. A. Hayek）是另一位反对公司社会责任的诺贝尔经济学奖获得者，他是自由秩序的倡导者，他认为，公司社会责任是有悖于自由的，因为公司参与社会活动的日渐广泛必然导致政府干预的不断强化，公司履行社会责任可能的结果将是不得不按照政府的权威行事从而损害自由。自由激进的公司批评家们有时也反对公司承担社会责任。他们相信，应是政府而不是公司带头解决社会问题。

较多的政府干预才是合适的方法,让公司知道什么是符合公众利益的决策。左派的激进主义者还认为,公司社会责任理论会导致当剥削成性的管理精英们按照自己的议事日程行事时,受欺骗的公众会浑然不觉。总之,反对公司承担社会责任的观点从最保守到最激进的各派都有。

关于赞成和反对公司承担社会责任的具体争论,表1-2列出了已提出的一些主要观点。

表1-2 赞成和反对社会责任的争论

赞成的观点	反对的观点
公众期望 公众的意见表现在支持公司同时追逐经济的和社会的目标	违反利润最大化原则 公司只有在追求其经济利益时,才是在承担社会责任
长期利润 具有社会责任感的公司趋向于取得更稳固的长期利润	淡化使命 追求社会目标淡化了公司的基本使命,即经济的生产率
道德义务 公司应当承担社会责任,因为负责任的行为才是所要做的正确的事情	成本 许多社会责任活动都不能够补偿其成本,必须有人为此买单
公众形象 公司通过追求社会目标可以树立良好的公众形象	权力过大 公司已经拥有了大量的权力,追逐社会目标将会使它们的权力更大
更好的环境 公司的参与有助于解决社会难题	缺乏技能 公司领导者缺乏处理社会问题的必要技能
减少政府管制 公司社会责任感的加强会导致较少的政府管制	缺乏明确的责任 公司与社会性行动之间没有直接的联系
责任与权力的平衡 公司拥有大量的权力,这就要求相应的责任来加以平衡	
股东利益 从长期来看,具有社会责任感将提高公司的股票价格	
资源占有 公司拥有支持公共项目和慈善事业的资源	
预防胜于治疗 公司应在社会问题变得十分严重之前采取措施,以免付出更大的补救代价	

第二章　现代公司社会责任的理论基础

第一节　利益相关者理论

利益相关者理论主要研究社会各相关群体与公司的关系，最早形成于20世纪60年代的西方国家。利益相关者理论的提出是对传统的"股东至上"观点的挑战，它阐述了一种全新的公司治理模式和企业管理方式。与股东至上理论（将企业看成受股东控制的单边结构的组织）相比较，利益相关者理论则认为公司是所有的利益相关者之间的一系列多边契约，即任何一个公司的生存和发展都离不开各个利益相关者的投入和参与，因此公司在决策和行为时都必须考虑到各个利益相关方的利益。

卡罗尔（Archie B. Carroll）认为，对利益相关者管理的探讨需要考虑的因素包括社会、伦理以及经济方面的，且必须涉及对规范性及工具性的目标和看法的讨论和坚持。在卡罗尔的眼里，必须回答好如下五个重要问题：谁是利益相关者？这些利益相关者拥有哪些权益？他们给公司带来了哪些机会和提出了哪些挑战？公司对利益相关者负有哪些责任？公司应该采取什么样的战略或举措以最好地应对利益相关者方面的挑战与机会？综合而言，利益相关者理论探讨的问题主要包括两个方面：首先要明确谁是利益相关者，其次是利益相关者和公司的互动关系是什么。

一、利益相关者的内涵

最早对"利益相关者"这个词明确下定义的是美国斯坦福大学研究所，他们认为利益相关者就是那些对公司的生存起着不可缺少的支持作用的群体。而利益相关者理论的代表人物之一的弗里曼（R. Edward Freeman）在其《战略管理：一种利益相关者的方法》一书中将利益相关者解释为：能够影响一个组织的目标的实现，或者受到一个组织实现其目标的过程影响的所有个体和群体。他进一步解释说，利益相关者指的是那些在公司中有利益或者具备索取权的个人或者团体，供应商、客户、雇员、股东、所在的社区以及处于代理人地位的管理者也包括在内。卡罗尔则从狭义的角度阐述了他对利益相关者的理解，他认为，利益相关者是那些公司与之互动并在公司里具有利益和权力的个人和群体。中国学者陈宏辉则更具体地从企业和利益相关者之间的互动关系角度出发，提出利益相关者是指那些在企业中进行了一定的专用性投资，并承担了一定风险的个体和群体，其活动能够影响企业目标的实现，或者在企业实现目标的过程中受到影响。他的定义明确了利益相关者对于企业的意义。

依据以上学者的相关定义，笔者将公司的利益相关者理解为：那些对公司的决策制定和决策结果产生或受到其直接或间接影响的所有个体和群体。

除了对利益相关者的定义众说纷纭之外，学术界对利益相关者的分类也意见众多。弗里曼和克拉克森（Clarkson）等试图从定量的角度来对利益相关者进行分类，他们将利益相关者分成两个层级。第一个层级的利益相关者指公司生存和持续发展不可缺少的人，通常有股东、投资者、供应商、员工、客户、政府和社区等。第二层级的利益相关者指能影响公司或者受到公司影响的人，包括了媒体等在公司具有利益的人。这类划分方式主要依据了利益相关者与公司关系的亲密程度。前者对公司的生存和发展至关重要，后者也会对公司产生影响，但这种影响是间接的而非攸关存亡的。除此之外，有些学者将利益相关者分为首要和次要两类：首要利益相关者主要包括了股东、债权人、员工、供应商、批发商和零售商等；次要利益相关者是指社会中受到公司的基本行为和重要决定直接或间接影响的个人及群体，涵盖了社会公众、各级政府、社会团体及其他人群。

我们也可以简单地将利益相关者划分为两类：直接利益相关者和间接利益相关者。直接利益相关者界定为参与公司的日常经营活动的个体和群体，一般可以包括供应链上的供应商、批发商、零售商以及相关的债权人、股东、员工、客户、竞争对手和合作伙伴等；间接利益相关者主要界定为受公司的基本行为和重要决定间接影响的个体和群体，通常我们认为社区、各级政府、媒体、社会团体和社会公众等是公司的间接利益相关者。需要注意的是，直接利益相关者和间接利益相关者在许多情况下存在交叉，而且在不同的情境下，对于不同的公司主体而言，直接利益相关者和间接利益相关者会有所不同。[①]

[①] 迟德强. 跨国公司社会责任 [M]. 北京：中国政法大学出版社，2017.

二、利益相关者理论的研究内容

特雷维诺（Trevino）和韦弗（Veaver）曾经提到，利益相关者理论最好被描绘成利益相关者研究传统，这一研究传统包括一些共享的概念以及对组织和利益相关者之间关系的一种共同和规范的关切。也就是说，我们不能单单研究公司的利益相关者有哪些，更要理顺利益相关者与公司的关系是什么，即利益相关者对公司投入了什么专用资产或者承担了什么风险，还必须了解利益相关者对他们的付出要求什么样的补偿和报酬，或者说公司采取什么措施才能鼓励利益相关者为公司付出。

虽然公司所有的利益相关者对公司的发展都有至关重要的作用，都是公司正常运行不可忽视的关键环节，但是我们一般认为直接利益相关者对公司的影响更加显著。公司的直接利益相关者与公司的关系怎样直接影响公司的绩效？举例来说，供应商为公司提供各种生产和管理所必需的原材料、生产办公工具等，同时他们也为公司承担了被公司拖欠货款甚至是无法收到货款等的风险；批发商和零售商是公司提供产品和服务的通道，他们可能会因为公司不及时供货或者产品低质而使自身品牌形象受到损害；客户的购买行为最终实现了公司产品和服务的交换价值，与此同时他们也承担了诸如人身财产风险、声誉风险等各种风险；竞争对手可能因为公司的不当竞争而承受经营亏损；股东、债权人向公司提供了资金支持，他们可能因为公司的不良经营而蒙受损失。

间接利益相关者对公司也会起到不同程度的影响。社区是公司运营的社会环境，同样社区的经济、环境、社会建设也需要公司的配合；政府的法律规章是对公司行为的约束，但是政府的社会治理也受到公司的限制；媒体已经俨然成为公司向社会公众传递信息的主要渠道；社会团体是公司各种专业性的免费社会服务的提供者。

利益相关者为公司付出，相应也会对公司有所要求。例如，员工要求合理的报酬、良好的工作环境，顾客要求公司的产品和服务是优质的，环保组织要求公司节能减排、保护生态，政府要求公司遵守规章制度等。公司只有通过提升自己的管理水平，更好地满足利益相关者的要求，才能获得更大的市场机会和更强的公共危机应对能力。为了达到这些目标，公司可以采取多边参与决策的治理模式，如保障公司信息的公开透明，平衡各个利益相关者的权益等都是公司与利益相关者建立和谐关系的有效手段。

三、利益相关者理论与公司社会责任理论

公司社会责任理论与利益相关者理论最初是两个各自独立的研究领域，公司社会责任的研究重点是公司对社会应承担的责任，而利益相关者理论探讨公司与社会利益群体的关系。但是后来，学者们发现这两个理论存在互相促进的地方，所以时常将这两个理论一并研究。伍德（Wood）和琼斯（Jones）认为，利益相关者在公司社会责任中发挥着四个作用：（1）利益相关者是公司社会表现的源泉；（2）利益相关者承受着公司社会行为的影响；（3）利益相关者评价公司社会行为对利益相关者和公司所处的环境的影响及公司是否满足利益相关者的预期；（4）利益相关者根据他们的利益、预期、承受程度来采取行动。

笔者将利益相关者理论和公司社会责任理论的关系概括为两个方面。

首先，利益相关者理论为公司具体化了承担社会责任的对象。利益相关者理论明确了公司有哪些相关的社会利益群体以及公司与他们之间的关系，使得公司从最初的无对象性地承担社会责任，过渡到了依据不同需求有针对性地来履行社会责任。陈宏辉认为，公司需要对各种利益相关者的投入负起责任来，不仅要为股东提供资金回报，要为员工提供适宜的工作环境和福利待遇，还要对供应商、分销商、消费者、社区环境和当地政府负责，公司不是生活在真空中，而是每时每刻都与社会各个部分打着交道，公司的社会责任是全方位的。利益相关者理论指出了对公司生存发展起到作用的不仅仅是股东，还有客户、员工、社区和公众等，公司必须全面地履行社会责任。

其次，公司承担社会责任有助于维护与利益相关者的和谐关系。沃海斯（Patricia H. Werhane）和弗里曼指出，利益相关者理论的内容是一系列认为公司中的管理者应对诸多利益相关者团体负有责任的观点。利益相关者为公司的运营付出了资源，承担了风险，公司应该通过承担社会责任给予利益相关者补偿和回报。利益相关者因他们的付出对公司会有所期望，公司承担社会责任也是公司迎合利益相关者合理需要和期望的有效途径之一。公司承担社会责任，可以使公司明确和重视整个利益相关者团队成员各自的贡献和权益，有助于公司与所有利益相关者之间维持长期的合作共赢关系。

第二节 企业伦理理论

近几十年来，西方发达国家已经普遍意识到了企业伦理对社会和企业的重要作用，通过将企业伦理的研究整合到企业日常经营管理中，给企业管理理念增添了一种不同的思维模式。企业伦理在"以人为本"的新社会价值观念的导向下，必然会成为企业经营和管理过程中一个不容忽视的关键问题。弗里曼就曾在其著作《公司战略与追求伦理》一书中鲜明地指出，追求卓越革命的基本伦理是对人的尊重，这是企业关心客户、关心质量背后的根本原因，也是理解优秀企业难以置信的责任感和业绩的关键。企业以伦理观念来开展日常经营管理与否，不仅关系到企业的生死存亡，也关系到整个社会经济健康发展和社会精神文明建设的成败。

企业伦理和公司社会责任两种理论之间存在着诸多共通的地方，它们在指导企业发展的过程中时常会起到互相促进的作用。企业伦理的基本出发点是人性化的管理范式，它要求企业在经营过程中杜绝出现反人性化和反社会的相关行为，推动社会和企业的同步发展。公司社会责任对企业也提出了相类似的要求，它要求企业不再将自身利益作为企业唯一、首要的追求，而是更多地关注社会中相关群体的利益，以达到企业和社会的和谐发展。

一、企业伦理的内涵

企业伦理问题最早受到关注是在 20 世纪 50 年代末 60 年代初。在公众的强烈要求下，美国政府不得不就此展开了一次企业伦理调查，并公布了《对企业伦理及相应行动的声明》。到了 20 世纪 70 年代初期，经济快速发展，竞争日益激烈，美国越来越多的企业卷入了不道德甚至是非法的活动，使得人们对企业的信任遭受了重大的打击。针对这种状况，学术界就企业伦理问题展开了激烈的讨论。讨论的焦点在于企业究竟是应该"利润先于伦理"还是"伦理先于利润"。20 世纪 80 年代以后，企业伦理学进入全面发展阶段。一方面，对企业伦理理论的探讨扩展到了企业与其所在环境和社会等方面的伦理问题的研究；另一方面，学者们构建了企业决策的伦理分析模型，使得企业伦理在企业日常经营管理实践中的运用成为可能。

在中国，伦理思想历来是传统美德的一个重要组成部分，虽然企业伦理进入人们的视线比较晚,但人们开始对企业伦理有强烈的期盼和要求,越来越多的学者和企业家将研究焦点集中于企业伦理这一议题。

我们对伦理这个词语已是耳熟能详,可究竟什么是企业伦理?韦氏学院大辞典把"伦理"定义为符合道德标准或为一种专业行为的行为准则。刘易斯(Lewis)给出了较普遍的定义:企业伦理是为企业和员工提供在某一特定的情况下合乎道德要求的各种规则、标准、规范和原则。卡罗尔虽然没有明确对企业伦理下定义,但他详细界定了企业伦理的范围,包括个人、组织、专业团队、社会群体、国际等。在他的理论中,个人指个人的责任,以及个人拥有的伦理动机和伦理标准;组织指组织必须检查流程与公司政策,在明文规定道德律令后再作决策;专业团队指以专业团队的章程或者道德律令作为准则方针;社会群体指如法律、典范、习惯、传统文化等所赋予的合法性,及道德可接受的行为;国际指各国的法律、风俗文化及宗教信仰等。德国伦理学家施泰因曼(Horst Steinmann)和勒尔(Albert Rohr)提出,企业伦理的目标是发展具有达成共识能力的企业战略。他们认为企业伦理是一种关于对话过程的方法理论。按照惯例原则和现行法规来控制企业的具体行为,本身就包含着冲突,会影响企业内外的相关群体,在这种情况下,企业伦理应该起到指导的作用。

西方学者对企业伦理的概括已经较为成熟,但是因为西方企业管理模式的发展水平和实践与我国还存在一定程度上的差别,因此,我国学者对企业伦理定义的归纳和提出更符合我国的实际。我国企业伦理研究的资深学者周祖成认为,企业伦理是关于企业及成员行为的规范,是关于企业经营活动的善与恶、应该与不应该的规范,是关于怎样正确地处理企业及其成员与利益相关者关系的规范。黎友焕将企业伦理定义总结为企业在其经营活动过程中处理利益相关者符合伦理道德标准的、具有可持续战略意义的行为规范。

二、企业伦理理论的研究内容

如今,企业伦理已经成为国内外社会关注的焦点,当前的研究重点在于将企业伦理观念融入企业日常经营管理中去,以形成一种崭新的企业运营理念。企业伦理的观点是企业不再只是股东等用来谋取利益的工具,而应该是对整个社会遵守伦理道德的主体。企业伦理研究已经从最初围绕利润和伦理优先地位的议题扩展到了企业与社会、环境和谐相处等领域。对我国而言,"以人为本"的新价值观提出后,企业伦理必然对企业管理研究具有重大的理论和实践意义。

周祖成认为,企业伦理学是一门研究企业道德的学科,是对企业道德现象进行分析、归类、描述和解释的学科，他将企业伦理学的研究内容分为五个层次，分别为国际层次、构架层次、行业层次、企业层次和个人层次。

尽管不同学者从各种角度提出了众多对企业伦理研究的主要问题，但是企业伦理会伴随环境条件和客观主体的变化而有不同的诠释方式。为了便于理解，笔者偏向于将企业伦理分为对内伦理和对外伦理两个方面来研究。企业对内伦理主要涉及处理企业内部成员之间关系时应该持有的善与恶的价值取向以及应该遵守的道德规范。企业既需要依靠刚性规章制度来强制规范企业成员行为，从而保证整个企业运营的稳定性和有效性，也需要通过建立一种软性企业伦理机制，例如企业文化、企业氛围、企业传统等从更高层次上着手激励和限制企业成员行为，以使企业管理更具有人性化。一般，企业对内伦理可以包括消除对员工的年龄、性别等的歧视；反对绝对官僚作风，鼓励员工参与到企业决策中来，为企业发展出谋划策；将企业信息透明化，给予员工足够的知情权；为员工工作提供各种便利，让员工在企业中有公平的发展晋升空间。[①]

企业对外伦理主要是指企业在处理企业自身、企业成员利益与外部利益相关者利益时应该具备的各种伦理规范。企业外部伦理的对象主要有供应商、销售商、顾客、社区、政府、公众等。企业对供应商和销售商的伦理主要体现在与他们的合作中保证信息正确，进行公平交易，及时供应货物和支付款项；对顾客的伦理在于提供优质且符合要求的产品和服务，保证顾客不会因为购买和使用企业产品而承受各种风险；对社区的伦理主要是企业不能因为自身发展而破坏社区的生活环境和其他条件；对政府的伦理一般是遵守法律法规、社会规范，及时缴纳税款，接受政府的监督等；对公众的伦理是对企业的最高要求，范畴相对较广，主要涵盖了对环境的保护、对社会弱势群体的扶助和对社会道德伦理价值的遵从等。

三、企业伦理理论与公司社会责任理论

企业伦理在规范企业经营管理活动的同时也促进了公司社会责任理论的进一步完善，为公司社会责任在理论和实践方面都打下了良好的道德基础。企业伦理理论相对公司社会责任理论，更早引起学术界的关注。因此，企业伦理有其深远的历史和丰富的内涵，这为公司社会责任理论的发展提供了理论支持。

（一）企业伦理与公司社会责任在目标上具有一致性

企业伦理的根本观点是要求企业对内实现人性化管理，对外实行人性化经营。

---

① 郭锐.道德、法律和公司——公司社会责任的成人礼[M].北京：中国法制出版社，2018.

对内人性化管理强调对员工在物质关注的基础上，尊重员工的生活习惯、宗教信仰等，是对员工人性的重视；对外人性化经营注重企业同整个社会的关系，把企业经济目标和社会目标统一，企业不再只是将经济绩效作为企业的首要追求。

公司社会责任也对企业提出了相关要求。公司社会责任划分成对内和对外两个部分。对内承担责任使企业不再只是企业所有者谋取利益的渠道，而是员工和股东等共同所有。企业关心股东回报，同时也要关注员工发展。企业外部责任也指出了在当今社会环境下，企业不得不将环境保护和社会维持纳入企业决策的考虑因素。企业核心价值已经从经济层面转移到了社会层面。企业综合社会价值才是企业的终极追求目标。因此，从企业关注焦点的转移和追求目标的转换两个角度来看，企业伦理与公司社会责任的根本目标是统一的。

（二）公司社会责任对企业道德的履行提出了更具强制性的要求

企业义务是法律对企业提出的最低程度的要求，相对于法律法规的强制要求而言，企业伦理和公司社会责任属于一种精神层面上的约束。但是公司社会责任和企业伦理在约束程度上还是存在一定差异的，企业伦理是一种纯道德的要求，我们可以提出企业应该遵守怎样的企业伦理，我们可以通过提供企业遵从企业伦理能够获得的好处去促使企业来执行企业伦理观的经营管理，但是无法去逼迫企业执行。而公司社会责任则将企业伦理对道德的追求放在"责任"的高度上，公司社会责任不仅包括了企业伦理所具有的道德理性，也包含了道德约束力，在整个道德规范体系中处于最高层次。企业不履行社会责任，社会对企业的评价就会降低，企业形象就会受到负面影响。

（三）企业伦理是企业能够履行社会责任的精神动力

企业伦理的实践有利于企业建立有序的经营环境，提高企业的经济效益。企业伦理不仅促进企业遵照法律法规，还要求企业依照道德来规范自己的经营活动。企业伦理为企业在法规范围之外提供了一套道德行为准则，这将促使企业在其经营活动过程中充分考虑利益相关者的利害关系，在作出经营决策时关注决策结果对利益相关者的影响。企业遵循企业伦理可以有效提高企业的行为效率，防止企业由于疏忽而做出损人利己的不道德行为，削弱企业的信誉，破坏企业的形象。企业越是将利益相关者作为影响企业活动的考虑因素，企业就越不会作出损害利益相关者的决策，从而企业就会更自觉地承担公司社会责任。

第三节 社会资本理论

企业究竟为什么要履行社会责任的疑问，虽然已经有许多从不同角度出发的观点予以解答，但是一直没有一种理论可以从企业自身的角度出发来考量这个问题。社会资本理论作为公司社会责任理论的来源之一，以一个全新的框架阐述了企业履行社会责任的必要性。社会资本的建立和积累可以给公司的管理和运营带来诸多好处和便捷，有利于提高公司运作交易效率，增加公司经济效益。同时，公司履行社会责任对其社会资本的积累也有着不容忽视的作用，公司通过社会责任的承担来获取社会资本，最终将有利于公司自身竞争优势的构建和竞争力的保存。

一、社会资本的内涵

随着社会资本理论传入中国，我国学者对社会资本的相关分析研究也逐渐深入。社会资本理论已经在各个学科领域得到了广泛的应用，并且以其强大的适用性表现出强烈的生命力和成长性。

（一）社会资本的特点

企业社会资本作为公司一种特殊形态的资本形式，包含的内容繁多复杂，其拥有的特征如下。

1. 社会资本是一种无形的资本

社会资本首先应该是一种资本，它可以为资本拥有者所使用，同时为其带来利益。而利益的大小取决于社会资本网络的复杂程度和资本拥有者的能动能力。拥有社会资本就拥有了一个广泛的关系网络，使得社会资本的拥有者能够在网络中享受到更为广泛和有效的信息传递、更为便捷顺畅的交易渠道等效用。社会资本不同于一些实物资本可见可触，它是无形的，在构建企业资本和计算收益成本时易被忽略。但作为无形资产的社会资本对公司生存发展的贡献正随着社会关系结构复杂程度的加深日益被放大，社会资本对公司经济绩效的影响也与日俱增。

2. 社会资本的形成建立在社会网络的基础上

社会资本不是自个体和组织等诞生起就存在的，也无法单独依靠个体或组织自身来实现。社会资本的获取和积累都必须依靠个体与个体、组织与组织、个体与组织之间的网络互动交流来实现。没有网络的存在就没有社会资本的存在。社会资本拥有者欲利用社会资本来获取任何利益也必须依赖于网络成员之间既定的工作关系、群体关系等来达成。社会网络关系越是复杂，社会资本积累就越深厚，社会资本的拥有者就越可以从社会资本中获得更多的收益。

3. 社会资本是具有特殊效应的资本

公司普通资本都有其独特的相对应的一般作用，例如财务资本解决公司运营必要的资金周转问题，物质资本提供生产经营需要的各种场所、原料、设备和工具等，人力资本帮助公司能动地有效运作起来。社会资本这一企业的特殊资本可以帮助公司获得以上所述的各种资本，可以创造价值、减少交易成本和提高公司运营效率等。虽然社会资本的具体功效仍然难以明确，但不可否认的是社会资本对公司的贡献无处不在，而且不断增加。公司在当今经济、社会环境中要想生存、发展，都缺少不了社会资本。[①]

（二）社会资本的分类

企业社会资本的内容涉及很多方面，并且时常因为情况的不同而呈现出不同的表现形式。为了方便理解，参照黎友焕对企业社会资本的分类方式，我们将企业社会资本分成内部社会资本和外部社会资本两个部分。

企业的内部社会资本一般是指社会资本的网络体系存在于企业内部，是企业通过内部互动获取的实际或者潜在的资源。它不仅有利于企业内部成员之间建立合作和信任，也有利于企业各个部门之间的沟通和协调。企业内部社会资源的存在增进了人员之间的凝聚力，改善了企业的管理效率。

企业内部社会资源主要包括三类：首先是员工之间的关系网络形成的社会资本。员工之间互相交流、互相学习、互相帮助，建立密切的合作关系，有助于企业内部信息的传递以及企业员工的自我管理。其次是管理者之间存在的社会资本。管理者之间的信任和协调对企业文化的统一和企业战略决策的合理制定都至关重要。最后是员工和管理者之间的社会资本。这种资本方便了企业内部上下的信息流通，有助于员工理解企业的发展方向和制度导向，管理者了解员工的建议和需求。总之，企业的内部社会资源有利于企业更快更好地消除内部纵横沟通的隔阂。

企业外部资本是指企业或者企业成员与企业外部的个体或者组织构建网络关系，获取稀缺资源的能力。企业外部社会资源也可以分为三个方面的内容：企业外部纵向资本，即企业与上下级机关、政府和其他企业的联系；企业外部横向资

---

① 李秋华. 民营企业社会责任研究 [M]. 杭州：浙江工商大学出版社，2019.

本，指与企业平级或者有合作关系的政府、中介、金融机构、社会组织和其他企业的联系；企业广泛性质的社会资本是企业在更广层次上的社会个体和社会组织网络的关系。企业的外部社会资源有助于企业在交易中获得优势，在竞争中求得生机，提升企业的综合实力。

二、社会资本理论的研究内容

当前，社会资本理论逐渐成为学术研究的焦点，众多学者从社会学、经济学等不同学科角度出发对社会资本进行了分析研究，提出了各自对企业社会资本的定义，并作了相关解释。社会资本理论界对社会资本的定义主要分为三种学说流派，分别为：资源要素说、功能要素说和能力说。

资源要素说的代表人物主要有：布尔迪厄（Pierre Bourdieu）和林南（Nan Lin）。布尔迪厄作为社会资本概念较早的提出者，他将社会资本定义为实际存在或者潜在存在的资源的集合，这些资源与由相互承认或者默认的关系所构成的持久网络有关，而且这些关系多少都是制度化的。他的定义强调了社会资本实际上是一种"资源的集合"。林南将社会资本界定为在具有期望回报的社会关系中进行投资，他认为社会资本是在目的性行动中被获取的或者被动员的、嵌入社会结构中的资源。

功能要素说的主要支持者有詹姆斯·科尔曼（James Coleman）和罗伯特·D.普特南（Robert D. Putnam）。前者将社会资本的共同特征概括为社会资本由构成社会结构的各种要素组成，而且为社会结构中个体的某些行动提供便利，他的观点是社会资本和其他资本一样，是生产性的。是否拥有社会资本，决定了人们是否可能实现某些既定目标。但社会资本与其他形式的资本不同，社会资本存在于人际关系的结构之中，它既不依附于独立的个人，也不存在于物质生产过程中。后者则强调社会信任对社会资本的关键作用，而社会信任来源于互惠规范和公民参与网络等，他认为社会资本是指社会组织的特征，诸如信任、规范以及网络，他们能够通过促进合作行为来提高社会效率。

能力说的推崇者主要包括亚历山德罗·波茨（Alejandro Ports）和弗朗西斯·福山（Francis Fukuyama）。亚历山德罗·波茨提出，社会资本是个人通过他们的成员身份在网络中或者更宽泛的社会结构中获取稀缺资源的能力，同时他也指出了社会资本这种能力不是个人固有的，而是个人与他们关系中包含着的资产。弗朗西斯·福山将社会资本概括为为了群体或者组织的共同目标而一起工作的能力。

虽然各种学说的学者们对社会资本的界定各有不同，但社会资本存在的一些特性却得到了广泛的认同,即社会资本是建立在关系网络中的不同于物质资本(如生产资料、生产工具等)和人力资本(如劳动力、知识和技能等)的具有特殊形态的资本。

三、社会资本理论与公司社会责任理论

随着公司社会责任理论在中国不断引起关注,对公司社会责任的研究也层出不穷。在从单一财务绩效指标入手探讨企业承担社会责任合理性的研究陷入困境的情况下,社会资本理论为公司社会责任的研究提供了新的视角,社会资本以一个全新的框架来解释公司社会责任的履行和强化。社会资本理论使企业将目光更多地放在了其在社会中的网络关系上,更多地关注企业的利益相关者,也为公司社会责任履行目的的研究拓宽了视野。

(一)企业承担社会责任是获取社会资本的有效途径

公司社会责任的履行为企业在关系网络中建立和积累社会资本创造了良好的先决条件,加强了公司社会责任也巩固和提升了企业的社会形象,进一步为企业社会资本的积累奠定了坚实基础。

企业通过对员工承担责任,关心员工工作和生活,公平公正地对待不同员工,可以增强员工的凝聚力和对企业的归属感,从而坚实企业员工方面的社会资本;通过对消费者承担社会责任、合理定价、提供优质服务等可以吸引更多消费者购买,获得消费者的青睐,与之建立长久的交易关系;通过遵守法律法规、照章办事、按时纳税等,可以获得政府的认可;通过节能减排履行环境责任和对弱势群体履行自愿性慈善责任,可以得到全社会的认同,提高企业社会声誉,树立良好的企业形象,最终在全社会范围内积累深厚的社会资本。

履行公司社会责任,为企业建立了良好的舆论环境,维护了企业的关系网络,能够帮助企业社会资本的获取和积累拓宽渠道,为社会资本在企业运营、发展方面发挥更加深远的作用。

(二)社会资本为企业承担社会责任的必要性作出了合理解释

社会资本对企业承担社会责任必要性的解释可以从两个角度来分析。

第一,从社会资本获取渠道的角度来看,通常企业社会资本的来源主要是通过经济在社会主体之间的反复博弈而逐渐产生、积累起来的。这种社会资本的形成过程中偶然性占很大比重,同时也需要经过长时间的努力。但是企业可以经由主动承担社会责任,有意识有目的地积累社会资本,积极履行社会责任,在企业

的社会关系网络中树立良好形象，以此得到社会网络中其他主体的认可和信任，并迅速积累社会资本，将社会资本的效用最大限度地发挥出来。

第二，从权力和责任对等的角度来看，社会资本的积累可以帮助企业减少交易成本，提高管理效率，增加产品和技术上的创新等，为企业的运营带来好处。可是这些好处是企业从社会资本关系网络的其他个体或者组织中得来的，也就是其他个体或者组织对这个网络建设的投资、对其他对象的付出。因此，相应关系网络中的其他个体和组织也必然会要求从该企业获得利益，即要求企业通过承担社会责任对社会资本网络中的其他主体给予回报。所以企业只有承担社会责任，履行对等的义务，并从社会资本关系网络中获取相应的利益和权利，才能在积累和加深社会资本的同时，提高企业的竞争优势。

（三）社会资本的中介作用下，企业承担社会责任有利于提升企业竞争力

社会资本以其对人际关系的协调作用和对合作潜力的开发作用，增加了物质资本投入和人力资本投入的产出，从而提高了企业的生产效率和经济效益，使其对经济收益具有明显的倍增放大效应。社会资本的存在对企业来说是一个难得的机遇，企业有效运用社会资本可以低成本促进企业信息共享，畅通交易渠道，减少交易成本。

企业承担社会责任，通过在日常经营中对员工、环境、社会等的投入来开展社会资本的投资，是增加社会网络关系的有效途径。企业在履行社会责任过程中，与各个利益相关者建立信任关系，借助各种有利条件与社会结成良好的社会关系，通过以承担社会责任的方式进行社会资本投资，可以增强企业自身的竞争能力。

第四节　企业公民理论

当代企业伦理的发展出现了一种新走向：从公司社会责任概念延伸出"企业公民"概念。企业公民（Corporate Citizenship，CC）是公司社会责任思想的发展和突破，众多学者分别从管理学、政治学、经济学、社会学等不同的理论角度阐述和发展了企业公民理论，例如卡罗尔、罗格斯登（Logsdon）、穆恩（Moon）和马特恩（Matten）等。

企业作为联结众多社会主体利益的纽带，对社会的和谐发展具有举足轻重的作用。企业既是追求经济利益的经济组织，也是推动社会发展的社会组织。利润是企业生存发展的基础,同样,社会也是企业开花结果的土壤。因而,企业在追逐自身利益的同时也应该要谋求社会价值的实现,努力建设成为一个优秀的企业公民。企业公民不仅把自己视为社会的细胞,而且把自身视为像个体公民一样具有民事行为能力、独立行使民事权利并可以承担民事义务的法人。

在当今世界范围内,企业公民建设作为推动企业与社会环境和谐发展的时代潮流,已经得到政府、社会和企业的高度关注和支持,成为构建和谐世界的重要力量。

企业公民观要求把企业视作社会公民来对待,企业在进行核心业务运作为社会创造价值的同时,也要向社会各方履行其应该承担的社会责任。企业是市场经济的主要参与者,也是每个国家的公民,企业既有权利也有责任。作为独立的经济实体,企业应享有社会对企业基本权利的尊重和价值的追求;作为社会成员,企业也有责任为建设一个和谐稳定的社会作出应有的贡献。企业公民权利主要是指企业所拥有的人格权利、财产权利、生产经营权利、法律保护权利等。而企业责任主要是指企业应该承担的经济责任、信息责任、自然环境责任和伦理道德责任等。

一、企业公民的内涵

20世纪70年代,英国"公民社会"首先提出了企业公民这一概念,他们将企业看作一个社会公民,认为企业在创造利润的同时,也要承担对环境、对社会的责任。其实,在此之前企业公民已经出现在企业实践中,例如1979年强生公司、1982年麦道公司等,都在他们的企业经营理念中提出了"做好一个企业公民"的表述。1989年,美国加州大学伯克利分校的爱泼斯坦(E. M. Epstein)在《企业伦理学刊》上发表了《企业伦理、企业好公民和企业社会政策过程:美国的观点》一文。爱泼斯坦是较早研究企业公民的学者。

企业公民的主要理念是将企业视作社会公民来看待,企业除了追求经济利益之外,也要向社会各方承担起相关责任。美国波士顿学院企业公民研究中心对企业公民的定义是:企业公民是指一个公司将社会基本价值与日常实践、运作和政策相整合的行为方式。一个企业公民认为公司成功与社会的健康和福利密切相关,因此,他会全面考虑对所有利益相关者的影响,包括雇员、客户、社区、供应商和自然环境。英国企业公民公司也提出了他们对企业公民的认识,该公司认为企业公民有以下四个特征:一是企业是社会的一个主要部分;二是企业是国家的公民之一;三是企业有权利,也有责任;四是企业有责任为社会的一般发展作出贡献。

我国学者冯梅和范炳龙从法学角度概括了他们对企业公民的认识，企业公民是在一个国家进行了正式注册登记，并根据该国的法律，享有企业权利并承担企业责任和义务的法人。同时，他们对企业作为公民应享有的权利和承担的责任作了具体的说明：企业公民的基本权利主要有法人财产权、经营管理权和公平竞争权；基本社会责任包括了对员工、消费者、环境资源社区、社会公益和其他利益相关者的责任，在此过程中，也要为科技进步作出贡献，从事各种社会公益事业等。

企业公民的核心和本质是"公民权"。但是就企业是否像个人公民一样具有公民权的问题，学术界给出了三种不同的观点。第一种观点是"企业是公民"。罗格斯登和伍德借用了政治学的公民权理论，将公民权扩展到企业，他们认为企业可以成为一个公民，因为企业是独立于拥有它和受雇于它的个人的，企业具有保持它在社会中的身份和边界所必需的权利和义务。第二种观点是"企业像公民"。穆恩等人的看法是从法律地位看企业并不是公民，但是企业像公民一样参与社会和治理，所以企业像公民。第三种观点是"企业管理公民权"。马特恩等就认为企业公民具有描述企业管理公民权利的作用。

二、企业公民理论的研究内容

企业公民是一个两面概念，是权利与责任的统一体。没有社会责任的履行，企业的权利便会受到诸多限制。忽视对企业权利的尊重，也会使企业丧失履行社会责任的动力。企业公民是对企业社会地位的再认识，既强调了企业对社会必须承担社会责任，也提出了要关注社会对企业基本权利的保护与引导企业的社会行为。

企业作为公民就应该同个人公民一样享有公民权利。权利是由法律规范所赋予的，表明社会主体在权利体系中的地位和有效行为能力。基本权利的享有是企业公民在社会中的生存根基。冯梅和范炳龙认为企业拥有的权利主要有以下三个：首先是法人财产权，指的是企业作为民事法律关系主体，依法享有对基于投资而产生的财产和生产、经营活动中积累的全部财产进行独立支配的民事权利。其次是经营管理权，这种权利是企业在经营过程中对企业财产经营、投资和其他事项所享有的支配、管理权，通常是由非财产所有者享有和行使的权利，主要包括经营方式选择权、产品销售权、人事劳务管理权、物资管理权等。最后是公平竞争权，公平竞争是竞争者之间所进行公开、平等、公正的竞争。龚天平的观点是企业的权利总体来说就是经营发展公平竞争、追求利润的权利，具体来说，主要包括：经济权利，包括法人财产权、经营管理权和公平竞争权；政治权利，包括用人权、发言权、参加协会权等；技术权利，包括专利权、开发权等；其他社会权利，包括文化权、环境资源权等。①

与公民权利相对应的是公民责任，因此，如果企业作为公民拥有了权利，必然也要承担对等的责任。有学者认为，界定企业公民的五个基本要素如下：第一，工作场所应该亲近家庭，这有助于员工成为好雇员和好父母；第二，应该为员工提供足够的健康和退休福利；第三，工作场所必须确保员工的安全；第四，员工的教育和培训是提高生产能力的根本；第五，在工作场所应鼓励员工才能避免裁员。马特恩对具有代表性的企业公民进行了划分，他认为企业公民有不同的表现形式，分别是：企业公民参与慈善活动、社会投资或对当地社区承担起某些责任；要求承担社会责任的企业应努力创造利润、遵守法律，做有道德的合格企业公民；企业对社区、合作者、环境都要履行一定的义务和责任，责任范围甚至可以延伸至全球。也有学者认为，"企业公民"应包括四个方面的内容：一是好的公司治理和道德价值，主要包括遵守法律、现存规则以及国际标准，而防范腐败、贿赂，包括道德行为标准问题以及商业原则问题。二是对人的责任，主要包括员工安全计划、就业机会均等，反对歧视、薪酬公平等。三是对环境的责任，主要包括维护环境质量，使用清洁能源，共同应对气候变化和保护生物多样性等。四是对社会发展的广义贡献，主要指对社会和经济福利的贡献，比如传播国际标准，向贫困社区提供要素产品和服务，如水、能源、医药、教育和信息技术等。企业只有将权利的发挥和责任的承担有机结合，才能保证企业基业长青。

三、企业公民理论和公司社会责任理论

（一）企业公民理论是对公司社会责任理论的继承和发展

企业公民的理念最早始于公司社会责任。沈洪涛、沈艺峰认为，20 世纪 70 年代之前，人们关于公司社会责任的狭义理解，即企业慈善、受托责任等是公司社会责任思想的主流。20 世纪 70 年代，人们把公司社会责任主要理解为企业社会回应；20 世纪 80 年代，主要理解为企业社会表现；20 世纪 90 年代，与利益相关者理论结合，公司社会责任概念被理解为对企业的利益相关者负责；进入 21 世纪后，公司社会责任思想演化成企业公民概念。这一历史过程充分说明，企业公民概念的出现与公司社会责任概念有着非常密切的关系，公司社会责任思

---

① 李学军. 公司法背景下企业社会责任的实现路径 [J]. 法制博览，2020（24）：125-126.

想是企业公民概念的历史前提。公司社会责任思想与实践的充分发展为企业公民概念的出现提供了思想的、历史的酵母，而企业公民概念则是公司社会责任运动发展的必然结果或逻辑延伸。

企业公民理论是对公司社会责任理论更加完善和积极的发展。瓦罗（Valor）认为，提出企业公民概念的实践者将企业看作一个比公司社会责任更为积极的理念，企业公民通过在企业社会表现的框架内将公司社会责任与利益相关者管理糅合在一起，从而克服了公司社会责任在运作和实施上的困难。所以企业公民是对企业-社会关系的重新界定，它借助公民意识明晰其含义，企业可以从个人公民的表现中明白社会对企业公民的要求。

（二）企业公民理论以一种人性假设的形式回答了为什么要承担社会责任

在经济全球化深入发展的条件下，企业应该树立全球责任观念，自觉将社会责任纳入经营战略，遵守所在国法律和国际通行的商业习惯，完善经营模式，追求经济效益和社会效益的统一。但是从目前中国经济和社会体制日益完善的状况来说，中国企业公民建设存在的问题往往是少数企业对法律的藐视，企业道德的缺失和对消费者、环境、员工等的不负责任。因此，现阶段我国企业公民意识体现在承担公司社会责任上。

企业公民理论中将企业看成是"经济性"和"社会性"的统一，兼具"经济人""社会人"和"道德人"三者的特性，同时企业公民假设本身体现了层次性，即企业公民首先是"经济人"，然后是"社会人"，最后才是"道德人"。企业公民理论给企业履行不同责任的先后顺序提供了依据。同时我们认为企业公民是一种平衡各个利益相关者关系的身份，企业要自觉地把自己归类到社会共同体的体系之中，将社会基本价值与企业自身的商业运作和内部管理相协调。企业是社会的公民，就应该承担起对社会各方的责任和义务。企业公民理论将公司社会责任内化为企业的本质需求，而不是给企业增加负担。

从企业的长远发展来看，企业不仅要追求自身利润的最大化，而且还要保存长远发展的潜力，即要尽可能地使企业长期资本收益率达到最大化。而要获得这样的潜力，企业必须通过承担社会责任来付出社会成本，因为社会才是企业利润的真正来源，企业只有扮演好自己的公民角色，才可以得到社会声誉和社会认同。

第三章 现代公司社会责任的主要维度

第一节 消费者维度

市场经济从某种程度上来说就是消费者经济，消费者始终是公司的利润之源。公司利润来源于消费者的信任，而消费者的信任又源于公司对社会责任的承担，尤其是对顾客责任的承担。实践证明，真正承担起顾客责任的公司才会有长远的发展。反之，那些视消费者权益为儿戏，严重损害消费者权益的公司，最终会失去消费者的信任和支持。为此，我们需要首先探讨公司社会责任的第一维度，即公司对顾客的责任。

一、现代公司承担消费者责任的提出

公司承担消费者责任的提出与消费者运动两者间存在着密切的联系。消费者运动源于19世纪的英国，在工业革命的推进过程中，商品的多样化和丰富化在提升消费者生活品质的同时，也带来了众多困惑消费者的产品和服务问题。广大消费者逐渐产生了维护自身权益的意识，并有组织、有目标地团结起来，开展相关活动来反对公司的侵权行为。由此，消费者运动应运而生。

随着全球化的推进，消费者运动的范围、形式在不断变化，其影响力也在不断扩大。因此，各个国家开始成立相关组织、颁布相关法律来保障消费者的权益。如1898年，美国成立全球第一个消费者组织；1960年，国际消费者联盟组织成立；1962年，美国总统肯尼迪在《关于保护消费者利益的总统特别国情咨文》中，率先提出消费者享有的四项基本权利，即安全权利、了解权利、选择权利和意见被听取权利；1969年，美国总统尼克松进而提出消费者的第五项权利——索赔权利。消费者权利的提出，使消费者运动进入了新的阶段。我国于1984年成立中国消费者协会，与世界其他国家一起加入了维护消费者权益的运动。

透视消费者运动的本质，我们发现，消费者运动实际上是一种呼吁企业承担起对消费者责任的体现。消费者对企业的压力本质上在于掌握退出权，特别是在买方市场结构下，消费者的联合退出对公司是致命性的打击，这种消费者的联合

维权被称为消费者运动。消费者运动具备以下三个特征：一是以维护消费者的权益为出发点；二是以批评产品与服务的提供者为主要路径；三是以消费者有组织地参与为重要手段。由此可见，消费者运动是在市场经济条件下，消费者为了维护自身利益，自发地或者有组织地以争取社会公正、保护自己合法利益、改善其生活地位等为目的，同损害消费者利益行为进行斗争的一种社会运动。它是从消费者视角呼吁公司社会责任的一种行动体现，因此，消费者运动是引发公司承担对消费者责任的直接推动因素。

二、现代公司承担消费者责任的内容

权利和义务是一对共生体。因此，对公司而言，消费者享有的权利即公司应该承担的责任。为此，可以从两个角度来理解公司承担消费者责任的内容，一是消费者的权益，二是公司的责任。两者既有区别又有联系，为全面、客观地说明公司对消费者的责任，笔者将从消费者的三大基本权利：知情权与自由选择权、安全权、索偿权，来对责任内容进行补充和完善。

（一）保护消费者的知情权和自由选择权

消费者的知情权和选择权是密切相连的，只有全面的知情权才有自由的选择权。任何消费者在购买产品之前都有权对产品的可靠性、性能等方面的知识进行全方位的了解，公司有责任通过真实的产品广告、宣传资料和产品说明书以及人员介绍等途径向消费者传递产品信息，以使消费者在琳琅满目的商品中选择到满意的商品。公司如果在产品的广告、宣传材料和说明书中过分夸大产品的功效，隐瞒不足之处，提供虚假的产品宣传，出现说明书或标签与实际内容不符等行为，都是侵犯了消费者的知情权和自由选择权，是不尊重消费者、对消费者不负责任的表现。

（二）保护消费者的人身财产安全与信息安全

消费者购买一件产品，最主要也是最重要的期望是产品质量安全，也就是通常讲的"保质保量保安全"。产品不但要货真价实，还要确保品质可靠，保证消费者在使用时能够安全无害。

一方面，公司应向消费者提供安全、可靠的产品，这是公司对消费者最基本的责任。消费者购买产品是为了满足自己的物质需求和精神需求，如果公司向消费者提供有安全隐患的产品，不仅消费者的消费需求得不到满足，甚至还可能为此付出人身伤害和财产损失的代价，构成公司的违法责任。

另一方面，公司应保护消费者的信息安全。公司在销售过程中有机会掌握大量的消费者信息，比如购买信息和会员信息等。在日常生活中，消费者信息泄露的事件屡见不鲜，不仅侵犯了顾客的隐私权，也容易招致诈骗等严重的社会问题。因此，公司应该加强对消费者信息的管理，通过政策渠道收集消费者信息，在使用过程中严格遵守保密制度，不得随意泄露消费者信息，更不能有偿、无偿地进行信息转让。

（三）保护消费者被尊重与被公平对待的责任

尊重和公平对待消费者，建立良好的客户关系，提高客户满意度是公司履行消费者责任的第三个重要基点，具体表现为以下三个方面。

第一，提供便利的获取产品信息的途径。公司应通过网络、免费热线等渠道确保消费者在购买产品后，能够就使用方面遇到的问题进行咨询，提出意见。尤其是对操作上有一定复杂性的产品，除了提供详细的说明书之外，还应当专门设立客户服务机构提供帮助，尤其对需要被特殊照顾的群体。

第二，建立健全的售后服务体系。售后服务是公司提高产品市场竞争力的重要手段，加强售后服务力量，建立健全的服务网络、忠实履行对用户的服务、实现售后服务的规范化是当今市场经济竞争机制下对公司的客观要求。

第三，妥善处理消费者的投诉。客户对公司的产品及服务的意见是公司最珍贵的信息，所以不仅要设立应对投诉的便捷部门，积极地对可能发生的投诉加以关注并及时处理，同时还应针对消费者的投诉改进公司的服务和产品。

三、现代公司承担消费者责任的推进

公司对消费者的社会责任的实现同其他道德实现的方式相一致，一是需要公司自身内部力量，自觉履行对消费者的社会责任；二是需要外部力量，需要政府的推动和消费者的互动，来提升公司对消费者的社会责任。

（一）公司自律

第一，公司应当充分认识到对消费者的社会责任，提高产品质量，对消费者负责。公司经营者及公司管理者，应当将质量追求融入公司发展战略，视质量安全教育为公司之灵魂，树立公司员工的"第一责任人"意识，突出质量控制在管理制度中的作用，将公司的质量安全理念内化为公司的核心文化。质量把关上不可有一日一时的懈怠，扎实提高质量以确保消费者使用安全是基础。

第二，要加强企业伦理建设。所谓加强伦理建设，是指通过建立企业的思想、准则和行为规范来协调公司与各利益相关者的关系。企业离终端消费者的距离越近，越需要注重企业伦理建设。因此，需要通过企业伦理来完善对利益相关者关系的管理，尤其是对直接利益相关者——消费者的管理。①

第三，公司在售后服务中应该真诚地对待消费者。事实上，任何一个公司在其发展过程中，都会不可避免地面临一些突发性负面事件，这些事件若处理不好，足以毁掉一个公司。因此，对于大部分没有犯原则性错误的公司来说，除了要尽最大能力防止这样的危机发生外，更重要的是在危机发生后，思考如何将负面影响降至最低。公司只有用真话消除信息的模糊性，尊重消费者对自身利益的关切，才能避免消费者的"二次创作"，避免谣言的软伤害。

（二）政府监督

中国目前正处于经济转型期，单纯寄希望于国民素质的提升和公司经营者的自觉并不能完全改善一些公司的道德风貌。因此，政府及其职能部门的重视和监管变得尤为必要。在社会主义市场经济体制下，加强政府监管本身就是政府的重要职能之一。因此，杜绝假冒伪劣商品，维护消费者合法权益也是强化政府监管的应有之义，政府更应该增强自身的使命感和责任感。

首先，完善法律法规，加大对违法违规企业的惩处力度，保证各项措施都有法可依，有章可循；其次，利用政策优惠强化企业的履行社会责任的意识，保证企业履行社会责任后得到的物质利益和精神激励可以弥补企业履行社会责任所增加的成本，从而有助于企业的长远发展；再次，加强《中华人民共和国消费者权益保护法》的宣传力度，促进消费者协会等社会组织的发展，创新、简化维权方式，降低维权成本，为广大消费者解决困难树立信心；最后，政府要与各个监管部门及媒体通力合作，做好企业产品质量问题的披露工作，为社会民众创造一个关注产品质量安全和消费者切身利益的舆论环境。

（三）消费者自我保护意识与能力提升

消费者要提高自我保护意识与能力，通过多方面的信息渠道了解企业的生产及其产品。同时，及时反馈消费安全信息，把自身消费安全与公共消费安全结合起来，做到个人消费与社会消费的信息互动，让忽视消费者利益及权利的公司及产品无法立身于市场。从消费理念及消费价值观上，从社会舆论导向上，引导社会关注和重视公司的社会责任，营造并推进公司社会责任的良好氛围，从而积极地促进公司社会责任水平的提高。

---

① 刘坤. 社会责任履行对竞争力的影响研究 [D]. 南京：南京林业大学，2019.

第二节　员工维度

一、现代公司承担员工责任的提出

要求现代公司承担对员工的责任源于公司内外部"压力与动力"的双重思考。从内部动力角度看,员工是组成公司的基本单位,是推动公司成长的不竭动力,也是实现公司目标的主要力量。因此,公司在追求"利"的过程中应当"以人为本",除在经营管理过程中关心员工的工作和生活,为员工创造更加人性化的工作和生活环境之外,还应关心员工的全面发展,帮助员工实现自身发展的目标。员工只有得到了劳动的快乐,分享了劳动的成果,才能促进公司内外部的和谐,成就公司更大的发展。

从内部压力角度看,公司工会组织的存在从第三方视角要求公司正视员工利益,保障员工权益。单个员工基本没有和公司讨价还价的能力,因为单个员工的退出不会对公司产生大的影响,所以员工只有组织工会来增强与公司博弈时的谈判能力。在欲成为公司社会责任主要对象的前提下,员工往往是通过组建工会以及集体谈判来促使公司承担社会责任,就劳动关系中的矛盾和劳动问题与雇主一方进行交涉,诸如在劳动工资、劳动工时、劳动待遇等方面为维护员工的权益而开展活动,保护员工的利益。

就外部压力角度看,公司承担对员工的责任是法律对公司的客观要求。2013年7月1日,《中华人民共和国劳动合同法》(以下简称《劳动法》)开始实施,涉及了劳资双方的利益,提高了公司在承担对员工责任方面的要求。新《劳动法》的颁布,扩大了劳动合同法的保护范围,加大了对违反劳动法企业的惩罚力度,促使企业对员工承担更多的责任,为公司管理者指明了公司在承担员工责任方面的法律责任。

二、现代公司承担员工责任的内容

公司对员工的责任属于内部利益相关者问题。公司必须以相当大的注意力来考虑雇员的地位、待遇和满足感。

(一)营造良好的工作环境

公司的首要责任是为员工提供安全和健康的工作环境。工作环境的好坏直接影响到员工的身心健康和工作效率。公司不仅要为员工营造一个安全、关系融洽、压力适中的工作环境，而且要根据本单位的实际情况为员工配备必要的设施。公司必须多与员工沟通，多为员工着想，创造良好的工作环境和企业文化。

（二）提供规范的职业培训

有社会责任的公司不仅要根据员工的综合素质，把他们安排在合适的工作岗位上，做到人尽其才、才尽其用。同时，在工作过程中，要根据情况的需要，对他们进行培训，既满足了员工自身发展的需要，也满足了公司发展的需要。要想使公司继续发展，不但要创造好的工作环境，还要尽可能地改造员工，对他们进行定向培训，给他们应得的待遇，从而形成稳定而可靠的劳动力资源，真正做到以环境留人、以待遇留人、以感情留人。

（三）维护员工的合法权利

我国《劳动法》明确规定："用人单位应当依法建立和完善劳动规章制度，保障劳动者享有劳动权利、履行劳动义务。用人单位在制定、修改或者决定有关劳动报酬、工作时间、休息休假、劳动安全卫生、保险福利、职工培训、劳动纪律以及劳动定额管理等直接涉及劳动者切身利益的规章制度或者重大事项时，应当经职工代表大会或者全体职工讨论，提出方案和意见，与工会或者职工代表平等协商确定。"法律规定员工应享有的最基本的权利，也是公司应履行的最基本的义务，是每一个公司必须遵循的社会责任的底线。

（四）尊重员工的人格尊严

现代公司的一个显著特征是员工队伍的多元化，为了调动各方面的积极性，公司要平等对待所有员工。公司要为员工提供民主参与公司管理的渠道，为员工提供自主管理公司的机会。员工属于劳动者，传统观念上属于被管理者的地位，但事实上，员工也应有参与公司的经营决策、公司的未来发展等重大问题的权利。公司只有尊重员工民主管理公司的权利，重视员工的意见和要求，才能有效调动员工的劳动热情和工作积极性，从而促进员工工作效率的提高。

三、现代公司承担员工责任的推进

（一）明确公司自身的社会责任所在

公司在遵纪守法方面应作出表率，遵守所有的法律、法规，包括《中华人民共和国安全生产法》《中华人民共和国社会保障法》《中华人民共和国消费者权益保护法》和《中华人民共和国劳动法》等，履行所有合同规定的义务，带头诚信经营、合法经营。同时还要带动公司的雇员共同遵纪守法，共建法治社会。另外，公司要从战略的高度出发，把社会责任贯穿于公司的整体经营过程中，公司只有在不把利润看得高于一切的时候，才有可能采取具有远见卓识的行动。承担社会责任是公司获取社会公众好感的基本条件，也是赢得社会尊重的重要前提。承担社会责任或许会使公司的短期利益受损，但换来的却是比损失的短期利益要多得多的长期利益。因此，公司的社会责任行为与其利润取向是一致的。

（二）健全外部制度环境，加强对公司行为的监管

如果仅寄希望于公司的自觉，而缺乏有效的外部监督，则很难使所有的公司都自发地承担社会责任。具体来说，必须加强法制建设，其中政府扮演的角色是最重要的。调查显示，六成消费者认为政府是普及公司社会责任意识的主要力量。政府作为社会主义市场经济的调控者和管理者，在公司或市场经济环境尚不完善时，要发挥其宏观调控的作用。例如，针对安全生产问题，国家要加大对安全标准的检查力度，同时要对违反安全标准或为富不仁的公司给予"一票否决"式的大力惩处。

（三）发挥社会舆论的监督作用

除了政府的监管行为之外，社会舆论的监督作用也至关重要。在社会舆论有效监督的大环境下，给予履行社会责任的企业褒奖，给予道德缺失企业谴责。企业为了自身的利益会更好地把自己的行为跟社会的利益结合在一起。公司的美誉度与公司的生存息息相关，社会公众对那些积极承担社会责任的企业认同度会更高一些，形成比较好的品牌认知。也正因为如此，当遇到社会舆论的谴责时，有些公司会真心诚意地采取补救措施，承担应负的责任以挽回声誉。但还有一些企业把"功夫"花在了别处，动用一切手段千方百计展开危机公关，试图"摆平"政府、媒体和消费者，为自己正名。但是，以逃避责任为目的的公关活动只会加速公司美誉度的丧失，公众的认可也会随之失去。所以，加强社会舆论的监督，可以促使公司把追求利润的行为跟社会的利益紧密结合起来，使公司自觉承担应负的社会责任。

（四）增强员工的维权意识

员工也要积极维护自身的合法权益，对那些不负责任的企业要勇敢地拿起法律武器作坚决的斗争，妥协、放任等于漠视自己的权利。事实上，维权斗争也能

从外部迫使企业树立强烈的社会责任意识。但是，当前在一些地方，很多公司员工缺乏基本的法律知识，维权意识较弱，当自己的权利被侵害时，往往只大事化小、小事化了，忍气吞声，自认倒霉。据有关部门反映，众多采取投诉或申请劳动仲裁措施的员工缺少基本的法律知识，不了解法律程序，缺乏证据，致使许多投诉难以立案。因此，仍需培养他们的法律知识和权利意识，增强他们维护自身权利的信心。①

第三节　股东维度

一、现代公司承担股东责任的提出

20世纪70年代，经济学领域提出了企业契约理论，并得到了广泛应用。匡海波等人指出，从企业契约理论被使用的目的性上讲，主流的契约理论所支持的是公司以股东为中心的概念，即在公司中，管理者的任务就是只为股东的意愿服务。

主流企业契约理论的主要特征在于它的三个相关的规范命题：一是股东应该拥有控制权；二是管理者对只为股东利益服务具有信托的责任；三是企业的目标应该是股东财富最大化。

主要理由如下：股东出资兴办企业，所投入的资本固化为专业性资产，若企业出现财务危机，首先遭受损失的便是专业性资产。按照风险与权益相匹配的原则，股东便是企业的所有者，其他要素所有者，如债权人、雇员等，由于不承担资产受损的风险，因而只能成为固定收入者，不属于企业的剩余索取者。将公司内部治理结构定位为股东与管理者的委托代理关系，其效率标准是股东利益最大化。

受公司契约理论的影响，我国2018年修正的《中华人民共和国公司法》（以下简称《公司法》）将公司章程提高到股东之间自治契约的地位，多处出现"公司章程另有规定的除外""全体股东约定……的除外"的授权性条款。股东可以通过公司章程对公司转投资、经理职权等进行自愿安排，大大强化了股东对内的权力安排和权利配置功能，这是股东权制度向契约自由方向发展的表现。由此可见，契约理论强调了公司对股东承担社会责任的必要性，尤其是《公司法》对公司应该向股东负责的规制。

---

① 付毓卉. 广东上市公司社会责任能力建设研究 [D]. 广州：广东省社会科学院，2019.

二、现代公司承担股东责任的内容

现代公司首要的责任是维护股东的利益,承担代理人的角色,保证股东利益的最大化,这也是最基本的责任。中国目前很多公司所谓的社会负担过重,实际上就在于公司把最基础的东西丢掉了,它在承担外围的公司责任,即所谓的对政府、对社区、对整个社会的责任,忽略了对股东的责任。保证股东的利益实际上是公司实现承担社会责任的基础,这是一个基本命题。虽然公司追求股东利益最大化并不能保证公司其他利益相关者的利益最大化,相反,公司如果不能保证股东利益最大化,其他利益相关者的利益也将无法得到保证。也就是说,追求股东利益最大化是实现公司其他利益相关者利益的必要条件。

在市场经济下,公司与股东的关系事实上是公司与投资者的关系,这是公司内部关系中最重要的内容。随着市场经济的发展,人们从单一的货币投资转向股票、债券、基金和保险,投资股票直接成为公司的股东,投资各种债券、基金和保险成为间接的股东。现代社会,股东的队伍越来越庞大,遍布社会的各个职业和领域,公司对股东的责任也具有了社会性。主要包括以下几个方面。

第一,公司对股东最基本的责任是对法律所规定的股东权利的尊重。法律规定是每一个公司必须遵循的伦理底线,超出了这个界限就构成了公司的不道德行为,公司违背法律规定侵犯股东的权益是对股东严重的不负责任。

第二,公司要对股东的资金安全和收益负主要责任。投资人把资金托付给公司运作,希望通过公司的运作获得丰厚的回报,公司应当满足股东这个基本的期望。公司不得使用股东的资金去做违法的、不道德的事情,更不能将股东的资金任意挥霍。公司所从事的任何投资必须以能给股东带来利润为基本前提。

第三,公司有责任向股东提供真实的经营和投资方面的信息。公司向股东提供信息的渠道有财务报表、公司年会等,由此投资人可以了解到公司的经营品种、经营业绩、市盈率、资产收益率、资产负债率等情况。公司必须保证所公布信息的真实性、可靠性,任何瞒报、谎报公司信息,欺骗股东的行为都是不道德的,公司对此要负道德和法律双重责任。

总而言之,公司经营者必须对股东以及董事会负责,向他们通报公司的经济状况以及未来计划。但是,股东无权单独要求管理者为其短期利润负责,经营者必须同时考虑到公司的长远利益。[①]

[①] 谢名一. 跨国公司社会责任 [M]. 北京:经济管理出版社,2016.

三、现代公司承担股东责任的推进

股东利益最大化与公司履行社会责任是相辅相成的。前者是后者实现的基础，是强大的经济后盾。公司正确履行对股东的责任，不仅体现公司经营者个人的道德水准，更能够促进公司自身发展。在大多数情况下，人们会担心公司承担社会责任会有损于经营业绩，影响股东收益，因为社会责任活动意味着公司要支付额外成本，从而损害了短期利益。但长期看来，公司在力所能及的范围内进行一些社会责任活动相当于进行投资，未必对股东的长期利益造成伤害。虽然短期内这种投资看似牺牲了公司的经营业绩，但从长远来看，这种投资由于改善了公司在公众心目中的形象，吸引了大量人才等，可以增加收益，而增加的收益足以抵补公司当初所额外支付的成本。从这种意义上讲，公司在利他的同时也返利股东。现实生活中，当公司履行了对股东的责任时，它同时也会得到社会相应的回报，树立良好的公众形象，这宝贵的无形资产将利于公司获得更多的利润。

第四节 环境维度

一、现代公司承担环境责任的提出

环境责任是现代公司社会责任的一种，是指企业在经营活动过程中，除了要考虑投资人的利益和企业其他利益相关方的利益之外，还应该考虑对自然环境和社会环境所产生的影响。环境责任源于公司社会责任，是指企业在生产经营过程中在谋求自身经济利益最大化的同时，还应合理利用资源，采取措施防治污染，对社会履行保护环境的义务。环境责任不仅关系到企业的长远发展，也关系到社会的可持续发展。公司承担环境责任的经济依据是经济学中讨论比较成熟的部分。通常认为，因为公司不当的经济行为而对自然环境产生损害进行补偿的经济依据，包含了自然环境价值理论及稀缺理论、自然环境使用行为的外部性理论和可持续发展思想。

（一）自然环境价值及稀缺性

传统的主流经济学将稀缺性局限于能用货币计量的，可用于交换和转让的，具有私有财产权的物质财富，其稀缺程度决定了它的价值。自然环境无处不在，无时不有，取之不尽，用之不竭，人们尽可以就地取材，而不必用货币进行交换，因此它不具备稀缺性的特点，也就不具有价值。然而这种观点随着自然环境和经济发展矛盾的深化而逐渐瓦解。人们开始意识到，自然环境的承载能力有限，恢复弹性有限，再丰富的自然资源也无法满足人类的贪婪。在被过度利用和大肆污染之后，自然资源的重要性和稀缺性才被人类深刻地认识到，自然资源不但具有经济价值（比如作为公司生产产品的原材料），而且还具有精神价值（比如作为旅游资源或人们的居住地）。自然资源不但具有价值，甚至能够成为国家、公司获得核心竞争力的关键。

（二）自然环境使用行为的外部性

自然环境使用行为的外部性包括正外部性和负外部性。正外部性行为表现为对外界环境的建设优化，负外部性表现为对外界环境的损害。自然环境建设的正外部性是指优质的生态和良好的环境为社会提供了利益，处在该环境中的受益者无偿享用了该利益，而对于内部行为者来说，他们为提供此种利益必须付出一定的成本，而且此成本大于行为者自身享用该利益所应该付出的成本。自然环境损害的负外部性源于自然环境价值和利益主体的多重性，它是指自然环境的受害者无法无成本地回避毁坏的环境所带来的影响，而自然环境的破坏者却不必支付造成的损害赔偿。

正因为如此，行为者的积极性会大大降低，于是便需要利用某些经济的、法规的手段，通过调整关系双方的利益而使负外部性影响减少、正外部性影响增加。[①]

（三）可持续发展思想

可持续发展是指既满足当代人的需要，又不削弱子孙后代满足其需要能力的发展。可持续发展的内涵随着我国国情的发展变化不断得到充实。我国企业要面对自身与其他国家企业相比发展相对粗放的客观事实，加强企业的环保科技创新投入，将粗放型发展转变为集约型发展，为自身的可持续和社会、国家的可持续发展尽一份力。

我国共建和谐社会执政理念的提出，意味着自然环境和社会环境的协调和共同发展已经被提上了议程，表明政府对环境问题的重大关切。公司作为社会主义市场经济的细胞，是对环境产生重大影响的主体之一。公司应当意识到自身行为对可持续发展战略的重要影响，真正树立对环境的责任意识。在倡导和谐共存、

---

① 谢沂峰.企业社会责任履行对公司价值影响的研究[D].成都：电子科技大学，2019.

持续发展的大背景下，公司对环境的尊重和保护，不但可以直接地优化身边环境，同样会成为公司获得社会尊重和喜爱的重要举措，为公司赢得良好的声誉。

二、现代公司承担环境责任的内容

科学技术的飞速发展在促进人类进步的同时，也带来了诸多负面效应。公司生产活动对生态环境有着重要影响。因而，公司在消除环境污染，保护环境上肩负着不可推卸的责任。

首先，公司需要树立正确的价值观，正确认识到资源环境对公司乃至全人类可持续发展的重要性，将自然环境上升到利益相关者的高度，树立"尊重自然、保护自然、合理利用自然资源"的意识。由于19世纪末英国第二次工业革命让人类看到了自身对自然界的统治力量，于是人类开始了对大自然的掠夺式开采。而当所谓"取之不尽、用之不竭"的自然资源变得所剩无几时，全世界的人民都面临环境恶化、资源短缺时，人们开始反思人与自然的关系：从以人类为中心的自然观向以互利共生为中心的人本观转变，达到人与自然和谐共处的境界才是人类发展的长久之道。我国作为发展中国家，一方面，看到发达国家从粗放的经济增长方式走来，付出了巨大的环境代价，可以以此为鉴，防患于未然，避免走别国走过的老路；另一方面，我们的科研水平和绿色环保技术受到限制，难以达到西方发达国家的环境保护水平，工业化进程面临严峻的挑战。而公司对于环境社会责任的正确认知，则是学习、创造先进模式，改进公司发展方式，为环境优化发展作出贡献的基本前提。

其次，现代公司要以绿色价值观为指导，实施绿色管理，积极倡导绿色产品和绿色消费。绿色价值观是当今环保事业的新兴价值理念，它以人与自然的和谐为宗旨，号召尊重自然、爱护自然以及与自然和谐相处，反对破坏自然和谐的任何态度和做法。实施绿色管理，是指在管理过程中贯彻绿色价值观和绿色角色意识，比如：优化工艺流程以减少有害物质的排放，提高产品技术含量以增加原材料的利用率，将环境评估纳入财务指标以得出毁坏环境的潜在成本，倡导绿色营销以引导消费者购买使用环境友好型产品等。

此外，公司应严格自律，把绿色审计作为公司管理的重要内容，实行环境责任的自我管理。绿色审计强调公司进行具有公允性、合法性、真实性的认证审计监督。具体来说，即为了确保公司环境责任的有效履行，根据环境审计准则对公司等被审计单位在履行环境责任方面进行公允性、合法性、真实性的鉴定。绿色审计在一定程度上解决了传统会计核算失真，未考虑公司活动对资源环境影响的弊端。实施绿色审计，需要公司主动地去审查自身对环境责任的实施情况，而不是在社会其他部门或群体的监督下才去考虑环境问题，等待别人的检查。这样的公司行为，才能真正保证自身有效地承担对环境的社会责任，而不是披着华丽的绿色外衣进行自我宣传的公关手段。

三、现代公司承担环境责任的推进

（一）政府部门应采取的措施

1. 完善环境保护的体系

第一，我国应尽快修订《中华人民共和国环境保护法》，进一步完善环境保护组织体系和制度框架，规范政府环境行为；进一步优化、细化环保部门统一监督管理、各部门分工负责的环境管理体制；进一步整合相关环境管理制度；进一步明确公司、公民的环境权利、义务。

第二，完善环境保护基本法的相关规定。由于我国现行法律中没有关于公司环境责任的规定，为了贯彻实行可持续发展战略，立法的主流方向应该是在法律中明确而又详尽地规定有关环境责任。作为最主要的污染预防法律的《中华人民共和国环境保护法》《中华人民共和国环境影响评价法》应当明确企业承担的法律责任，以增强法律约束力，以利于环境保护和可持续发展目标的实现。

第三，制定各种引导刺激性制度。公司追求利润和趋利避害是其生存的必要条件。在要求公司履行环境社会责任时，追求利润和趋利避害的天性可能会导致公司增加产品或服务的成本，让消费者为公司履行社会责任的行为买单。在商品价格弹性较大的情况下，这无疑会影响公司履行环境责任的积极性。此时可以通过引导刺激性制度使公司获得额外的利益，在国外，政府通常会给予减税或财政援助。而在我国，政府尚未建立一个非常完善的机制去引导和支持公司对生态环境的行为，这需要用细化的各项规章制度去充实纲领性的政策规定。

2. 加大对环境违法的处罚措施

第一，完善处罚形式。2010年环保部修订的《环境行政处罚办法》明确了行政处罚的形式："根据法律、行政法规和部门规章，环境行政处罚的种类有：（一）警告；（二）罚款；（三）责令停产整顿；（四）责令停产、停业、关闭；（五）暂扣、吊销许可证或者其他具有许可性质的证件；（六）没收违法所得、没收非法财物；（七）行政拘留；（八）法律、行政法规设定的其他行政处罚种类。"相比之前的处罚形式，多出了三种，即责令停业关闭、责令停产整顿、行政拘留。这三种处罚形式对违法公司来讲，不论是在财产性损失方面，还是在公司当期发展方面，都会造成很大的影响，大大加强了对公司环境违法的威慑力度。这三种措施实施的主体不是环保部门，所以环保部门要借助政府和其他部门的行政处罚权，主动予以移送。

第二，在法律适用方面使用从重原则，特别强调了当事人的一种违法行为同时违反两个以上环境法律、法规或者规章条款，应当适用效力等级较高的法律、法规或者规章；效力等级相同的，可以适用处罚较重的条款。这种从重原则客观上对公司经营者起到了警示作用，促使其在实施公司正常的经营行为时考虑到环境违法的后果。

（二）公司应该采取的措施

从国外的实践来看，公司愿意主动承担自主性责任的理由主要在于：一是宣示环境友好性和社会公益性，以提升公司的国际影响，从而有利于国际贸易；二是迎合消费者高涨的绿色消费意识；三是节省能源和资源，削减能源资源采购方面的成本；四是事前规避环境风险，预防因环境污染而引起的巨额赔偿。中国企业要在承担自主性责任的同时，积极承担法律中规定的责任。

1. 树立公司承担环境责任的正确理念，强制公司环境成本内化

可以借助国家推行发展循环经济之力，通过各种方式向公司疏导循环经济的发展理念，使循环经济的理念成为公司发展的一个重要组成部分，以此彻底改变以往重开发、轻利用，片面追求经济利益、忽视环境利益的传统经济发展理念。

环境成本内化就是将环境成本纳入生产成本，即对环境外部成本进行估价，并将他们内化到出口商品或劳务的真实成本中，消除其外部性。近年来，由于绿色消费观念的树立，人们更加注重安全、健康的消费，公司为了维持自己的竞争优势，减少成本，应该将环境成本纳入生产成本之中去。公司承担环境责任要抛弃片面的经济绩效决定论的观点，打破过去掠夺式的生产经营模式，使公司发展走上可持续发展之路，除严格公司管理，最大限度地提高资源、能源的利用率外，淘汰那些落后的技术工艺，采用先进清洁的生产工艺，无疑是解决环境成本过高的一条有效途径。这也符合国家推行循环经济的本质要求。

2. 制定长远、灵活与可操作的环保责任目标

公司承担环境责任要抛弃片面的经济绩效决定论的观点，打破过去掠夺式的生产经营模式，使公司发展走上可持续发展之路。但这些并不是一蹴而就的。在经济资本、社会资本与文化资本的合理配置，现有员工生产生活的转变的过程中，

公司难免会遇到重重障碍，与此相对应的公司环保目标与实施策略也应不断变化。

（三）完善规制公司履行环保责任的监督体系，鼓励公司自愿承担环境责任

在政府力图解决环境污染外部性问题和公司日渐重视环境责任的背景下，我们应充分发挥监督力量。一是政府监督。保障社会公众及时知晓企业环境信息，不断完善环境信息披露制度；政府应建立一套企业环境责任实施的评价指标，定期对企业环境责任的履行状况进行评估，强化对失信公司的惩戒机制，加强对履行环境责任的公司的表彰。二是社会监督。增强社会团体和社会公众的环保责任意识，保证公民参与和监督的积极性；充分发挥新闻媒体、行业工会、国际组织的作用，形成多层次、多渠道的监督体系。将政府监督与社会监督结合起来，鼓励企业主动地承担环境责任。

第五节　社区维度

一、现代公司承担社区责任的提出

企业是国民经济的细胞，是市场经济活动的主要参加者；企业是社会生产和流通的直接承担者；企业是推动社会经济技术进步的主要力量。可见，企业在社会工作生活中承担着多重角色，是社会的重要"公民"。而企业社区责任的提出源于"企业公民理论"与"企业公民运动"。

波士顿学院企业公民研究中心将企业公民定义为一个企业将社会基本价值与日常经营实践、运作和策略相整合的行为方式。企业是社会的细胞，社会是企业利益的来源，承担社会责任是"企业公民"的重要职责。进入21世纪以来，发达国家一些公司开始公开声称要做企业公民，企业是国家的公民，要为社会发展作出贡献，从而带动了一大批企业竞相开展企业公民竞赛。

企业在现代市场经济中有着重要的影响，而且企业在自身经营和发展过程中累积了很多的资源，包括人才、资金、科学管理方法等，而这些资源都可以用来建设社区。这些作用则主要体现在以下几个方面。

第一，满足居民愿望。从国际来说，20世纪60年代以来，社会期望企业做的越来越多，很多人都希望企业能够追求经济和社会的双重发展目标。虽然有一些企业对于"社会"这一概念并不是很了解，还不如社区那么实在和可行。所以，企业参与社区建设是居民对企业的期望。[1]

第二，增加长期利益。大部分的研究表明，企业的社会责任行动不仅不会有损于企业的长期利益，而且还会取得更多可靠的长期利益，这是由于企业的社会责任行为带来了良好的社区关系和企业形象。

第三，改善社会环境。企业参加社区建设能够提高公众的生活质量，并改善社会环境，而这种良好的社会环境对企业的生存和发展都有极大的好处。

第四，拥有资源。和社区不一样，企业拥有着社区不能相比的财力资源、技术人员和管理才能等，企业从社会获得了集中资源，当然也应当承担社区建设的责任。企业是现代社会经济活动不可或缺的重要的单位，社区建设是一个包括企业在内的各主体之间合作互动的复杂的系统工程。按照嵌入性理论的分析框架，企业的发展和社区建设的状况是相互嵌入的。企业发展所需的人才、政策扶持、公众支持、形象塑造、文化建设等无疑都会受到社区建设的影响。社区建设是各主体协调、互动合作的过程，企业作为一个重要的建设主体，其对社区建设的参与，带来的不只是资金等物质资源，还包括企业的文化、现代经营理念等重要的无形资源。尤其是企业和社区建设在文化的相互渗透、嵌入方面，甚至可以说企业文化和社区优秀文化是相互促进的。

二、现代公司承担社区责任的内容

企业积极主动地参与社区的建设活动，利用自身的产品优势和技术优势扶持社区的文化教育事业，吸收社区的人员就业，救助无家可归的流浪人员，帮助失学儿童等活动，不仅为社区建设作出了贡献，而且也为企业的发展打下良好的基础。企业为社区建设所付出的努力，会变成无形的资本，对企业的经营发展起到不可估量的作用。企业积极支持社区的文化教育事业，提高了企业未来员工的素质；企业为消费者服务的宣传活动，拉近了企业与消费者的距离，可以产生大量的回头客；企业热心于环保和公益事业，可以塑造良好的企业形象。企业积极承担社区责任，扩大企业的知名度，提高企业的良好声誉，所有这一切都会作为企业的无形资本在企业的经营中带来巨大的效益。

企业通过社区架起了连接社会的桥梁，企业为社区所做的一切有益的工作都会对社会产生重大影响。企业积极参与社区活动履行了企业公民的职责，为社会的和谐、进步和发展尽了一己之力。企业对社区的社会责任主要表现为以下方面。

---

[1] 龚玉晶. 上市公司履行企业社会责任的研究 [M]. 北京：经济科学出版社，2019.

（一）慈善捐赠

企业慈善捐赠行为是企业自愿将财、物捐赠给与企业没有直接利益关系的受捐者，用于慈善公益事业的行为。我国自古以来就有"乐善好施"的文化传统，以民间或官方形式存在的慈善捐赠活动由来已久，但是真正意义上的企业慈善捐赠却是在1984年国有企业改革开始之后才开始逐渐发展起来的。

20世纪90年代之前，我国企业的慈善事业一直发展得比较迟缓，但随着SA8000企业社会责任认证体系在我国的推行，还有"公司社会责任"理论、"企业公民"理论等在我国的逐渐推广，企业慈善事业有了较快的发展，而且企业参加的慈善活动也日渐增多，捐款的规模也是与时俱增，越来越多的企业也开始成立自己的慈善基金会。从2005年我国第一家企业发起的慈善基金会——中远慈善基金会成立后，很多家大型国有企业也纷纷开始成立自己的慈善基金会，如国寿慈善基金会、宝钢教育基金会、南航"十分"关爱基金会、人保慈善基金会等。紧接着大型国企之后的是中国的民营企业，相继有远东控股集团、万科集团、厦门建安集团、腾讯集团等多家民营企业也纷纷建立了自己的企业慈善基金会。和20世纪末我国企业慈善事业的局面相比，现在我国企业慈善事业已经取得了很大的发展。

（二）参与社会组织合作

伴随着全球公司社会责任的不断发展，在社会贡献活动中，企业与社会组织合作已经十分常见，这是在与利益相关者的对话中进行公司社会责任活动的结果。社会组织代表了一定的利益相关者，利益相关者的社会问题解决方案应该和社会组织有效地结合在一起。企业协会是社会组织的一种重要形式，也是企业积极参加社会管理、发挥社会功能的重要手段。同时，企业通过参与企业协会组织的活动，能获取丰富的行业信息，加强本行业企业间的交流沟通，也能在企业协会的指导下规范经营、规范管理。所以，这对企业和社会都是有益的参与行为。

总之，企业应该加入与其经营业务或者社会责任实践相关的社会团体，积极参与社会组织活动，为行业成长和社会发展贡献自己的力量。在行业中具有一定影响力的企业可以主动参与行业标准、规范建设，促进行业进步，推动全行业提高履行社会责任的水平。近年来，中国的一些大企业先后加入了联合国"全球契约"，这是在国际上推动公司社会责任的实践。

三、现代公司承担社区责任的推进

企业与社区之间是一种相互交叉的你中有我、我中有你的关系,二者相互影响,不可分离。建立和谐的企业与社区关系对企业的生存发展和社区的进步繁荣具有重要意义。在推动公司社会责任的履行过程中,最重要的措施是推动企业慈善捐赠行为的规范管理。

(一)加快慈善事业立法进程,调动企业参与慈善事业的积极性

慈善事业法律的不完善导致企业放慢了履行社会责任的脚步。建立和健全慈善事业的相关法律,是慈善事业的发展有法可依,是促进慈善事业和企业慈善发展的必然选择。我国在慈善立法上可以借鉴国际通行做法,与国外慈善团体多展开交流。除了进行慈善的立法之外,也应该尽快完善慈善财税制度。为了调动企业参与慈善事业的积极性,也应当建立慈善税收激励机制。

(二)完善慈善机构建设,增强企业参与慈善的信心

增强企业参与慈善的信心,首要的是提高慈善机构的公信力。公信力是慈善的生命,与其他组织相比,慈善组织最大的优势就是具有更强的公信力。目前我国慈善机构的组织建设亟待标准化,慈善组织的运作需要透明化。透明化可以从以下三个方面改善:一是将慈善机构与政府机构脱离,回归民间,增强独立性;二是定期公布接受的捐赠款项的去向以及使用的效果;三是接受舆论的监督,听取大众的意见。企业需要与慈善机构一起把慈善事业做好,回馈社会。

(三)增强企业慈善意识,使其成为企业文化的一部分

我国企业既要学习跨国公司的成功理念,又要根据国情和自身情况形成具有企业特色的慈善文化,把慈善融入企业发展的战略中,将其上升为企业自主、自觉的社会道德行为,并细化为与企业市场开发相结合的策略,形成可持续的制度化运作机制,从而使企业在为慈善事业贡献力量的同时,也可以获得自身的收益。此外,还需要加强与媒体的协助与配合,发挥其宣传、监督和引导作用。

第六节　供应链维度

一、现代公司承担供应链责任的提出

近几年来，出现了一些食品安全事件。虽然从调查的结果看，主要问题是由上游供应商的不负责任造成的，可是这些事件都对这些企业的品牌与形象造成了巨大的伤害。而类似的事件时常发生则提醒着企业，不仅要关注自身的社会责任，也要关注和控制供应商的社会责任。因为几乎所有的消费者只能接触到品牌企业的产品，而不会去关心原料和半成品供应商是谁，所以，事情一旦发生，受损最大的往往是品牌企业。而随着社会分工的逐渐深入，仅仅靠着退货来经营和控制整个产业链以控制供应链的风险，这对大多数公司来说是非常不合适的。企业需要通过对供应链进行管理和对风险进行控制来避免供应链的风险延伸到企业中去，企业不仅要履行好企业内的社会责任，也要管理好企业外的社会责任风险。所以也可以这么说，供应链责任管理也是公司发展战略中的一个重要的组成部分。

随着社会的进步，社会和公众对企业的要求不断提高，消费者和投资者要求其承担相应社会责任的压力也日渐增强，追求良好品牌形象的驱动力也迫使大型企业必须开始补上这一课。

企业应该首先增强自身对供应链责任的意识，不仅仅是自保型的商业策略，更应采取积极进取、前瞻性的态度。为此，企业需加大人力、物力的投入，切实保证供应链上下游的检查。这样做，短期内看似会给企业带来额外的成本，但品质及声誉的增值却能给企业带来更长远的收益。利润的增加将弥补支出而有余。有前瞻性的企业应尽早重视这一块，因为这不仅可以帮助企业减少很多风险，企业还可以因此建立竞争优势。所以，供应链责任将是中国企业必须重视和亟待补上的一课。

从企业层面来讲，及时发现供应商违反守则的行为并解除订单固然是避免社会责任最便捷的方法，但这可能导致供应商破产和工人的大量失业，可能造成不好的社会影响。因此，一个履行社会责任的公司应给供应商留有改进的空间，并给予必要的资源支持。企业还可与学术界、研究中心等其他利益相关方推出合作项目，利用这种关系了解发展的新趋势。像需要承担废旧产品回收责任的家电产业还可采取行业合作模式，共同建立回收设施来分担过高的成本。

二、现代公司承担供应链责任的内容

企业供应链责任是指企业重塑内部治理结构和管理程序，调整采购、制造、销售和服务行为策略，采用与供应商、制造工厂、分销网络和客户等充分沟通与合作的方式，鼓励其遵守社会责任与有关的法律法规和准则倡议，并促使其实施有效的管理和服务方案，遵守行为系统化。供应链责任是涉及多方主体，包括供应商、企业员工、客户甚至竞争对手在内的共同行动。它首先要求企业自身履行社会责任，并将社会责任行为嵌入治理和管理框架中去。供应链责任进而表明，社会责任不是某一家企业的独立行为，它需要在广泛的供应商、员工和顾客范围内扩散。因此供应链责任准则是从整体上看待企业的社会责任行为，它是对只在自我范围内履行社会责任，而不顾及对上下游公司社会责任承担能力的企业的根本否定。企业的供应链责任基本包括以下几个方面。

（一）产品设计企业必须承担设计质量责任

众多事件表明，劣质商品充斥市场，不仅给消费者带来不便，而且极大地干扰了市场经济的运行。产品质量 80% 是由设计决定的，所以承担质量责任是设计部门运行的重点。进行产品设计时，应本着提高质量的思想，选择合适的材料，通过科技创新设计出合理的结构和符合顾客要求的功能。

（二）供应商必须承担社会道德责任

作为零部件来源的提供者，供应商必须诚实守信，按时、足量地为制造商提供高质量的零部件或材料，为进一步的质量安全提供可靠保证。这样，供应商就承担了社会道德方面的责任，这方面的责任也包括他们对供应链其他成员的信任和维持良好的关系。而优秀的供应商，可以将信用变成自己的竞争优势。

（三）制造企业必须承担生产质量和保护劳工权益责任

若将制造企业看作供应链上的核心企业，它所承担的社会责任范围就更大一些。现在我国制造业企业普遍存在产品质量低下、工作环境较差、侵犯劳工人格和权益、不重视生产安全等问题。因此，制造企业在承担生产质量、劳工权益问题等社会责任上必须花费一定的气力，严防事故，以免使整个供应链的责任平衡受到影响。在生产过程中，制造者常常为了谋取私利而偷工减料，盲目提高加工速度而生产出一些生产质量低下的产品。由于一些假冒伪劣产品对消费者造成了极大的伤害，所以承担生产质量责任事关消费者身心健康，是制造企业的头等大事。劳工权益、生产安全归根到底体现了企业对人权的重视，也是社会很关注的问题。企业若能自觉遵守《中华人民共和国劳动法》，切实加强员工保障建设，实行人性化管理，那么，企业将有可能在社会上树立良好的形象，获得巨大的社会效益。

（四）零售商必须承担与消费者和社会的沟通责任

零售商是供应链的重要一环，他们直接面对消费者，产品品牌、企业口碑的形成都要依靠零售商的有效运作。零售商可以通过举办公益活动、参与慈善事业等提升企业形象，使消费者愿意承担企业因履行社会责任而增加的成本，从而使企业在获得经济利益的同时加强继续承担社会责任的意愿。那么，处理好与消费者和社会的关系，就是零售商必须承担的社会责任。在现今的供应链中，零售商对大量消费者形成控制，甚至在供应链中处于支配地位。所以，零售商能否很好地承担社会责任，与消费者形成和谐的关系成为供应链管理的重要组成部分。为赢得忠实的客户，杰出的营销手段、重视消费者反馈和良好的售后服务是十分必要的。

三、现代公司承担供应链责任的推进

（一）供应链主导企业让渡价值与创新

供应链责任的执行需要有一家主导企业。在企业实践中，往往是控制市场、拥有领先技术和品牌核心竞争力的采购商成为供应链的领导者。它们在传统的供应链管理体系中已经建立了规模庞大、技术先进、成本优良的供应链网络。它们有能力在现有的供应链管理中嵌入社会责任的因素，从而改善自己的采购行为和供应商的社会责任表现。供应链责任要求主导企业调整策略，重塑企业的治理结构、管理程序和采购策略。企业必须放弃原来过度追求低价采购和及时供应的方式，而适度为供应链责任让出空间，让供应商有能力、有时间改善社会责任行为。供应链责任是对主导企业提出的更高要求，多重目标的融合要求企业有坚定的社会责任信念和出色的制度创新能力。

（二）加强企业伙伴的交流，增进信息反馈

企业的供应链体系需要现代化的通信技术进行优化管理。可以通过 EDI（电子数据交换技术）将供应链上的所有企业连接起来，共享信息，共同完成供应链上的业务。通过建立上下游企业间先进的反馈机制，可以相互规范业务处理流程，有效降低供应链上因社会责任缺失而埋下的风险，亦可在风险不可避免时通过信息平台的交流通知其他成员企业，及时采取相应的管理措施，形成统一的风险处

理办法，制止风险的传播蔓延，将损害程度降至最低。①

（三）择优选择伙伴，减少社会责任缺失风险隐患

供应链合作伙伴的选择对企业的成败影响重大。选择履行社会责任意识强的伙伴成员有助于企业自身履行社会责任意识的增强和履行社会责任能力的强化，也有利于降低企业的经营风险。供应链上的企业是一个有着复杂博弈关系的利益共同体，若其中有些成员企业不能满足要求，整个供应链履行社会责任的能力就会大打折扣，同时也会增加社会责任缺失的风险隐患。因此，选择负责任的成员企业对供应链实现降低社会责任缺失风险的目标具有重大意义。

第七节　政府维度

一、现代公司承担政府责任的提出

在现代社会中，政府和企业是最有力量的两大机构，两者之间的关系既是统一的，又是矛盾的。企业的发展离不开政府，国家的发展也离不开企业，这决定了企业与政府之间是统一的。企业从自己的利益出发，以利润最大化为目标，政府从整个社会的利益出发，追求的是社会福利的最大化，这又决定了它们之间必然是矛盾的。然而，从整个社会来看，政府的整体利益中包含着企业的局部利益，而企业既是经济组织，也是社会组织，不仅要实现企业效益，同时还要实现社会效益。因此，企业与政府应该求同存异，实现双赢。

企业作为社会的细胞，是国家、社会的成员和重要组成部分；政府作为管理者，对企业这个社会成员实施宏观上的管理、控制和组织协调，保证社会秩序的良性循环。企业、政府是社会制度架构中的重要组织层次，在不同的制度体制下，企业和政府的关系不同，履行责任的方式和内容也不同。在计划经济条件下，企业和政府是上下级的绝对服从关系，企业很少或者根本没有自主经营和决策的权利，一切按照国家的计划办，企业履行责任的方式是对上的绝对负责。在现代市场经济条件下，企业和政府的关系逐步由单纯的管理、控制走向监督、协调和服务。在现代社会，政府逐渐演变为社会的服务机构，扮演着为企业、公民提供服务和实施社会公正的角色，在这样一种制度框架下，企业对政府的责任表现为"合

---

① 黄斌峰 .P 公司供应链环节的企业社会责任研究 [D]. 深圳：深圳大学，2019.

法经营、照章纳税"，这是企业作为"社会公民"应尽的最基本的社会责任。[①]

二、现代公司承担政府责任的内容

企业对政府的社会责任主要内容包括依法经营、按章纳税、配合宏观调控、促进就业、稳定社会等。

（一）依法经营

企业应通过自己规范的经济行为进行经济活动并进入社会，企业对政府的首要责任是自觉依法经营，开展公平竞争，维护市场经济秩序。所以说社会良好经济秩序的实现需要依靠企业。企业要学会运用法律武器，自觉地运用法律来治理企业、发展企业，做到自觉依法经营，依法从事各种经营活动，依法参与市场竞争，依法维护企业的合法权益。

（二）按章纳税

企业是社会生产的一种基本组织形式，应当在分担社会运行成本方面承担一定的责任，应当遵循社会分工的原则。因为政府提供的物品和服务主要是具有公共物品性质的东西，政府不可能像经营性企业那样直接从消费者那里获得补偿，所以，税收就是企业分担政府社会运行成本的一种最常见的形式。

从目前来看，社会上或多或少还存在着逃税现象。著名企业家王石也曾说过，按章纳税是企业公民的基本底线。在市场经济条件下，主动按章纳税是依法经营的重要组成部分，是企业基本的行为准则之一，也是企业最好的招牌。它既包含着热爱祖国的道德内涵，又体现着有法必依的法制观念。所以，企业必须转变观念，深刻认识到按章纳税是每一个企业和公民应尽的义务。

（三）配合宏观调控

宏观调控是指政府为了保证整个国民经济协调的发展，运用各种经济手段对整个社会经济运行进行计划、组织、指挥、监督和协调的活动。而对国民经济进行宏观调控，是政府最基本的经济职能，是关系到整个国民经济体系能否健康发展的根本性问题。企业作为国民经济的细胞，应当积极配合政府的宏观调控，这不仅对企业自身的长远利益有利，而且对国家和社会的整体利益都具有相当大的作用。企业配合政府的宏观调控主要表现在以下几个方面。

---

① 常伟,饶晓波,粟湘福.浅析我国保险企业承担的社会责任[J].现代营销(经营版),2019(9):176-177.

第一,服从规范与管制。市场缺陷的存在使商品交换、供求平衡和竞争发展等市场机制不能充分地发挥作用。所以,政府对市场失灵问题要采取各种相应的措施加以管制和规范,而市场经济的主体,也就是企业的活动将受到市场和政府这两只手的共同调节。政府对企业的规范管制既有利于提高企业和社会的经济效益,同时又能够促进社会公平的实现。

第二,接受引导和指导。因为企业的市场行为常常和社会的公共利益不一致,所以政府要对企业进行宏观引导和指导。这主要包括持续的宏观经济政策,如财政政策、货币政策,间接地引导企业的市场行为,以此来稳定经济,增加就业,抑制通货膨胀。

第三,接受援助和服务。政府会通过各种途径向企业提供各种如财政、行政服务、减免税收等方面的援助,以此来促进企业快速、健康的发展,从而实现企业和社会共同的社会经济。

(四)促进就业,稳定社会

企业应根据其规模大小、技术水平和发展状况等状况,适时从社会上吸收社会劳动力到本企业就业,这是企业应承担的责任。在市场经济条件下,政府虽然承担解决社会就业问题的责任,但政府只能通过制定合理的就业法律法规和政策、创造有利的就业环境来间接地履行这一职责,而不可能直接为劳动者提供就业岗位,直接为劳动者提供就业岗位的主体仍然只能是企业。吸收劳动力就业既是企业履行其责任的需要,也是其自身运行和发展的需要。

我国正处于社会经济调整的时期,城乡经济的二元结构正在逐步被打破,农村劳动力大规模向非农产业和城市转移,新增劳动力和企业富余劳动力同时增加,社会就业压力超过新中国成立后历史上任何时期。所以,企业应为职工提供充分的就业岗位,将裁员数量降低到最低程度,减轻社会的就业压力。同时,在经济发展、企业规模不断扩大的前提下,应尽可能提供新的劳动岗位,最大限度地缓解国家和社会的就业与再就业压力,吸收社会更多劳动力以促进社会就业率的提高。

三、现代公司承担政府责任的推进

企业对政府责任的承担一方面基于企业自身经营守法的自觉性,但在很大程度上取决于政府对企业的政策引导与规范。政府应该在公司社会责任的承担过程中担当规制者、推进者和监督者的功能角色。政府可以从以下几个方面推动公司社会责任的承担。

第一，成立国家层面的社会责任推进机构，加强对公司社会责任工作的领导，将推进公司社会责任建设列入重要议程。从制度建设、专业管理、试点工作等方面，有序推进我国公司社会责任建设工作。

第二，制定公司社会责任推进规划，明确我国公司社会责任发展的总体战略目标和阶段目标，确定不同时期推动社会责任的优先重点，分阶段逐步推进公司社会责任工作，使公司社会责任建设有计划、有步骤地推进。

第三，推动建立符合中国实际的公司社会责任标准体系。公司社会责任标准是规范公司社会责任行为的主要依据。目前我国尚未建立统一的社会责任标准，但部分地方政府和行业已经进行了有益实践。我国政府应当参照有关国际标准，立足国家和地区经济社会发展实际，考虑行业、企业的发展多样性，建立统一的普遍适用的中国公司社会责任标准原则性要求和规范，便于我国企业和行业组织在一致的原则框架内制定具有系统性、指导性、实用性的责任标准，建立国家和地方层面的公司社会责任标准原则。

第四，建立健全公司社会责任信息披露机制。为促进企业真实、准确、完整、及时地披露社会责任信息，加强社会监督，切实推动企业履行社会责任，相关政府部门应在已出台的法律法规基础上，积极探索建立公司社会责任信息披露机制，推动企业主动承担社会环境责任。

第五，逐步构建公司社会责任评价体系。公司社会责任评价体系是引导和规范企业行为、督促企业改善社会责任表现的重要工具。我国建立社会责任评价体系，必须依据我国的法律法规，坚持分类指导的原则，确保评价体系的科学性、适用性。

第四章　现代公司社会责任与公司治理

第一节　公司治理的基本理论概述

一、公司治理的含义

迄今为止，国内外文献中关于什么是公司治理并没有统一的解释，比较流行的定义有以下几种。

第一，契科尔（R. I. Tricker）认为，公司治理本身并不关注企业的运行，而是给企业提供全面的指导以及监控管理者的行为，以满足超过企业边界的利益主体的合法预期。他把公司治理归纳为四种主要行为：（1）战略。制定公司长期的发展战略。（2）形成活动。只参与重大决策。（3）监督。监督经理人员的行为。（4）会计责任。确保法律上对会计责任的要求。契科尔还认为，公司治理就是存在于治理主体与其成员、管理者、其他利益相关者、审计员和政策制定者之间的正式和非正式的联系、网络及结构。此外，公司治理的两个关键因素就是监督管理者的绩效和保证管理者对股东和其他利益相关者相关主体的责任。

第二，科克伦（Cochran）和沃特克（Wartick）在其发表的《公司治理——文献回顾》一文中认为，公司治理是指高级管理阶层、股东、董事会和公司其他利益相关者在相互作用中产生的具体问题。构成公司治理问题的核心是：（1）谁从公司决策或高级管理阶层的行动中受益；（2）谁应该从公司决策或高级管理层的行动中受益。当在"是什么"和"应该是什么"之间不一致时，一个公司治理问题就会出现。

第三，柯林·梅耶（Myer）在其《市场经济和过渡经济的企业治理机制》一文中，把公司治理定义为公司赖以代表和服务于它的投资者的一种组织安排。它包括从公司董事会到执行经理人员激励计划的一切东西，并认为公司治理的需求随市场经济中现代股份有限公司所有权和控制权相分离而产生。

第四，孟克斯（Robert Monks）和米诺（Nell Minow）在其《监督监督人：21世纪的公司治理》一书中这样定义公司治理：参与决定公司发展方向和绩效的各相关利益主体之间的联系。因此，它是关于在不妨碍企业家创新动力的情况下，怎样利用公司权力处理为之服务的对象的利益。

第五，孟克斯把公司治理定义为影响公司的方向和业绩表现的各类参与者之间的关系。主要参与者包括：股东、经理、董事会和其他利害相关者。他们之间的关系涉及主要参与者的权利、责任和影响，以及在决定公司的方向、战略、业绩表现上能做什么和应该做什么。

第六，哈特（Hart）认为，公司治理结构可以看作初始契约没有明确规定的决策机制。更准确地说，治理结构系指对于公司非人力资产剩余控制权的分配，即在契约事先没有明确指定资产的用途时，由谁来决定资产的使用。

第七，吴敬琏认为，所谓公司治理结构，是指所有者、董事会和高级执行人员及高级经理三者组成的一种组织结构。在这种结构中，上述三者之间形成一定的制衡关系。通过这一结构，所有者将自己的资产交由公司董事会托管；公司董事会是公司的决策机构，拥有对高级经理人员的聘用、奖惩和解雇权；高级经理人员受雇于董事会，组成董事会领导下的执行机构，在董事会的授权范围内经营企业。

第八，林毅夫等指出，所谓的公司治理结构，是指所有者对一个企业的经营管理和绩效进行监督和控制的一整套安排，通常人们所关注的公司治理结构，实际指的是公司的直接控制或内部治理结构。对公司而言，更重要的应该是通过竞争的市场所实现的间接控制或外部治理。因而他们是从内外两个角度来界定公司治理的，同时内外两个角度的中心是所有者对经营管理与绩效的监督与控制。

第九，张维迎认为，公司治理结构狭义地讲是指有关董事会的功能、结构、股东的权力等方面的制度安排。

第十，奥沙利文（O'Sullivan）认为，能够支持公司资源自由流动的"市场控制"型治理是最优的。同时，他还认为，能够催生创新的资源配置过程所具有的开发性、组织性和战略性，意味着支持创新的公司治理制度必须满足三个条件：财务承诺、组织整合和内部人控制，共同为企业创新提供制度支持。

上面关于公司治理的定义有以下几个相同点：（1）注重对利益相关者的考虑，但股东仍是进行问题的逻辑出发点；（2）强调管理者的创新自由和对其他利益相关者的责任；（3）寻求从企业内部改善公司治理结构，以达到前面两个目标。

二、公司治理的主要理论

有关公司治理理论的框架，学术界有不同的看法，但归结起来，当前的主流公司治理理论主要有以下几种。

（一）新古典经济学的公司治理理论：古典管家理论

在新古典经济学中，企业是经济人并且具有完全理性。在新古典经济学看来，市场是完全竞争的，在这样的市场里，信息和资本能够自由流动。在新古典经济学的假设条件下，市场机制的运作是不需要任何成本的，因此就不存在企业与市场机制之间的替代，即利用企业内部的行政决策部分地替代市场配置资源的功能。因此，新古典经济学实际上不存在现代意义上的企业理论。这样，在他们看来，企业的所有者主导了企业的行为，企业的经营者只是一个按照所有者的命令行事的管家，不应该具有区别于企业所有者的意志，这样也就不存在代理问题。在新古典经济学关于市场具有完备信息的假设条件下，公司的行为并不取决于公司内部的信息和控制权的安排，企业只需要被动地接受市场的配置。所以公司治理即公司内部的控制权安排的模式，对于公司的行为并不重要。古典的管家理论显然不能解释现代市场经济条件下公司的治理行为，因为现代公司所面临的市场并不是一个完全竞争的市场，现实社会的情况十分复杂。而就企业本身的行为而言，也并不是被动地根据市场条件作出反应，企业的行为是对所有者、经营者的经营思想、行为目标和外部条件的综合协调的结果。

（二）信息经济学的公司治理理论：委托代理理论

信息经济学是 20 世纪 60 年代以来经济学的一个重要研究领域，其对新古典经济学有着根本性的突破，该理论放弃了对新古典经济学的信息完全和完全理性假设。其假设：一方面由于有限理性，人不可能拥有完全的信息；另一方面，信息的分布在个体之间是不对称的。基于这两方面的修正，产生了委托代理理论。

委托代理理论把公司治理看作一种委托代理关系，股东是委托人，而经营者是代理人。委托人与代理人之间利益既相同又相悖的现实，要求企业建立激励机制以调动代理人的经营积极性。运用制衡机制来防止代理人的权力滥用，并由此构建以董事会建设为核心的内部治理机制、决策机制和以产品市场、资本市场、并购市场、经理市场为主要内容的外部治理机制，这就是所谓公司治理机制的由来。这一企业治理理论以股东为中心，其强调的是"资本雇佣劳动"，劳动者从属于资本，只是处于被动地位，管理者也仅仅只是所有者财产的代理人而已。由于这一系列理论长期以来在公司治理理论中处于主导地位，因此被称为主流的公司治理理论。这一理论指出，公司治理结构问题是由股东与经营者之间的相互制衡引起的。现代企业是以大规模生产、复杂的技术创新和内部层级制管理为基础的，两权分离也就成为其基本特征，这种治理模式一方面更好地实现了物质资本和人力资本的结合，另一方面委托人与代理人之间利益相悖的状况为企业的经营管理带来了挑战。

委托代理是一种制度创新，在优化资源配置的同时也带来了不少问题：（1）由于公司所有权的日益分散，作为单个股东拥有的股份很少，股东对经营者的控制力度大为降低，经营者反而具有更高的控制权；（2）作为经理革命完成的标志，经理主权已替代股东在西方占据主导地位（不过对于这一点也有人持反对意见，他们认为股东仍然具有对企业的最终控制权）；（3）随着经理主权的日益强大，以及现代公司中股东对经理监督和激励力度的下降，逐渐出现了经理忽视股东利益的趋势。

（三）组织行为和组织理论的公司治理理论：现代管家理论

基于完全信息假设下的古典管家理论显然不符合现实，不完全信息的存在使该理论无法解释现代企业所存在的两职分离与合一的现象。虽然委托代理理论的提出有助于解释两职分离及其绩效的关系，但是现代组织理论和组织行为方面的研究表明，委托代理理论的前提假设是不合适的，而且也有许多实证结果与代理理论是截然相反的。在此基础上，唐纳德森（Donaldson）提出了一种与委托代理理论截然不同的理论——现代管家理论。他认为，委托代理理论对经营者内在机会主义和偷懒的假定是不合适的，而且经营者对自身尊严、信仰，以及内在工作满足的追求，会促使他们努力经营公司，成为公司资产的"管家"。现代管家理论认为，在自律的约束下，经营者和其他相关主体之间的利益是一致的。

（四）现代公司治理理论：利益相关者理论

公司治理理论最近的发展，是将公司治理作为公司各契约方共同参与从而形成的制衡体系。利益相关者理论认为，企业的目标函数不应只顾股东利益最大化，而应将所有"利益相关者"的利益纳入考虑之中，相关利益者应该共同分享企业剩余和控制权。这意味着，从公司治理的角度来看，一方面要求公司具有一个更加广泛的管理目标——最大化各种利益相关者团体的总体福利，另一方面则意味着利益相关者团体应该分享控制权，在此基础上产生的公司治理理论成为共同治理理论。其对公司的认识主要有以下几方面。

第一，现代公司是一个状态依赖的结合体。在正常经营时，股东是一个公司的所有者，但公司的经营决策权掌握在其代理人即董事会手中；而在经营进入亏损和破产阶段后，公司的所有权就为公司的债权人所有；更进一步，当公司的资产不足以支付员工工资时，员工就成为公司的实际控制人，有权就公司的资产处置进行决定。所以，从公司是一个与经营状态相依赖的结合体来说，公司的行为和发展与股东、债权人和职工都有着密切的利益关系，将公司仅仅当成股东所有的主体这一观点是片面的。从这一角度，现代化公司理论提出，应当让除股东以外的其他与公司利益相关的主体一起来参与公司的治理。

第二，从价值形成角度来看，公司的价值形成是由多因素促成的。从投入角度来看，公司价值的最大化建立在与供应商以及其他合作伙伴之间稳定关系的基础上，稳定的合作关系有利于公司不断降低投入成本，保持投入的稳定性；从需求角度来看，消费者、经销商也是公司价值形成和最优化的重要因素，公司需要与消费者、经销商形成相互信任的关系以保持其产品的市场占有率，建立具有竞争力的市场形象。因此，要使公司的决策行为最终能够成为促进公司价值增加的优化行为，必然要求在公司治理框架中有公司的供应商、经营商和消费者的参与。

第三，从对公司利益和股东利益的理解角度，现代公司理论提出了对公司利益的重新认识，其认为股东利益最大化并不能完全概括公司行为的新特征。在现代市场条件下，公司是一个责任主体，在一定程度上还必须承担社会责任。公司的价值不仅体现在股东的利益上，也体现在公司对社会的贡献方面。

正是由于公司概念的进一步丰富，出现了要求相关利益者共同参与公司治理的呼声。一些国家在实践中已经引入利益相关者治理结构，使公司的行为在整体上更加符合社会发展的要求。

三、公司治理的主要流派

围绕公司治理的目标、制度安排如何影响公司的业绩以及公司治理的规则应如何改革等一系列问题，法学家和经济学家们逐渐在公司治理领域形成了如下几种主要的学术观点。

（一）金融模式论

美国的主流观点是金融模式论，也被称作金融市场理论。该理论认为，股东拥有公司，公司应按照股东的利益进行管理。最大化股票的价值即等同于最大化公司财富创造，也就是公司的价值可以在金融市场得到表现。其理论基础是有效市场理论，即股票价格完全由金融市场决定并有效地反映该公司的所有相关信息。根据这一理论，因为控制权市场的存在将使价值下降的公司面临被收购的威胁，所以金融市场能够比较有效地解决代理问题，特别是解决校正公司扩张投资或建立公司帝国以及公司治理的主要理论流派层对股东的不负责任等问题。然而，这一理论同时也承认，控制权市场事实上在很大程度上被摧毁或削弱了，因此，该理论提出了相关的改革公司治理结构的措施，其政策着眼点在于试图促使经理人员对股东的利益更负有责任。

（二）"市场短视"论

这一理论认为，金融市场是短视和缺乏忍耐性的，股东们并不了解长期利益的意义何在，在公司为长期利益进行投资时，股东们通常会倾向于卖出股票，这将直接导致股票价格的下降。该理论认为，来自金融市场的短期压力迫使公司管理层在很多情况下将精力集中在短期业绩上，因此公司可能实际上是在进行低业绩的操作，导致牺牲了长期利益和竞争能力。市场短视理论的赞同者认为，金融市场模式理论的基本前提是错误、不现实的，股票价格在公司实际潜在的价值上提供的只是一种粗浅的信息。原因有三个：（1）股票价格运动基本上是无规律的；（2）股票价格的变化是由投资经理们的交易行为所带动的，而这些经理们则是根据他们的短期业绩来取得报酬的；（3）投资经理们在评估公司长期投资方面可能是误导性的。一些学者认为市场短视源于20世纪80年代美国公司的高资本成本所导致的经理人员选择短视性投资行为。但对于20世纪80年代后期和20世纪90年代初以后的市场短视现象，由于美国资本成本的下降，一些学者将其原因归结于美国公司内部及贯穿所有公司的投资资金分配的那些制度。美国的制度是"流动的资本"制度，公司股票通常由短期持有者持有，投资者更关心的是公司的短期盈利而非公司的长期竞争能力。

基于以上观点，市场短视理论提出了与金融市场模式截然相反的公司治理改革措施。即当金融模式理论的主张者极力强调增加股东对公司的监督和控制时，市场短视理论则将改革方案集中在如何使经理人员从股东的压力（或者说金融市场的短期压力短期股票价格业绩的压力）中解放出来，包括替代性地通过阻止交易和鼓励长期持有股票来试图实现股东的利益等。

（三）"相关利害者"论

与金融模式理论和市场短视理论的分歧是，相关利害者理论与前两者的分歧首先体现在公司的目标上。相关利害者理论认为，公司存在的目的不是单一地为股东提供回报。这一理论又有两大分支：一种观点认为，公司必须服务于它的股东；另一种观点认为，公司的存在是为社会创造财富。股东们实际上十分了解什么是他们拥有资本的自我利益（无论是长期的，还是短期的），但很可能股东利益的最大化往往同整个社会的财富创造最大化不一致。即公司政策可以为股东创造更多的财富，却未必形成最佳的社会总财富。相关利害者理论的支持者认为，公司治理改革的要点在于：不应把更多的权利和控制权交给股东，相反，公司治理层应从股东的压力中分离出来，将更多的权利交给其他的利害相关者，如职工、债权人或者（在某些场合还包括）供应商、消费者及公司运行所在的社区。其中，一个重要的改革方案就是增加职工的所有权和职工对公司财产的控制权，赋予关键的利益相关者进入公司董事会的权利。

四、公司治理的主要模式

对治理模式的分类目前没有一致的看法和统一的标准，比较普遍的看法如下。

（一）从变迁看公司治理模式

1. 古典模式

这一模式以亚当·斯密（Adam Smith）在其《国富论》中描述的自由企业为典型代表，这种企业组织形式大致经历了简单协作、工厂手工业到工厂制度的普遍建立。在英国直到19世纪中叶股份有限公司普遍兴起以前（1956年英国颁布《股份公司法》），古典模式一直是英国企业的主导模式。在古典模式下，企业所有权安排呈现出的特征是：（1）企业所有者成为索取剩余的监督人；（2）其他要素所有者以契约的形式受雇于企业所有者并受其监督；（3）企业所有者同时拥有监督权、剩余索取权、资源使用权和经营决策权。这种治理模式是资本家与企业家合一的体制，企业被称为"企业主企业"。

2. 经理人模式

由于竞争的加剧和大规模生产的要求，古典模式越来越不适应企业发展的需要，于是股份制企业应运而生。虽然股份制有利于资本的筹集，使大规模生产成为可能，但是出于公司资产负债率和破产风险的考虑而实行的责任有限和分散风险的制度安排又会带来协调众多股东偏好的困难。企业所有权安排不得不做出调整，即剩余索取权与监督其他要素的权利相分离。这样，企业所有者或股东拥有剩余索取权，职业的支薪阶层则持有监督权，经理们充当了监督人的角色。由于企业的资产分散地归属于许多人，因此需要有民主的决策程序来执行和保障每个人的权利。因而股东大会成了股份制企业制度的相应机构,由股东大会表决选出的董事会全权行使企业的经营决策权。同古典模式下资本家和企业家合一的体制不同的是,这时的董事长不再仅仅代表他个人的利益,而更多的是代表所有股东的利益。随着经济的发展和企业规模的进一步扩大,以及资本市场和经理市场的逐步成熟,现代意义上的股份制企业所有权已变得相当分散,股东实际上并不参与高层管理的决策,而经理人员既管理短期的经营活动,也决定长期发展的目标和政策。公司董事会虽然具有否决权,可他们很少提出正面的可供选择的方案。由此出现了所有权与经营权的真正分离,这就是 20 世纪初西方国家发生的所谓"经理革命"。"经理革命"意味着由董事会操纵企业的历史终结,在董事会与企业经理阶层之间,原本模糊的委托代理关系变得清晰了,企业所有权与经营权真正实现了分离,董事长(股东)监督经理阶层并分享剩余,经理阶层负责运营企业并获取收入。

3. 投资人模式

20 世纪六七十年代以来,西方国家机构投资者在股份公司中的比重呈现不断上升的趋势。机构投资者在公司中控股比例的不断扩大,给公司的治理结构提出了更高的要求。他们不再仅仅处于事后的被动反应局面,也不再仅仅要求分享公司剩余,而是要求对公司进行全过程控制,使公司的发展更能维护他们的长远利益。自"经理革命"以来,由经理人员实际控制企业,公司董事会对经理的软约束正在发生新的变化,这种新的变化被称为"投资人革命"。用美国公司治理结构权威麦克·尤西姆(Michael Useem)的话说,这场革命标志着美国企业制度已经从经理人员事实上执掌全权的"经理人资本主义"转变成了投资人对经理人员实行有效制约的"投资人资本主义"。

(二)从股权集中度看公司治理模式

1. 股权高度分散流动的英美模式

这种模式又称为保持距离型模式或市场型治理结构,其最大的特点是股东高度分散,并且流动性强。公司治理结构依赖于企业运作的高度透明和相应完善的执法机制。由于股权分散,小股东在公司决策中所发挥的作用十分有限,不足以对公司管理产生压力,因此这种模式中的股东通常并不直接干预公司运营,而关心股票市场的涨落,通过股票买卖形式"参与"公司重大问题决策。公司治理中的激励约束机制是通过外部力量特别是资本市场的股价波动性得以实现。这种模式要求一个庞大、发达、有效率的资本市场,完善的财务审计制度以及严格的信息披露制度。公司治理把股东财富最大化视为公司的最高目标，注重分工和制衡，收入中红利的比例较大，这样资金可以回流到市场以维持股价。管理人员的选择本身也是市场行为，流动性很大。

首先，有效的资本市场降低了投资者监控的信息成本。在英美信息有效率的市场里，能够真实反映投资价值的股票价格提供了有关上市公司管理效率的信息，投资者只要观察股价就可以得到市场参与者对公司经营前景的预期和对企业家才能的评价，从而降低了投资者对公司经理的监督成本。其次，这种股价机制给经理人员以压力，使其努力工作，用良好的经营业绩维持股票的价格。再次，股权期权制度有效激励经理的行为。作为激励制度，经营者的股票期权合同将公司剩余索取权同剩余控制权相匹配，将经营者的利益与所有者的利益相联系，使经营者按照所有者利益选择行为，为实现股东利益最大化兢兢业业地工作。在实现公司绩效最优的同时，其自身的福利也随股价的上升而大大提高，有效解决了代理中的利益背离问题。

2. 股权相对集中稳定的大陆模式

大陆模式又称为控制导向型融资模式或内部控制式治理结构。公司治理结构多为大银行直接持股，银行与公司的存贷关系使银行成为公司的一个重要利益相关者。银行控制的方式是向监事会派出代表。德国的公司实行双重委员会制度，设监事会和管理委员会，监事会由股东代表、雇员代表和独立董事共同组成，管理委员会的委员称为执行董事，负责公司具体运营。日本则是公司法人间相互持股，总裁会就是股东大会，日本略不同的是，公司的董事长多为退休总裁或外部知名人士，对公司决策过程影响不大。中国内地模式的公司治理综合考虑各方面利益相关者，强调协调合作，经理人员多为大股东选派，其变动更多的受大股东影响，而不是市场。

3. 股权高度集中的家族模式

家族模式又称为东亚模式，突出特点是稳定和家族控股。在大部分东亚国家和地区，公司股权集中在家族手中，是典型的家族控制型治理结构。以中国香港地区为例，除汇丰银行外，在联交所上市的大多数公司，从第一次公开发行起，大股东就一直保持控股。控股家族一般普遍参与公司的经营管理与投资决策。内部人管理和经理人员高比例持股，使得公司利益和个人利益趋于同步。实现双重激励和约束机制是家族模式治理的主要控制方式和行为特征。

(三)其他分类的公司治理模式

1. 市场导向型模式

从狭义上讲,市场导向型的公司治理模式就是通过公司内部的制度安排使股东与经营者之间的权利相互制衡,从而使代理问题降到最低限度。它主要是通过股东大会、董事会和首席执行官等严密的组织制度来治理,在英、美等市场化程度很高的国家较为普遍。但由于这些国家的股东数量非常分散,相当一部分股东只有少量股份,这就导致实施治理的成本很高。同时由于存在着免费搭车问题,在很大程度上还会导致投资者对企业的监控不力,股东权威受到挑战,以"用脚投票"代替了"用手投票"。在这种模式下,解决经营者与股东之间的代理问题,除合理配置公司权利、科学设计治理结构外,还可通过市场对公司经营者进行激励与约束,形成内部治理与外部治理相结合的公司治理机制。这种模式虽然能合理配置公司资源,充分发挥创新精神,提升企业的竞争力并获得高的资本收益率,但会带来诸如由高度分散的股权结构造成经营者的短期行为,以及公司股权的高流动性而导致公司资本结构的差稳定性和由于并购的发生而使经理人员的积极性难以发挥等局限性。

2. 银行导向型模式

这种模式的公司治理是由债权人与代表股东利益的经营者之间的利益不一致和信息不对称所造成的。公司股东采用积极的手法,主要通过一个能信赖的中介组织或股东当中有行使股东权利的人或组织达到参与公司治理结构治理的目的,他们通常是找一家银行来代其控制与监督公司经营者的行为。如果股东对公司经营者不满意,可直接"用手投票"。这种主要通过内部结构来实施监督的公司治理结构就是典型的银行导向型的公司治理模式,在日本和德国比较盛行。其中,在日本公司治理中,银行及法人股东可通过积极获取信息对公司实行严密的监督,董事会中公司内部的高中层管理人员占绝大多数。日本实行的是由股东、从业人员、银行及社会组成的多元化共同治理模式。而德国公司治理模式有两个特征:一是业务执行职能和监督职能相分离,并成立了与之相应的两种管理机构——董事会和监事会,这就使股东确实能发挥其应有的控制与监督职能;二是员工通过选派代表进入监事会和执行理事会参与公司的决策,这种员工参与决策制使企业决策比较公开民主,既有利于调动各方面的积极性,减少摩擦和冲突,保持企业和社会的稳定与持续发展,又有利于股东和员工对经营者的监督,以减少失误和腐败，降低代理成本。[1]

第二节　利益相关者与公司治理

一、利益相关者参与公司治理的必要性

当前企业的资源配置方式和组织结构的网络化变革带来了一系列新的治理问题，而这些都是传统的企业理论不能解释的。新经济、新企业的蓬勃兴起要求探索新的治理模式，要求对传统的以股东为核心的剩余索取权和控制权配置体系进行变革，要求更多地把掌握新企业发展关键资源的利益相关者纳入治理系统。因而，新企业治理在本质上就是如何顺应新的经济背景，充分考虑利益相关者在企业治理中的地位，强调对不同资源提供者激励的多元治理模式。

（一）公司治理结构的利益相关者模型

一个公司的利益相关者模型与传统的模型有很大的不同，如图4-1所示。

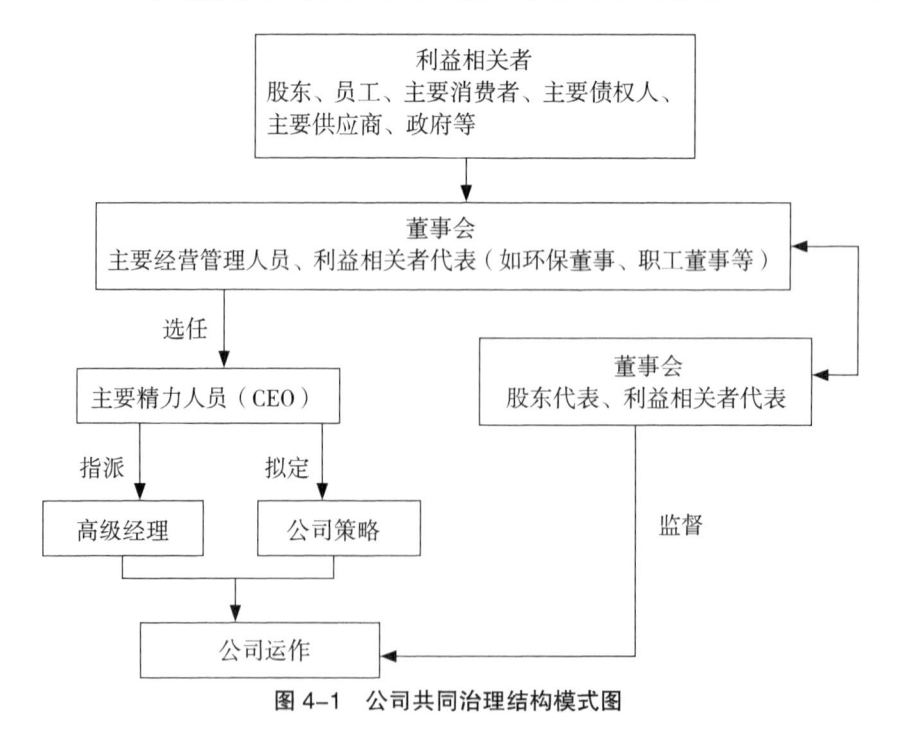

图4-1　公司共同治理结构模式图

---

[1] 张雯．企业社会责任、盈余管理与企业价值[D]．厦门：厦门大学，2019．

从图4-1可以看出，与其他模型相比，利益相关者模型突出了两方面特征：第一，公司的最高权力机关由利益相关者（不仅仅是股东）的代表组成；第二，公司的目标不仅是盈利最大化，而且还要承担相应的社会责任。我国学者杨瑞龙将这样一种基于利益相关者理论构建起来的公司治理结构模式称为"共同治理模式"。"共同治理模式"彻底改变了"单边治理"的治理模式，强调了一种利益相关者广泛参与的共同治理模式。

（二）公司治理、准租金分配与利益相关者治理

对公司治理的解释有很多观点，多是从控制权配置的角度把它理解为代理关系、不完全股东和经理层之间的相互制衡关系。哈特（Hart）和摩尔（Moore）认为，委托契约是公司治理问题产生的基础，进一步说就是委托人和代理人之间存在利益冲突。由于交易成本的存在，这种冲突无法通过事先完备的契约来解决，而只能通过以控制权配置为基础的公司治理结构进行事后协调。基于此，威廉姆森（Williamson）将"治理系统"定义为用以明晰交易过程中产生的准租金事后分配的一组复杂约束集。这里把委托人和代理人之间的利益冲突明确为关于交易产生的准租金分配。也有学者把治理产生的必要条件归纳为：企业需求创造了准租金，这种准租金无法事先完美地进行分配。在这个意义上，则是把公司治理定义为明晰企业创造的准租金事后分配的一组复杂约束集，事实上也就是把威廉姆森所说的交易关系限定在企业组织的范围内。这些利益相关者投入了特定的资源，并由于资产专用性等原因创造出了准租金，但由于契约的不完全，准租金无法事先圆满分配，必须借助公司治理结构进行充分协调，以求得公司长期经营目标的最大化。

公司治理的结构和机制影响企业准租金分配，进而影响不同利益相关者的利益，主要表现在：公司治理事先的制度安排能够影响资源的投入及其使用效率。一方面，理性的资源投入者会根据治理制度事先确定的收益回报情况决定其资源投入的多少，如果现有的制度能够给他们带来稳定的高回报预期，就会投入更多的资源，反之则不会。另一方面，如果关于资源投入的契约已经确认，不合理的治理制度安排会诱发偷懒、规避行为或者其他资源使用的非效率行为。一旦利益相关者签订关于资源投入的契约，那么在投入的数量上就不能改变，但是由于企业生产中监督问题的存在，偷懒、规避行为就一定会产生；同时在某些情况下，监督技术的不可能性也会加剧这种趋势。更为严重的是，这可能会导致人为地扭

曲资源使用效率。①

（三）生产、激励与利益相关者治理

如果初始契约是完全的，那也就意味着企业准租金的分配可以事先明确地界定，按照哈特的理论，公司治理也就没有存在的必要性。激励和监督都是从委托－代理角度对代理人行为的一种修正，但不同的是，激励是一种主动的修正，即通过激励制度的设计使代理人与委托人实现利益交集最大化，从而在代理人实现自己目标的同时也实现了委托人的目标。而监督是一种被动的修正，就是通过减少委托人与代理人之间的信息不对称程度，使代理人尽可能少地偏离委托人的目标。

如果生产的可监督性较低，那么在某一临界值以下，激励是比监督更为有效地提高代理人努力程度的手段。代理人行动可观测程度可能对于生产产生监督和激励影响。在代理人可观测程度较高的情况下，例如公司雇员从事的是简单体力劳动，没有专用性的人力资本投入，投入和产出之间的关系是相对明确的，那么监督可能是有效率的。随着代理人行动复杂性的提高，其可观测程度也逐步降低。例如，公司知识员工从事的创造性活动，就很难通过监督其努力程度来实现产出的最大化。这时实现产出最大化的最佳选择就是通过激励性报酬制度的设计，使得代理人承担一部分风险，并能够从自身努力程度的提高中获得更多利益，诱使其采取最佳行为，从而实现委托人的最大化目标。这就使我们更有理由相信，随着知识经济条件下人力资本专用性的提高，雇员员工的劳动复杂程度已经大大提高，越来越难于进行有效的监督，同时，人力资本在价值创造中的作用也越来越重要，激发知识员工的生产积极性对于企业的发展也变得至关重要。

二、利益相关者参与公司治理的理论基础

传统公司治理理论把更为广泛的相关者的利益排除在外，而现代公司治理更应向着"利益相关者中心"靠拢，利益相关者理论向传统的"股东主权"模式提出了新的挑战和质疑。

（一）利益相关者理论

并非只有股东才能承担剩余风险，包括人力资本在内的其他参与者同资金供给者相比处于相同甚至更难转移的风险之中。传统把作为所有者的一切权力和责任赋予股东，并非出于自然规律，而仅是一种法律和社会惯例而已。在公司的实

---

① 陆旸，王晶晶，高凯丽. 战略性企业社会责任管理路径探析 [J]. 现代经济信息，2019（24）：28-30.

际发展中，这些股东几乎没有任何人们所期望的其作为公司所有者本身所应有的典型的权利和责任。企业就其本质而言，可以看成利益相关者缔结的一组合约，其中每个产权主体向企业投入专用性资产，构成了"企业剩余"生产（或财富创造）的物质基础。对"企业剩余"作出贡献的不仅仅是股东投入的实物资产，而且还有雇员投入的专用性人力资产以及债权形成的资产等。按照谁贡献谁受益的原则，产权主体都有权参与剩余分配，都应该属于企业的所有者。有限责任和多元化投资能够有效地帮助股东分散风险，并且企业经营业绩不佳时，资本有着更多的退出渠道。而其他那些向企业贡献了专有性资产的利益相关者承担的风险更大，这部分资产一旦用作他用，其价值就会降低。为激励这些专用性资产进入企业，企业需要给予其一定的剩余收益，应该设计一定的契约安排和治理制度来分配给利益相关者一定的企业控制权，即所有的利益相关者都应该参与公司治理。

（二）社会契约理论

根据社会契约理论，企业是参与缔结社会契约的一方。在契约主义理论看来，社会契约是一系列企业与其他集团之间自愿同意并相互受益的安排，企业有义务在企业与社会这一广泛的社会契约中得到详细的解释。按这个理论，以雇员和股东为例的各种集团也参与到一些与企业之间的特殊合同中，履行与各利益集团的合同义务是企业的责任。社会契约理论是一个非常抽象的概念，暗含着企业必须符合公众的期望，社会契约理论是公司社会责任的扩展概念，它不加严格限制地增加了企业对许多因素的义务。

同时，企业也是一个人力资本和非人力资本的特别契约。人力资本不同于物质资本，一方面人力资本属于个人，人力资本的所有权仅限于体现它的人；另一方面，人力资本是一种主动性资产，产权的主体事实上严格控制着人力资本的供给，因此，对人力资本拥有者提供激励性契约成了企业保持竞争力的中心问题。剩余所有权和控制收益权的分散对应的利益相关者共同治理的企业所有权安排是最优的。知识经济的到来以及企业日益复杂的外部经营环境更是凸显了人力资本的重要性。

（三）社会本位思潮的影响

就根源而言，本位主义产生于利益冲突。19世纪中期以后，出现了各种的问题，如劳资对立、贫富悬殊等，经济危机的爆发，引发了人们对私权绝对自由的思考及检讨，民商法的价值也由私权神圣、对个人自由的放纵，走向对团体、社会利益的优先推崇。从身份到契约是人类历史发展的第一个台阶。所谓制度，就是在市民社会中，社会本位成为最高指导原则，在私权利与公权利的矛盾统一、相互磨合中求得秩序、公平与发展，目前我们的社会正处于这样一个发展阶段。现代市场经济环境中，公司人格表现出明显的双重性，即经济性和社会性，公司在自然属性上是以营利为目的的经济人，自然属性的扩张性或自我主张的本能使他只顾自己的意愿和要求，不惜牺牲别人来设法满足这些欲望和要求，并克服一切对这些欲望和要求的阻力；而公司的社会属性要求公司作为社会成员，更多地考虑到利益相关者的利益。传统的公司法是以股东的利益为优先考虑的，与个人本位相一致，而"利益相关者"公司治理就是在股东之外，还要考虑到社会利益，它是与社会本位相协调的公司治理模式。利益相关者的积极参与可使公司符合公众对公司的期望，成为还具有社会性目的的组织。

三、利益相关者参与公司治理的动因分析

经济学家詹森（Michael Jensen）和麦克林（William Meckling）在《企业理论：经理行为、代理成本和所有权结构》一文中把企业定义为各种资源的所有者、各级管理人员、工人和技术人员彼此之间订立的一组合约。就公司的所有参与者及其相互关系而言，公司在本质上也是利益相关者之间的一组合约。公司不仅是一个独立的生产者或法人，而且需要各种利益相关者的参与，缺少了其中任何一种利益相关者，就不可能产生公司。笔者以各利益相关者的责权利为基础，把个体行为作为研究公司组织的逻辑出发点，从公司各利益相关者个体的动力、能力和利益着眼，分析他们参与公司治理的动因。

（一）股东

股东作为物质资本的提供者可以说是公司治理的原动力。股东既是剩余收益的索取者又是经营风险的承担者，所以在现代公司制度中把股东作为公司治理的原动力。在私有财产制度下，所有者可以自由使用自己的财产，独自承担由此带来的风险。风险承担者股东作为所有者应该支配公司而且能够治理公司，因为股东投资的目的是获取投资收益，股东为了谋求投资收益最大化，理应参与公司治理活动。从追求自身利益最大化的角度来说，股东应该治理公司。股东的投资从形式上看纯粹属于股东个体的行为，他完全可以根据其自身的偏好和所掌握的信息，决定购买哪家公司的股票。但是，股东投资的非偿还性使得股东的回报更大程度上依赖于公司这种经济组织。对于股东，公司组织有利于实现其投资回报，同时，由于物质资本的可分离性以及公司法人地位的独立性，股东承担投资受损

的风险是不可避免的。所以，为了确保投资回报和规避风险，股东对公司资产的利用情况进行监控，在公司治理当中，股东最有动力，也最有能力。

（二）债权人

债权人作为公司外部融资的重要来源，其目的在于获得利息收入。与股东相比，债权人所拥有的自由度较小。一般来说，公司可以选择债权人，但很难选择股东（尤其是上市公司）。此外，债权人一旦投资，在经营正常的情况下，无权干涉公司的管理过程，不过其拥有要求还本付息的权利。尽管债权人一般很难具体、实际地限制公司的资金运用，但债权人有权对公司借款的使用进行监控这一点是毋庸置疑的。债权人具有监督公司经营的强烈动机。由于非抵押债券与债务延期的盛行，债权人同股东一样承担着风险。因此，债权人对公司进行适当监控的要求也越来越强烈。由此看来，债权人在监督公司经营中充当某种角色并参与公司治理是必要的。从债权人角度出发，他们不可能对其贷款置之不理，所以债权人也有足够的动力和能力参与到公司治理中来，以保证公司到期能够还本付息，降低债权人的贷款风险。对债权人来说，破产法仅仅赋予其追索公司剩余财产的权利，却并不能完全有效地保障其原有的全部权益。如果一个积极的债权人试图制约债务人的行为，就必须踊跃地参与公司治理，从事前、事中及事后三个阶段来实施监督，以使债务人的机会主义行为的不良后果和贷款风险降至最低。

斯蒂格利茨（Joseph E. Stiglitz）认为，理解现代公司制度的关键在于对监督成本的认识：谁能有效地从事监督活动？谁有动力去从事这些监督活动？他认为，现代公司中有两类机构符合这两个标准：一个是银行，另一个是工会。银行具有信息优势和人才优势，又是公司的债权人，既有能力又有动力去监督公司经理人员的行动。不过，如果银行贷款份额不足以构成公司融资的依赖，则银行会仅仅关心还本付息问题，而不愿付出监督努力。解决这一问题的途径在于，要么使银行成为主银行，要么让银行持有股份。一旦银行的利益与公司密切相关，监督动力问题也就迎刃而解。德国和日本都采取了主银行制，使债权人（即主银行）得以在公司治理中发挥重要作用。

（三）经营者

在现实经济活动中，许多物质资本所有者常常在资本市场扮演"投机者"的角色，他们只关心市场上资本价格差所蕴含的套利机会，对公司的生存和发展并不在意。万一所投资的公司业绩不佳甚至破产，他们首先想到的也是卖出手中所持有的股票。真正在公司中倾注心血的是公司的经营者以及广大员工，他们向公司投入了大量专用性人力资本，一旦公司经营出现亏损或者面临倒闭，不仅会产生投资损失，甚至会危及自身及家人的生存。从这个角度看，人力资本的提供者对公司的经营也是承担风险的，因此他们主观上具有参与公司治理的强烈愿望。

在现代激烈的市场竞争中，公司面对的是高度不确定性的环境——机遇和挑战并存。公司所选择的行业发展导向、技术前景、重大生产经营决策乃至社会经济环境变化，如国家宏观经济政策、社会消费趋向、金融市场波动等，无一不从各个方向影响甚至决定公司的生存和发展。

公司要适应外部环境的威胁和把握住机遇，同时又要与自身优劣势相结合，就必须在市场竞争中拥有足够的灵活性和应变性，这一切就决定了经营者在公司中的核心地位。为此，经营者作为管理创新的灵魂，应被赋予充分自由的发展空间。也就是说，公司面对的环境不确定性越高，经营者的作用就越显著，经营者对公司前景的认识和战略上的把握，更多地表现为一种经验和直觉。但是不可否认，经营者作为经济理性的个体，同样也会追求自身利益，在此动机下，经营者与所有者利益产生分歧，就可能导致"逆向选择"和"败德行为"，减低企业的营利能力，阻碍其发展壮大。管理创新的客观需求要求对经营者进行激励。这样，采取何种激励方式就成了现代公司治理的核心问题。赋予经营者以剩余索取权也许可以算是较为适当的激励方式。

当然，经营者作为一个完整的个体，还具有社会地位、荣誉、权力以及事业成就感等多维度的追求。简单地把经营者看作唯利是图的小人并不恰当，因为经营者在为其他相关利益主体创造回报的同时，在很大程度上也实现了他的上述追求。因此，经营者在追求其个人价值的同时，也实现了他人的利益，这是经营者参与公司治理的基础。在传统的公司治理中，经营者始终是治理的核心。从利益相关者的角度考虑，经营者剩余索取权的实现与公司财富的增值休戚相关，所以说，在既赋予经营者以剩余控制权又赋予其剩余索取权的情况下，经营者有足够的动力和能力参与公司治理。

（四）职工

职工是公司的一般劳动力资源，作为职工个体，在给公司提供人力资本的同时，要求获得相应的工资报酬、安全福利保障以及其他涉及人身的自由权利等。同时，公司有对职工提供激励和监督的必要性。因为职工个体的人力资本是公司财富创造过程的客观需要，而职工也会追求其自身的利益。职工还必须维护自身的合法权益，于是会形成某种组织，正式的如工会、职工代表大会等以抗衡来自公司的压力。其主要原因乃在于公司的交易谈判带有"俱乐部产品"的特性，通过组织的方式集体提供，这显然比个体要有效一些。但根据奥尔森对集体行动的分析，其对公共利益的提供根据集团人数的多少而不同，但一般都是低于最优供给水平。这就决定了有必要让职工参与公司治理。鉴于职工是人力资本的提供者，既然他向公司进行了投资，他就有权利要求回报，并有权利对公司行为实施监督。从主观愿望上来看，职工同经营者一样，有足够的动力参与公司治理。德国职工参与制的实践也向我们充分表明，客观上职工也有能力参与公司治理。

职工可以通过工会维护自身的合法权益。工会的监督优势在于：工会成员长期接触公司的实际运作，对公司的发展有很深的了解，因而获取与监督有关的信息成本是很低的，即便银行也比不上；工会成员与公司的生存和发展息息相关，如果公司破产，职工们的损失也许超过物质资本要素供给者的损失。例如，职工们失业后便失去了工资收入，原先培育起来的专用性人力资产也一文不值。因此，职工作为一个集体，有更大的、不可分散的风险。有些人担心，职工们取得监督权后，会不会只追求自身利益最大化？这是显而易见的，任何一个要素所有者都是自利的，问题的关键在于，如何设计一套制度以协调要素所有者的个人利益与公司的集体利益？斯蒂格利茨认为，年金制度的广泛使用起到了这样的作用。由于职工们的年金的很大比例是用于投资本公司的，所以他们会像股东们一样监督经理的行动。职工持股计划的实施更消除了职工与股东角色的差别。

四、利益相关者在公司治理中的作用评价

（一）赞成利益相关者参与公司治理的观点

实行"利益相关者"的治理模式，要求公司治理结构的主体之间应该是平等独立的关系。这些相互关联的主体包括股东、债权人、经营者、生产者、消费者、供应商及其他有关利益群体，上述相互关联的主体组成了利益相关者，而企业的效率则需建立在利益相关者平等的基础上。这样一种利益相关者共同治理企业的模式反映了现代市场经济的要求。赞成利益相关者模式的人指出，企业将利益相关者纳入企业治理结构在以下几个方面具有明显的优势。

1. 降低代理成本

利益相关者参与企业治理可以降低代理成本。在股份公司中，由于所有权与控制权的分离，经理人可能会利用其持有的控制权来谋求自身利益最大化，从而发生代理成本。而信息不对称的存在导致处在公司外部的股东很难监控经理人的

行为。债权人作为企业的利益相关者具有信息优势,既有动机也有能力监督经理人的行为;员工则在企业的内部,能直接观察到经理人的行为,因此,他们参与企业治理能明显降低代理成本。现代企业要获得更多的利润,必须有足够的创新能力,而创新能力只能来自人力资本。即使企业想维持现状,若没有富于创新能力的企业家和一批忠诚职工的支持,也是不可能的。人力资本与物质资本相对地位的变化增强了企业中人力资本所有者的谈判力,从而使得利益相关者参与企业治理越来越具有可能性。利益相关者参与公司治理能够激发利益相关者对企业利益的关注,减少员工偷懒行为,降低企业激励监督的成本。同时,利益相关者模式使企业、员工、供应商、社区之间签订了一份隐形的保险契约,他们的利益得到了企业的隐形保护,这可以确保利益相关者在与企业合作时投入更多的专用性资产而无须担心遭到敲诈。这些因素使企业和利益相关者之间形成稳定的合作关系,大大减少了交易成本。

2. 有利于提高公司长期绩效

利益相关者参与公司治理能够对各利益相关者形成有效的利益保护,激励其为公司长期绩效的提高而努力。利益相关者在公司中一般都处于"外部人"地位,他们的利益往往会受到经理人员和大股东的侵犯,这对于企业的长远发展显然是不利的。《OECD 公司治理原则》认为,公司的竞争力和最终成功是集体力量的结果,体现了各类资源所作出的贡献,包括投资者、雇员、债权人等。公司应当认识到利益相关者的贡献是建立一个有竞争力而且盈利的公司的宝贵资源,认识到利益相关者的利益以及他们对公司长期成功的贡献。也就是说,在公司治理中,应当强调对利益相关者利益的保护,这将有利于公司长期绩效的提高。公司的最终成功是各种要素提供者共同合作的结果。实际上,在利益相关者中建立有效的合作是为了公司的长期利益,只有充分认识到这一点,才能促使公司的经营者更好地善待利益相关者。

一个公司持久的竞争力依靠不同资源提供者的协同工作。阿尔钦(A. Alchian)和德姆塞茨(H. Demsetz)从公司内部结构的角度认为,公司的本质不是雇主和员工之间的合约关系,而是一种团队生产;詹森和麦克林认为,公司是资本投入者和劳动投入者之间的一组多边合约关系。它不是个人,而是使许多个人冲突的目标在合约关系框架中实现均衡的复杂过程的焦点。从这一角度来看,公司治理必须认同和保护利益相关者的合法权益,并且鼓励公司和利益相关者之间就创造财富和工作机会以及保护公司的创新能力进行积极的合作。股东价值最大化并不直接等同于公司创造的社会财富最大化,包括股东在内的公司利益相关者的利益最大化应该被列为现代企业的经营目标。

从理论上讲,如果公司治理制度能够充分保护利益相关者的利益,就可以减少其面临的实际风险,从而鼓励他们进行专有性投资,这对公司而言是极为有利的;如果一个公司在实际中注重债权人的利益,就可以避免机会主义行为,稳定双方融资关系,从而降低交易成本;而如果对职工的合法权益进行有效的保护,职工就会安心为公司效力,有动力去进行专业化的技能培训,从而提高生产效率。这些做法都能带来双赢的结果。总之,利益相关者参与公司治理可以减少市场的不确定性,使交易双方都能够为了共同的目标而努力,最终提高公司的长远绩效。

3. 创造良好的外部环境

利益相关者参与公司治理能够创造良好的外部环境,有利于公司社会责任的实现,缓解与社会的矛盾。在企业的长期经营过程中,关于公司应不应该承担社会责任的争论很多。问题的关键在于,公司承担社会责任会不会与企业利润最大化的目标相悖?越来越多的人已经认识到,一个健康的企业和一个病态的社会是很难并行的。承担社会责任可能在短期内减少公司利润,但良好的社区环境、社会环境、生态环境对企业的长期发展至关重要。企业在力所能及的范围内履行社会责任还可以改善与社会的关系,改善企业在公众心目中的形象,提高社会对企业行为的认可、支持等,企业这样做既有利于自己也有利于社会。如果忽视社会责任会给公司带来不可估量的损失。同时,企业承担社会责任也是其作为社会成员,对社会负责的一种行为表现。利益相关群体参与到公司治理中来就可以促进公司更多地考虑消费者、客户、社区、社会团体等的利益,也就可以为公司的发展营造一个稳定的环境。

4. 更好地实现公司短期利益和长期利益

利益相关者参与公司治理,能够使企业较好地兼顾公司的短期利益和长期利益,使企业在最优的方式中经营。企业履行社会责任能够增加生产者剩余,而利益相关者参与公司治理正是企业履行社会责任的一个重要体现。在现代公司经济活动中,特别是上市公司股权的细小分散化,任何一个单独的股东都不愿意承担巨额的监督费用,他们大多数只关心公司的股价是否上涨,是否能分红获取股息等。上述行为人是以投机方式成为公司股东的。依据现行"股东至上"的治理模式,面对这样的情况,一方面经营者必须充分考虑股东对短期利益追求的需要,以至形成公司整体行为的短期化。另一方面,企业是需要长期发展的,而经营者也不可能在经营企业时考虑只经营公司短短几年就离开，他们同样希望能够维持自己现有的利益和良好的声誉。作为一个理性人，经营者希望最大化公司的长期利益，这同时也是在最大化自己的长期利益。这种同时需要兼顾最大化短期和长期利益的情况使经营者处于一种两难的境地，忽略或重视其中的某一方面都可能给经营者带来巨大的成本。

利益相关者参与公司治理，可以缓解经营者的两难境地。利益相关群体均与企业利益息息相关，那么经营者就应该最大化利益相关者的利益，而不同的利益相关者团体重视不同的短期和长期利益。因此，董事会内部对长期、短期利益的权衡就会相互消长，经营者就不可能一味地只重视公司的短期利益，也不会再因实行长期决策造成的短期收益下降或低回报而担心。总之，从利益相关者的角度考虑，公司经营者的处境会比现行治理模式更有利于经营者自觉维护公司的短期和长期利益，会使企业在最优的方式中经营。

（二）反对利益相关者参与公司治理的观点

传统股东模式的支持者认为利益相关者模式存在巨大的缺陷，表现在以下几个方面。

第一，利益相关者的概念模糊不清，缺乏可操作性。利益相关者通常指在企业内投入专用性资产的人或组织，但对于投入多少专用性资产或投入的资产专用性程度多高才能算作利益相关者参与企业的治理，对此利益相关者模式并没有给出确切的回答。

第二，利益相关者理论的研究方法偏重于规范分析，而实证研究明显不足，这已在一定程度上制约了其在学术界的地位。利益相关者理论主要有三类研究方法：描述性/实证性方法、工具性方法和规范性方法。其中，描述性/实证性方法旨在说明或解释企业及其管理者实际上是如何行动的；工具性方法旨在说明如果企业及其管理者采取某一种方式的话会出现什么后果；规范性方法旨在指出应该怎么做，它关注的是企业及其管理者行为的道德合适性。其中，规范性方法使该理论在企业目标、企业本质、企业剩余权、企业契约、公司社会责任、公司治理本质等方面的研究取得了丰硕的成果。然而，正如琼斯所指出的——利益相关者理论的规范性分析的学问确实是非常需要的，但是工具性和描述性/实证性方法也需要给予关注，该理论在实证研究领域的成果显得比较薄弱。

第三，缺乏一个主导的利益相关者。该模式没有详细区分企业产权关系的层次，而是笼统地将所有与企业活动有关的主体统统纳入企业所有者的范畴，将所有与企业经营业绩有关的主体同等对待，没有确定主导利益相关者。把和企业有关的外部主体，如社区、顾客群、政府等，都算作企业治理结构的主体，这抹杀了企业产权分析的层次性，使得分析过程比较混乱。该模式的核心是所有利益相关者共同分享企业所有权，但是它没有明确由哪一个利益相关者来主持企业所有权的分享。从现实来看，每个利益相关者或每类利益相关者所承担的风险是不同的。有的利益相关者承担的风险大，有的利益相关者承担的风险小，因而其重要性也是不同的。没有主导利益相关者，企业所有权是难以分配的。

第四，虽然利益相关者模式有助于利益相关者增加企业的专用性资产投资，但企业也要为之付出很高的代价。这些代价包括：维持企业内部低效率的工作，雇用低效率的供应商，由于利益相关者的制约而丧失高效决策和适应性，以及严重的内部人控制问题。本杰明（Benjamin）的研究指出，20世纪80年代，德国只创造了相当于美国60%的服务工作。另外，企业以利益相关者的利益为由抵制恶意收购有可能造成严重的内部人控制，助长经理人员的败德行为，最终使整个社会受损。对美国29个州修改公司法的过程进行分析后，爱德华（Edward）等人指出，与其说《公司法》的修改是为了保护利益相关者的利益，还不如说是企业经理层和工会为了保护自己的利益而进行的成功游说。

利益相关者模式的弊端在经济增长迟缓时得到充分体现，例如，企业在重大的、涉及利益相关者利益的改革时，由于利益相关者的制约往往不能实行，严重阻碍了企业的发展。

第三节　现代公司社会责任与公司治理结构探索

一、公司社会责任与公司治理结构的关系

公司社会责任理论的扩展及其立法化的实现，对公司治理结构产生了重大影响。法学上关于公司社会责任的讨论是围绕董事会的义务而展开的，公司治理结构一向被视为落实公司社会责任的重要一环。发达国家在公司治理结构中或多或少体现、贯彻了公司社会责任理论。概而言之，公司社会责任与公司治理结构的关系可从两个方面予以考虑。

（一）公司社会责任与公司内部治理结构

在传统公司内部治理结构中，股东在终极意义上享有公司控制权的法律思想贯穿或体现于整个设计之中。依其设计，股东被赋予了资产收益、重大决策和选择管理者的权利。在有关股东大会、董事会、监事会和经理之间的责权划分和制衡关系结构中，主要以确保公司行为符合股东的利益最大化为目的。这样，公司的传统内部治理结构力求将股东置于金字塔式的公司权力结构之塔尖，通过建立自下而上层层负责的机制，以确保股东对公司自上而下的控制权。从资本的角度，传统公司内部治理结构所贯彻的股东本位实际上是物质资本本位。总体上，公司社会责任理论并不一般地反对传统内部治理结构对股东控制权的保障，但认为股东只是公司利益相关者之一，除此之外还存在着多个分别与公司存在某种利害关系的主体。该理论认为，没有这些利益相关者及其在公司中的权益，作为组织的公司将无法存续，公司正是所有利益相关者围绕权益获取和保护进行合作和博弈所形成的契约组织，而非传统理论认为的仅仅是物质资本所有者基于营利动机而组成的联合体。[1]

公司社会责任理论基于上述认识的引申意义是：公司作为一个多种利益冲突及合作的载体，必须权衡不同利益相关者的诉求，所有利益相关者均应在相互合作中获得实现和保障其权益的恰当方式。公司社会责任相关理论主张在公司与各个利益相关者签订的契约之外，确立股东与非股东利益相关者共同分享公司剩余收益权及控制权的机制，以实现预先的契约安排与相机决策程序在功能上的互补，从而使各利益相关者的权益保障各得其所。简言之，依公司社会责任理论的逻辑，改革公司的传统内部治理结构就是让非股东利益相关者参与公司治理。非股东利益相关者参与公司内部治理，实际上涉及三个程序：第一，确认目前或未来的对公司有利害关系的主体；第二，辨明这些主体对公司所享有的利害关系的内容；第三，将这些主体的利益置于公司的战略计划的制定、公司正常经营期间决议的制定、公司事务的管理之中。

（二）公司社会责任与公司外部治理结构

公司社会责任的界定不仅要求改革以股东为本位的公司内部治理结构，以促进各方利益相关者参与公司内部治理制度的形成，而且还要求构造与公司社会责任相适应的公司外部市场环境。从经济法学的视角言之，由公司所处的外部市场环境所形成的对公司的激励和约束机制构成公司外部治理结构。按照公司治理的

---

[1] 卞娜.公司治理视角下的企业社会责任研究[M].北京：中国财政经济出版社，2020.

主流理论，包括产品市场、劳动市场、资本市场等在内的所有市场都是公司治理的手段，它们对公司治理发生作用的机理亦大致相同。

毋庸置疑，市场机制是激励和约束公司的诸种外部因素中最为重要的力量。然而市场亦存在失灵问题，对于那些在公司中做出过专用投资的非股东利益相关者而言，失灵的市场常常使其无奈地成为竞争、非自愿和非可归咎的牺牲品。此类问题的存在表明，完全放任自由的市场是排斥公司社会责任的。倡导公司社会责任意味着要对市场进行必要的调控，在充分发挥其作为资源配置基本手段功效的同时，又尽可能地为公司社会责任的生成提供相应的空间。公司外部治理结构基于市场环境而形成的公司监控和约束机制而形成，故所谓调控市场实则是一个矫正公司外部治理结构的过程。依公司社会责任的要求调控市场或矫正公司外部治理结构，在更深层次的意义上是指应发挥国家在干预社会经济生活方面的作用。当然，这种干预主要依赖法律手段介入社会经济生活，且经济手段和行政手段应尽可能体现为法律形式。此外，由于董事会处于股东、债权人、雇员等各种利益相关者之间的利益冲突与融合的交叉点上，他们的战略决策行为和战略管理行为对公司责任的落实意义重大。

因此，除对股东负责以外，通过法律和法律以外的正式制度和非正式制度的建设，倡导董事会于公司决策和管理行动中考虑非股东利益相关者利益的权限和责任，便成为依公司社会责任的要求来调控市场或矫正公司外部治理结构的一个必然选择。

二、构建以社会责任为导向的公司治理结构

公司社会责任意味着应改革公司的传统治理结构，让非股东利益相关者参与公司治理，即重构我国公司法人治理结构。公司内部治理结构应处理两个方面的问题：一是基于股票所有权和管理公司的控制权相分离而形成的物质资本所有者或股东对公司经理的约束与监控问题；二是基于公司的利益相关者理论而形成的非股东利益相关者参与公司治理问题。一个有效率的治理结构不应是"股东利益至上"的单边治理结构，而应该是利益相关者共同拥有所有权的多边共同治理结构。为了适应公司社会责任的要求，对于公司治理结构应在如下几方面进行改革。

（一）吸收职工、债权人以外的利益相关者参与公司治理

1. 设立消费者董事

一般情况下，消费者可通过市场机制而无须特别参与公司治理来保护自己的

权益。但在市场机制尚未健全的今天，公司侵害消费者权益事件的时有发生，使得消费者维护自身权利的意识愈加强烈。在市场供应充分的情况下，消费者甚至可以用"脚"投票，抵制公司的产品、服务。对此，黎友焕和陈小平认为，在市场经济条件下，经济主体的行为取决于货币"选票"，消费者消费行为实际上是对产品和生产者的"投票"过程，因此，消费者的购买行为对企业行为具有很大影响。从此意义上说，消费者完全可以决定公司的命运，让消费者参与公司治理不失为一种积极必要的探索。事实上，将消费者代表引入公司决策层，如在公司中建立消费者董事制度，让消费者代表参与公司的决策过程，公司一方面可以通过消费者董事更好地维护消费者应有的权益，另一方面也可从他们那里获取顾问式的支持，知晓消费者最新和最迫切的需求。

2. 设立环保董事及其他

粗放型经济增长方式会直接或间接地导致了生态环境遭到破坏，人们的生存和发展条件有所下降，公司创造社会财富的背后是沉重代价的付出。因此，将环境保护代表引入公司决策层的环保董事制度也是公司履行社会责任，实现其与社会和谐的有益尝试。适用环保董事制度的公司限于那些在其生产、经营过程中及用户和消费者在产品或服务的使用或消费过程中具有污染环境之虞的公司。环保董事既包括国家环保部门、环保组织选派的代表，也应包括公司所在社区的居民代表，还包括使用或消费公司产品或服务的用户和消费者代表。

对于适用环保董事制度的对象并不是所有企业，而应将其范围限制在那些在生产、经营过程中及其用户和消费者在产品服务的使用和消费过程中具有污染环境可能或必然的公司。无论是针对公司生产可能造成的环境污染所设立环保董事，或者根据公司运作实际吸收其他一些利益相关者参与公司治理，此种董事多元化的设计，其终极目的在于提升公司运营效率，促进并保证公司社会责任的实现。

（二）完善职工参与制度

1. 建立职工董事、职工监事与职工的沟通机制

由职工选举产生的职工董事、职工监事，必须对职工负责，接受职工监督。这具体包括以下几方面：首先，在董事会、监事会审议重大议案时，职工董事、监事应充分表达职工和工会的意见，并及时向职工以及工会反馈除公司商业秘密外的一切内容。其次，凡由职工代表大会及其工作机构制定的决议，职工董事、监事应按决议精神行使表决权。再次，职工董事、监事应定期向职工代表大会报告工作。最后，职工董事、监事应定期接待职工来访，接受职工质询和询问。

2. 完善职工权益受到侵害的救济制度

对有关职工工资、福利、安全生产以及劳动保险等涉及职工切身利益的事项，职工代表大会有审议和通过权；而对重大生产经营决策和重要规章制度的制定，职工有咨询建议权。当公司董事、经理等经营管理人员利用其职权侵犯职工合法权益时，如对于必须经职工代表大会通过的事项未经通过即予实施，或者对于应当让职工知悉的事情故意隐瞒，致使职工无法表达意见而给其权益造成损害的，有关责任人员必须承担赔偿损失的民事责任。另外，为保证职工监事依法行使监督权，应规定职工监事在行使职权时，公司任何人均不得予以干涉，否则应对相应的损害承担赔偿责任。为保证公司工会活动的顺利开展，还可规定公司如能提供却拒不提供工会必要的活动条件，应追究公司领导人员的行政责任。

3. 完善职工董事、职工监事的选举和罢免机制

在任职的实质条件方面，职工董事、监事必须是职工代表但不包括高级管理层的职工，同时他们还需符合《公司法》以及公司章程关于董事、监事任职条件的规定。此外，鉴于其特殊身份，职工董事、监事必须具备一定的经营管理知识，对本公司生产经营管理的各个环节比较熟悉。在任免的法律程序方面，职工董事、监事一般由工会委员会或职工参与制度专门小组组长联席会议提名，由职工代表大会按民主程序并以差额、无记名投票方式选举产生，未经选举机构同意，其他部门不得擅自罢免。

（三）理顺独立董事和监事会的关系，完善独立董事制度，加强监事会的监督作用

独立董事制度源于美国，独立董事是既不代表出资人，也不代表公司管理层，而是独立于公司的经营和管理活动以及那些有可能影响他们作出判断的事务之外，与公司没有任何关联，能够客观、独立地作出判断的特定董事。20世纪90年代以来，许多国家纷纷仿效，引发了一场公司治理中的"独立革命"。我国引入独立董事制度的一个重要原因是监事会难以发挥其监督职能，目前这两种制度并存的现象实质上是制度设计上的浪费。针对现状，建议采纳欧盟的做法，在《公司法》中授权公司选择单层制（独立董事制度）或者双层制（监事会制度），并应制定切实可行的加强监事会职能的制度安排，而不是现在监管乏力的尴尬局面，实施保证独立董事独立性的措施。

独立董事应逐步实现职业化，由管理层来制定独立董事的道德规范、行为准则和执业操守并颁发执业资格证书，形成一支像注册会计师、注册律师那样的专

业化队伍，以弥补由于现代公司约束软化所带来的法律真空。由独立董事协会负责推荐人选，培训考核并考察监督，并由其根据上市公司的需要来提名，由股东大会采用累计投票制的方法来选举和决定独立董事及其固定薪酬，其薪酬由保险公司来发放，即采用独立董事保险中介制度。上市公司独立董事保险中介制度是指上市公司股东大会根据独立董事协会的提名，采用累计投票制选举决定独立董事，选择一家保险公司来为上市公司和独立董事投保，保费的一部分用于支付独立董事的薪酬。在这里引进保险公司的一个目的是把独立董事的薪酬发放权从董事会手里转移到保险公司手里，其作用是切断董事会或高层管理人员从经济上制约独立董事的可能性，以切实保证独立董事的独立性。

（四）确立债权人参与治理制度

通常当公司经营正常时，即企业有清偿债务能力，债权人作为固定收益索取者的收益能够得到保障时，债权人并不主动干预公司治理，此时股东对经理有最终的控制权。但是当公司经营不善、濒临破产，债权人的权益无法得到保障，只有通过破产清算机制来尽可能减少损失时，这时债权人成为公司实际的剩余索取者。一个企业控制权的合理配置是当企业可以偿还债务时，经理人拥有企业的控制权，否则由债权人拥有企业的控制权，这样可以一定程度上减少代理成本。债权人承担着债权到期无法收回的风险，他们也应该拥有对公司的监督权、剩余索取权和公司的控制权，债权人应参与公司治理。由于当前我国破产法律制度尚不完善，政府干预较多，债权人权限较弱，处于相对被动的地位，更多时候，债权人的权益受到不同程度的侵害。

为促进债权人参与公司治理，依据利益相关者理论和公司承担社会责任的要求，公司治理更应强调共同治理，其突出特点是强调各种利益相关者的共同治理。在确立了要不同的利益相关者参与公司治理的方向后，应注意恰当界定介入公司内部治理的利益相关者的范围，因为若所有的利益相关者都直接参与治理就会与效率原则相悖。公司应该视具体情况（诸如谈判能力、投入要素的专用程度等）选择其他利益相关者进入公司内部治理结构，以确立对其利益的保障机制。

第五章　现代公司社会责任与企业文化

第一节　企业文化的基本理论概述

一、企业文化的内涵和层次

（一）企业文化的内涵

20世纪80年代初，日本的管理水平开始走在了世界前面。一家濒临破产的美国企业被日本公司购置后，还是原有的设备和人力，只是管理层由日本公司派进，只过了短短两个月时间就起死回生，管理作为生产力标志在这里体现得极为清晰。为此，美国开始对日本的管理模式进行考察，派出了由管理学家、社会学家、经济学家和企业家等构成的百人考察团，进入日本本土考察。考察花了三个月时间，最终发现日本企业似乎没有什么特长之处，资本没有美国多，技术没有美国先进，管理方法也基本上是从美国引进，其文化也源于中国。但是，考察团发现，日本人在把美国的管理方法和东方文化结合方面取得了真正的成功，完成了三大要素（西方管理艺术、东方文化和日本具体的管理实践）的有机结合，由此构成一种特定的管理意境和思想。人们很难用一个具体的方法来比喻它，于是就取名为"企业文化"。

企业文化是企业发展到一定阶段，企业领导人将其在企业创业阶段关于经营理念、基本假设等达成的共识用于组织管理过程中，对包括文化、价值和心理因素等在内的非结构性因素进行整合，并使之成为一个组织或企业独具个性化的管理模式，以文化的力量推动组织和企业长期发展。

对于企业文化的含义，国内外有如下两种含义。

第一种是狭义的，认为企业文化是意识范畴的，仅仅包括企业的思想、意识、习惯、感情等。美国学者特伦斯·迪尔（Terrence E. Deal）和阿伦·肯尼迪（Allan A. Kennedy）认为，企业的文化应该有别于企业的制度，企业文化有自己的一套要素、结构和运行方式。他们认为，企业文化包括四个要素，即价值观、英雄人物、典礼及仪式、文化网络。这四个要素的地位及作用分别是：价值观是企业文化的核心,英雄人物是企业文化的具体体现者,典礼及仪式是传输和强化企业文化的重要形式,文化网络是传播企业文化的通道。

第二种是广义的,认为企业文化是指企业在创业和发展的过程中所形成的物质文明和精神文明的总和,包括企业管理中的硬件与软件、外显文化与内隐文化(或表层文化与深层文化)两部分。这种观点的理由是企业文化是同企业的物质生产过程和物质成果联系在一起的,即企业文化既包括非物质文化,又包括物质文化。1985年,美国麻省理工学院教授爱德加·沙因（Edgar H. Schein）出版了专著《企业文化与领导》。他对企业文化的概念进行了系统的阐述,认为企业文化是在企业成员相互作用的过程中形成的,为大多数成员所认同的,并用来教育新成员的一套价值体系。沙因教授还提出了关于企业文化的发展、功能和变化以及构建企业文化的基本理论。他把组织文化划分成三种水平：（1）表面层,指组织的明显品质和物理特征（如建筑、文件、标语等可见特征）；（2）应然层,位于表层下面,主要指价值观；（3）突然层,位于最内部,是组织用以对付环境的实际方式。沙因提出的关于企业文化的概念和理论为大多数研究者所接受,他也因此成为企业文化研究的权威。

《中国企业文化大辞典》把中国学者和企业家对企业文化定义的认识划分为三大类：第一类是总和说,认为企业文化是企业物质财富和精神财富的总和；第二类是同心圆说或三层次说,认为企业文化包括三个同心圆或三个层次,外层为物质文化,中间层为制度文化,内层为精神文化；第三类是意识形态说,认为企业文化是企业的意识形态,是相对于大文化而言的企业微观文化。

综上所述,企业文化应该是指企业在生产经营和管理过程中所创造的具有本企业特色的物质财富和精神财富的总称,它包括组织机构、企业制度、企业环境、企业产品、行为准则、道德规范、企业精神、价值观念等。

（二）企业文化的层次

企业文化包括核心层、中间层、外层三个层面。核心层主要是观念形态的内容,一般称为企业精神文化；中间层主要是行为形态的内容,一般称为企业制度文化；外层以物质形态的内容为主,一般称为企业物质文化。三者不是截然分开的,是相互联系、相互影响、相互渗透的。

1. 表层——企业的物质文化

企业的物质文化是指由企业员工创造的产品和各种物质设施等构成的器物文化,是企业文化在物质层面上的体现,是群体价值观的物质载体。它包括两个方面：一是企业文化价值的创造；二是企业各种物质设施的优化，其中包括企业外貌、工作环境和生活娱乐设施等。

2. 中层——企业的制度文化

中间层主要体现企业浅层的行为形态文化。一是指企业员工在生产经营、学习娱乐、人际交往中产生的文化，包括企业的经营活动、教育宣传活动、协调人际关系活动和各种文娱体育活动等。这些活动实际上也反映了企业的经营作风、精神面貌、人际关系等文化特征，也是企业精神、企业目标的动态反映。二是指与现代企业生产经营活动中形成的企业精神、企业价值观等意识形态相适应的企业制度、规章、组织机构等。这一层是企业文化中规范人和物的行为方式的部分。中间层是企业精神得以实施的关键。要建设一个充满朝气、正气、活力的企业，中间层至关重要，为此，在这一层面上要做大量的艰苦细致的工作。

3. 深层——企业的精神文化

企业的精神文化是指企业员工在长期的生产经营活动中形成的共有的意识和文化观念的总和。它包括企业经营哲学、企业宗旨、企业伦理道德、企业风尚、企业精神和企业价值观等六个方面。

第一，企业经营哲学是指导企业运筹生存与发展构想的基本思想和原则，是企业领导者的世界观和方法论在企业生产经营实践中的体现。

第二，企业宗旨是指企业的总体目标或长期基本目标，它体现了企业的理想与追求，是企业行为的指导方针。

第三，企业伦理道德是调节企业与社会、企业与员工以及员工之间关系的行为规范的总和，它潜移默化地影响职工的心理和意识。

第四，企业风尚是企业员工在长期的生产经营活动中形成的群体氛围和精神面貌。它综合体现了企业中群体的思想观念、工作作风、人际关系、传统习惯。

第五，企业精神是企业员工在长期的生产经营活动中形成的理想和信念，它是企业经营哲学、道德观念和企业风尚的结晶。

第六，企业价值观是企业文化的核心，一个企业对于其活动及有关事物的评价与看法，是企业在追求成功经营过程中所推崇的基本信念和奉行的行为准则，并为企业全体员工所共识和共同拥有。[①]

企业价值观也是企业中占主导地位的管理意识，它以潜意识的方式渗透到企

[①] 施逸文. 企业社会责任对企业价值的影响——基于食品行业的实证研究[J]. 西部皮革，2020，42（2）：65-68.

业管理的各个领域、生产经营活动的全过程之中。无论是企业发展战略的制定，还是对企业各部门、各项工作的协调，都是以企业价值观念为驱动力的。一个适合该企业的正确价值观一经确立并成为全体成员的共识，则会产生长期的稳定性，甚至会成为几代人共同遵从和奉行的信念，成为企业持久的精神支柱和生存与发展的精神指南。

二、企业文化的特征

企业文化的基本属性是它的管理学和亚文化属性。发达国家的先进经验表明，企业文化建设是市场经济和企业自身发展的坚定基石，是企业增强国际竞争力的有力保障。加强企业文化建设有助于提高企业家和企业管理人员的经营管理水平，增强产品的竞争力，从而发展企业的生产力。从管理学角度而言，企业文化的作用在于，作为一种企业管理模式，高度重视和发挥人的作用，文化和精神能够发挥现代管理技术、手段和物质资源所起不到的作用。企业管理实施的过程，伴随着企业文化的建设并通过文化力的渗透、推动作用，对企业战略发展的每个阶段产生影响，不断促进企业的发展。作为亚文化属性，企业文化是社会的微观组织——企业在发展过程中形成的、适应自身发展需要、从属于整个社会文化的一种文化现象。国内外成功企业的实践和经验表明，企业文化具有以文化人、以人为本、文化主导、文化自觉、文化创新的本质特征。

（一）社会性

企业文化属于社会文化的一个组成部分并且与社会文化紧密相连、相互影响，是特定的大文化背景下的产物。作为国民经济细胞，企业不能脱离民族的、时代的文化背景。企业文化是社会文化在一定程度上的缩影。充满人情味的日本企业文化、人际关系淡漠的美国企业文化等，都是对民族文化某种程度的反映。

企业文化虽有自己独特的个性，但在社会大文化背景下则处于绝对的从属地位。脱离社会文化的企业文化没有生存的可能，与社会文化背道而驰的企业文化必然会遭到取缔。

（二）个异性

不同企业的文化风格各不相同，即使两个企业在环境、管理组织、制度手段上十分相近甚至一致，但在文化上也会呈现出不同的特色和魅力。这是受到企业生存的社会、地理、经济等外部环境，以及企业所处的行业的特殊性、自身经营管理特点、企业家素养风范等内在条件影响而产生的。

（三）功用性

企业文化的功能、作用得以发挥的关键是企业生产经营中生成的社会群体文化氛围和心理环境。从企业管理工作角度看，企业家、管理人员正是从培育和调控企业的社会群体文化心理的角度来影响、引导和调节企业行为和日常经营，调控、转化、制约人们的价值取向、行为准则等，推动企业发展。

（四）能动性

不同于社会一般文化，企业文化有着鲜明的个性特征。这种个性特征代表着一定的企业特质，是特定企业经营哲学、企业精神的体现。同时，这种个性特征又更直接地作用于企业的行为，使企业的一切生产经营活动在企业文化的氛围中得到规范和约束，而规范的成因正是在于企业文化从培育到形成，始终是在人们（主要是企业经理人员）的主观期望和意志要求下能动进行的，它不仅形成了企业和职工在物质财富创造过程中的文化氛围，更使企业行为在企业文化的驱使下有效地达到企业未来的目标。这种文化能动作用的效果直接体现为企业文化凝聚、约束、激励的功能，是企业长期赖以生存和发展的保证。

三、企业文化的作用

企业文化的作用在于，作为一种企业管理模式，企业高度重视发挥人的作用。文化的精神作用能够产生现代管理技术、手段和物质资源所起不到的效果。一般认为，企业文化可以对企业发挥多方面的积极作用，主要是导向作用、约束作用、凝聚作用、激励作用，增进企业绩效，实现企业的持续发展。

（一）教育导向作用

企业文化对企业和职工的价值观及行为取向有教育和引导作用，包括价值观导向和行为导向。在激烈的市场竞争中，企业内部如果没有一个自上而下的统一的目标，就不能形成强大的竞争力。企业文化反映的是企业整体的共同价值观、追求和利益，企业文化建设就是在企业具体的历史环境及条件下将人们的事业心和成功欲化成具体的奋斗目标、信条和行为准则，形成企业职工的精神支柱和精神动力，为企业的共同目标而努力奋斗。作为企业的一种有力工具，企业文化导向功能能够把员工引导到企业所确定的目标方向上来，能够使员工个体的思想、观念、追求和目标与企业所要求的目标一致，使人们为实现企业特定目标去努力奋斗。威廉·大内（William Ouchi）在《Z理论》中特别强调企业文化对企业管理的作用——管理人的不是制度，而是以人为本的健康的企业文化环境。

（二）凝聚功能

凝聚功能是指企业文化的一种能把企业全体员工聚合在一起，形成强大的整体力量的能力。企业的根本目标是企业员工凝聚力的基础，根本目标选择正确，就能够把企业的利益和绝大多数员工的利益统一起来，就是一个集体与个人双赢的目标，在此基础上，企业就能够形成强大的凝聚力，反之，企业凝聚力的形成只能是一种空想。

（三）约束作用

企业文化的约束作用是指企业文化力对企业每个成员的思想和行为具有约束和规范作用。与传统的管理理论单纯强调制度的硬约束不同，文化力的约束功能虽也有成文的硬制度约束，但更强调的是不成文的软约束。作为一个组织，规章制度对企业来说是必要的；但是即使有了千万条规章制度，也很难规范每个职工的每个行为。企业文化力能使信念在职工的心理深层形成一种定势，构造出一种响应机制，只要外部诱导信号发生，即可得到积极响应，并迅速转化为预期的行为。这种约束机制可以减弱硬约束对职工心理的冲撞，缓解自治心理与被治现实形成的冲突，削弱由其引起的心理抵抗力，从而产生更强大、深刻、持久的约束效果。这种约束作用还更直观地表现在企业风气和企业道德对职工的规范作用上。

（四）激励作用

企业文化的激励作用，指的是企业文化能使企业成员从内心产生一种情绪高昂、奋发进取的效应。这种效应来源于每个成员作出贡献所得到的赞赏、尊重和鼓励，并由此获得心理和精神满足，因而自觉树立对企业的强烈的主人翁责任感。有了这种责任感，职工就会为企业发展而勇于献身、奋勇拼搏；有了这种责任感，职工就能迸发出无穷的创造力，为企业发展献计献策、不断创新。

第二节　企业伦理文化——企业文化建设的新内涵

一、企业伦理文化的内涵

（一）企业文化和企业伦理

所谓伦理，是指对人与人之间关系中诸多道德现象的概括和总结。这里的"伦"是指人与人之间的关系，即人伦；"理"是指道德律令及原则。伦理就是人与人相处时应遵守的道德规范和行为准则。企业如同人，它对社会负有相应的责任和义务，企业的员工应有相应的道德行为，所以，企业伦理就是对企业道德行为、道德关系等企业道德现象的概括和总结。它是为企业及其员工在具体情境中的行为道德提供指南的各种规则、标准、规范或原则。这些也就构成了企业伦理文化。企业伦理的内容包括企业的社会责任、企业经营管理活动的道德规范以及企业内部调节人与人之间关系的行为准则。企业的社会责任体现在企业对社会应该承担的法律义务和道德义务上，即在经营活动中，企业应该如何处理企业利益与社会利益之间的关系。企业经营活动中的道德规范包括：如何对待消费者，企业对消费者应该承担的法律义务和道德义务；如何处理企业与企业之间，企业与各方面合作者、相关者之间的关系。企业内部人与人之间的道德关系则包括：企业与员工的关系和企业对员工应该承担的道德义务；企业所有者与经营者之间的道德关系，以及公司治理结构中各部分组织成员之间的道德关系。理论和实践都证明，企业文化对企业伦理具有极为重要的制约和影响，具体表现在以下方面。

第一，企业文化对作为个人伦理行为源泉的价值取向进行整合，使之认同于企业的价值观。组织有效性的一个重要表现，就是有一个由企业最高目标、企业理念和企业宗旨等构成的为企业全体成员所共享的核心价值观。这一核心价值观的形成与持续发挥作用，既依靠企业领导者坚持不懈的培育与倡导，也有赖于企业新成员修正或改变个人的价值观而接受组织的核心价值，而后一方面，恰恰依赖于企业的文化。一般说来，任何一个组织的文化都会通过一种社会化的过程，使员工将组织的价值观内在化，由于这种内在化，他们（员工）已经把组织的文化价值标准作为内在的东西而接受。换句话说，他们的行为与组织的期望相一致，是因为这符合他们关于什么是正确的信念。

第二，企业文化作为一种意义来源和行为控制机制，引导和塑造员工的伦理意识与道德行为。依靠人们的内心信念和社会舆论予以维系，是道德行为的最重要特点。从依靠人们的内心信念指导方面说，道德行为需要有一种价值体系作为意义的源泉；从依靠社会舆论予以维系的角度说，道德行为需要一种对其形成支持并对非道德行为加以抑制的社会舆论氛围，而这两者都深深地依赖于组织的文化。首先，在当代社会，包括企业在内的各种职业集团已取代传统的家庭、教会，成为人们寻求意义和价值的重要场所。而在企业中，能够为员工提供意义和价值源泉的，只有组织的文化，特别是它的核心价值观。有研究表明，在伦理方面，人们更多的是受组织中的领导、同事而不是家庭成员的影响。其次，组织文化作为各种规章制度的唯一替代物，以习惯、习俗与舆论的方式对制度已经和尚未涵盖的领域进行行为调节，提高和保持组织成员行为的一致性。所有这一切，正如美国当代著名管理学家斯蒂芬·P.罗宾斯的看法那样，定义中的文化是一种无形的、隐含的、不可捉摸而又理所当然（习以为常）的东西。但每个组织都有一套核心的假设、理念和隐含的规则来规范工作环境中员工的日常行为，除非组织的新成员学会按这些规则做事，否则他不会成为组织的一员。

（二）企业伦理文化的内涵

企业伦理文化，是从伦理角度对企业活动的一种综合分析，它是企业在实践中所包含的道德精神、伦理规范、道德习俗的总和。企业实践是企业的计划、经营、生产、销售、人事、财务等活动的统一体，其中并不存在单纯的伦理活动，但企业的每一种实践方式，都无不体现着一定的伦理观念，显现出作为主体的企业所崇奉的道德价值。企业伦理文化强调作为实践主体的企业自身的道德形象，它是企业道德精神的体现，强调企业的社会责任、自然责任、人际关系，强调文明健康的企业道德的习俗。企业伦理文化是现代企业文化的重要组成部分，它是一种社会意识，是一种微观的道德文化，同时又是一种新的富有效力的管理观念，即以人为核心，用道德观念和道德规范来调节企业与员工的行为，尊重人，发挥每个员工的创造性，强调通过企业整体目标和员工个人发展之间的协调，实行人本主义的管理方式，提高每个人的责任心，增强企业的竞争力。[1]

詹姆斯·E.波斯特等人指出，个人价值和伦理特征在改进一个企业的伦理行为方面起着重要作用，然而，这种作用不是单独发挥的，因为个人价值观还受一个企业文化的影响。戴维·J.弗里切（David J. Fritzsche）也指出，虽然决策者个人价值观左右着私人生活中的伦理决策，但在职业生活中，个人价值被组织结构中的其他力量中和了，这些力量能改变个人价值观在决策中的作用。1990年，本杰明·施耐德（Benjamin Schneider）出版了他的专著《组织气氛与文化》，书中提出了一个关于社会文化、组织文化、组织气氛与管理过程、员工的工作态度、工作行为和组织效益的关系模型。在这个模型中，组织文化通过影响人力资源的管理实践，影响组织气氛，进而影响员工的工作态度、工作行为以及对组织的奉献精神，最终影响组织的生产效益。在组织文化中，组织的伦理价值观是核心。我国学者陈荣耀认为，企业伦理构成企业最重要的无形资产。企业文化力与管理体制是企业核心竞争力的重要因素，在这一方面，价值观为核心要素，它决定企

---

[1] 孙明艳.企业社会责任、企业文化与财务绩效[D].长春：长春理工大学，2020.

业的态度、行为与规范；同时，合理的激励机制，有效的人事氛围，都使企业形成具有凝集效应的竞争力。温世俊指出，企业伦理是企业在经营管理过程中必须遵守的道德规范，企业作为一个重要市场要素和社会要素，在其运行中就必须讲求伦理和实施伦理。

企业伦理文化在注重企业管理技术和方法的基础上，更多强调的是企业赖以生存和发展的精神环境和外部环境，强调的是企业文化的伦理底蕴，尤其注重"人"在现代企业中的积极作用。企业伦理文化重点从伦理道德角度来认识和阐述企业文化，根据不同形式的文化内容，"寓文化于管理"之中，以克服企业员工对思想说教的抵触情绪。企业伦理文化的产生和迅猛发展绝非偶然，它既是社会文化深入发展的产物，又是文化学、管理学不断发展的必然结果。特别是第三次技术革命加速了生产方式和管理方式的变革，促使劳动者向智能型转化，极大提高了劳动者的文化素质和自尊意识，使"人"在生产力诸要素中的主要地位越来越突出。

二、企业伦理文化的主要特征

（一）稳定性

作为企业文化的组成部分，企业伦理文化当然兼具有企业文化的特性。企业伦理文化一旦形成，便具有相对的稳定性。企业的伦理文化是结合企业及其员工的特点而形成的，是符合企业发展和员工特点的文化。因此，企业伦理文化会通过企业的员工得到稳定和传承。另外，随着企业对企业文化建设的重视和企业强文化的形成，企业伦理文化的稳定性会得到进一步的加强。

（二）荣辱与共的团队精神

"团队精神"是把企业变成一个命运共同体的精神支柱，是使企业取得竞争优势的内在基础。戴维·布雷德福（Bradford）和艾伦·科恩（Cohen）指出，要想取得卓越的成效，就必须创造出高效率的团队。这种团队能想出高明的解决办法，能在成员之间进行协调，并且担负起整个部门的管理责任。"团队精神"就是通过设定共同的价值观和崇高目标，在企业内部形成一种合力，充分发挥企业整体效应和整体功能，以及每一位个体的智慧和才干的企业精神。

"团队精神"是一种"合作文化"，它在企业内部倡导一种有限竞争，强调和谐一致及良好的人际关系，认为这是保证发挥企业整体效应的关键。"团队精神"改变了传统理性管理模式激励个体的做法，把激励群体作为维护企业内部团结、提高企业对外竞争能力的有效手段。"团队精神"一旦在群体中形成心理定式，既可通过明确的意识支配行为，也可通过潜意识产生行为。其信念化的结果，会大大提高员工主动承担责任和修正个人行为的自觉性，从而主动地关注企业前途，维护企业声誉，为企业贡献自己的全部力量。

（三）人本性

企业文化以"人"为终极关怀目标。这里的"人"包括与企业发展紧密相关的企业中的人——员工及股东，以及企业外的人——消费者。一方面，现在越来越多的企业家意识到，在我们这个快节奏的社会中，一个企业的事业成功离不开有创造性的、训练有素的、富于激情的和具有献身精神的雇员的积极合作与贡献，所以企业家追求以员工生活得更好为企业文化构建的出发点，力争营造良好的企业氛围，满足员工的需要，提高员工的士气。另一方面，追求生活质量的不断提高已成为现代社会发展的大趋势，它对企业的经营活动提出了全新的要求，那就是企业为消费者提供的产品或服务，不仅要考虑到产品的可用性与耐用性，还要考虑到消费者的经济承受力、审美需求与心理需求，以及产品的售前、售中与售后服务。所以，基于对消费者的社会责任，企业文化构建中就特别强调品质文化与服务文化，及时、准确、主动地捕捉与引导消费者的新需求。

（四）生态性

企业文化关注可持续发展与环境友好的承诺，随着社会的不断进步与发展，人类生存环境日益恶劣，保护生态环境的呼声日盛。基于社会责任的企业文化也应关注环境问题，作出对环境友好的承诺，即企业在生产经营、追逐商业利润的过程中，必须承担环境保护的职责。这些职责主要包括：不采取损害环境的生产方法、工艺流程，如果在生产经营中出现了损害环境的现象，企业绝不推诿，而要主动承担起责任，进行相应的赔偿。同时，企业文化内涵中还应有关注可持续发展之意，这里的可持续发展是从满足当代人需求，又不损害子孙后代满足其需求能力的发展的角度来认知的。企业只有认识到公司社会责任的重要性并把这种伦理观念融入企业的精神文化、物质文化与行为文化中去，才能够取得社会的信任与支持，也才会获得永续经营与发展的动力与支柱。

三、企业伦理文化的建立

企业伦理文化的建立，是出自企业组织的活动目的。企业作为经济组织和市场主体，其活动离不开市场的客观要求。企业的全部活动都必须围绕市场，满足市场的多种要求，企业活动的目的就是不断提高和改进自身适应市场、满足市场的能力。为提高企业能力而建立企业伦理文化，是企业的基本出发点。企业伦理文化的建立是根据伦理文化的主要内容，在企业及其员工的行为活动中确立行为的准则和标准，以此构成企业和员工的道德规范及行为规范。它主要包括以下几个方面的内容。

（一）树立经营理念，实行文明经营

经营理念就是价值观和企业伦理在经营活动上的体现。所谓文明经营，是指现代企业以社会价值观为基础，以一定的价值取向来确定的经营活动的行为准则。文明经营的内容十分广泛，除了要求企业自觉履行社会义务以外，还包括企业如何处理与外部的各种关系。例如，企业不是单纯追求自身利益的最大化，而是把自身利益的实现同消费者主体地位结合起来，把满足顾客的需求作为企业的宗旨；企业不仅要赚钱，同时更加强调诚信，严守信誉，履行协议；企业要积极地参与竞争，不断增强竞争实力，同时又讲求理性竞争，协作竞争，广泛合作，遵纪守法；经营者以经营看社会，向市场要效益，同时又以文化看社会，以良心对市场。这就要求经营者要有职业道德，重视职业责任，对职业行为有是非观、美丑观。

（二）以业绩为导向，以效率为目标

企业组织活动是围绕业绩和效率进行的，没有业绩，企业就不能生存，没有效率，企业就不会获得竞争的胜利。因此，企业的所有员工都必须创造业绩。企业各级组织都要确立可实现的目标并为实现目标进行努力，建立评估行为和绩效的标准。管理者必须注重员工绩效的质量和数量，对绩效进行跟踪，通过各种激励手段刺激绩效；一般员工则应当具有主动性，担负起绩效责任，最大限度地利用可用资源，高效率地完成任务。

（三）正确处理企业与员工的利益关系

正确处理企业与员工的利益关系是企业伦理文化建设的基本要求。市场经济是利益驱动的经济，企业各方追求各自利益是正当行为，关键在于引导员工用正确的手段和方式获得利益。企业伦理建设要求企业与员工必须"取利有道"，获利前提是遵纪守法、公平竞争。所以，在进行企业伦理建设中，培养"以义取利"的精神，确立正确的"义利"观，是正确处理好企业与员工关系的首要问题。同时，通过教育，使员工增强紧迫感和责任感，将对自身利益的关注和期望转化为动力，激发工作积极性。一方面，企业制订规划和目标时要充分考虑员工的各种利益需求，使员工共同的价值取向尽可能体现在企业目标之中。另一方面，企业

目标确定后要广泛进行宣传教育，使员工树立全局意识，自觉矫正自己的价值取向，使之与企业目标相一致，把注意力集中到参与市场竞争、搞好生产经营和提高企业效益上，做好自己的事，做好今天的事。

（四）坚持伦理道德教育，树立良心观

企业伦理文化建设是有计划、有组织地对员工所进行的道德教育和调控活动。要做到以员工的经常性教育为起点，反复的道德实践活动为前提，做到从我做起，从小事做起，从一点一滴做起。注意加强员工的学习培训，不断加深认识，提高员工伦理道德素质，增强员工的责任感和义务感，促进自我完善、自我发展及品质、情感和理性的升华。在市场经济条件下，任何生活领域都离不开伦理道德调控，而良心启迪则是道德调控的重要手段。良心是由知识和全部生活方式决定的，伦理道德是由人的良心来约束的，而不是靠法律来约束的。在企业伦理道德教育中，企业应提倡良心观，就是增强员工对本职工作和自身行为的责任感和道德感。讲伦理道德意味着尽义务，讲良心意味着担责任。因此，凭良心做好本职工作，不损人利己，尊重他人，从义行善，无害人之心、欺人之意，使个人利益与企业利益始终协调一致，这是良心最起码的表现和要求。

（五）明确企业的社会责任，履行企业的社会义务

企业的社会责任主要分为三个层次：第一个层次，是义务性的社会责任。它是企业必须履行的、最起码应该承担的社会责任，包括法律法规已有规定的和虽然法律法规没有具体规定，但社会有普遍共识的社会义务。比如对国家，企业要依法登记，照章纳税；对员工，企业要提供相应的报酬。第二个层次，是反应式的社会责任。它是在第一个层次社会义务的基础上对社会责任精神的扩展，企业对社会责任的履行由被动上升到主动、自觉的状态。第三个层次，是前瞻性的社会责任。企业不再仅仅是一个以营利为动机的市场主体，而且是维持社会经济繁荣和稳定并能够持续发展的主体力量，肩负着保持资源稳定和生态平衡、兼顾效率与公平、保持物价稳定、实现充分就业、提高人民生活质量并创造更多的社会文明的重任。企业通过技术开发和生产经营活动，促进科学技术的发展和新产品、新技术的涌现，通过文化建设和制度创新引导社会价值观的改变，从一个更高层次及人本主义角度研究顾客、员工，并满足其未来的需要。

美国兰德公司的专家花了20多年时间，跟踪了500多家世界大企业，最后发现其中百年不衰的企业的一个共同特点是：这些企业不再以追求利润作为唯一目标，而是有超越利润的社会目标。具体地说，这些企业都遵循了以下三条基

本价值准则：第一，人的价值高于物的价值；第二，共同价值高于个人价值；第三，社会价值高于利润价值或用户价值高于生产价值。一个企业的价值观是它选择发展领域、确定自己长期奋斗目标和经营战略的基础，是企业吸引和凝聚优秀人才、不断保持旺盛精力的源泉，是管理者和员工思维方式、判断事物的准则，是企业建立自己的业绩评价体系和利润分配制度的基本原则，是它的立身之本和成败所在。

第三节　公司社会责任——一种新型的企业文化

一、公司社会责任的文化实质

企业价值观是企业文化的核心，它渗透于企业经营管理的各个环节，支配着从企业家到员工的思想和行为。企业文化的创新首先是企业价值观的创新。公司社会责任重塑和创新了企业的价值观念，在企业形象、企业风俗、企业作风、行为准则以及企业礼仪等方面建立起一种崭新的文化范式。公司社会责任的本质是在经济全球化背景下，企业对自身经济行为的道德约束，它既是企业的宗旨和经营理念，又是企业用来约束企业内部包括供应商生产、经营、供给的一套管理措施和评估体系。公司社会责任是企业文化在当今经济全球化趋势下的新的变化和外在具体表现。

（一）公司社会责任是企业文化的价值观

公司社会责任是企业追求的有利于社会进步和企业发展的长远目标和义务。著名管理学者斯蒂芬·罗宾斯（Stephen Robbins）指出，社会责任加入了一种道德规则，促使人们从事使社会变得更加美好的事情，而不做那些有损于社会的事情。社会责任要求企业决定什么是对的，什么是错的，树立正确的企业价值观念。公司社会责任在本质上是企业文化中的价值观念，属于企业的精神文化，并贯穿和体现在制度文化、行为文化和物质文化之中。企业的社会责任要求企业不仅要满足消费者的需求，增加本企业的利润，还要兼顾社会公众长期的根本利益，求得企业利润、消费者需求和社会利益三者的相互协调。关注社会、关注公众利益，担负起社会责任正成为企业文化中的一种道德自律和价值观念。

(二)公司社会责任是企业文化的社会形象符号

社会责任是企业的社会形象表现。一个企业处在公共环境中,需要社会各方提供服务、支持和帮助,那么它在追求自身利益的同时,也必须承担社会责任,站在公众利益的立场上,协调平衡各种社会关系,给企业创造良好的社会氛围,履行一定的社会责任和义务。否则,其经营活动必然要受到来自各方各面的阻碍,影响其经营目标的实现。随着社会的发展和进步,公众对企业应该承担社会责任的期望也在急剧增长,公众支持并赞许企业在追求经济目标的同时追求更多的社会目标。企业的行为如果与公众期望的一致,则必然能赢得良好的口碑,树立良好的企业形象,赢得更多的顾客,为企业营造良好的、宽松的销售氛围。此外,如果一个企业严于律己,严格履行它的社会义务并积极承担社会责任,可以直接有效地减少政府的调节和干预,与政府建立和发展良好的公共关系。

(三)公司社会责任是企业文化中的营销理念

从营销的角度来看,社会责任又是一种营销理念,它能直接增加产品的销量,获得利润。将企业的营销活动与社会公益事业等结合起来,能够淡化企业的商业气息,缩短与消费者的距离,使消费者在自觉和不自觉的心理情感体验中接受产品,促进企业利润的增加。当前,许多商家已意识到这一点,热衷于完善自己的行为和支持社会公益事业,并取得了相当好的效果。总之,公司社会责任在本质上属于企业文化,是企业文化的一个新的内容;同时,公司社会责任又影响了企业文化的方向和内容。

二、公司社会责任对企业价值观念的重塑和创新

企业价值观是企业文化的核心和基石,它为企业和全体员工提供了共同的思想意识、精神信仰和日常行为准则,直接决定着企业的战略决策,关系到企业的工作绩效、生存能力和成败得失。企业的价值观是区别不同类型的企业文化的依据,关系着企业的发展方向。公司社会责任对企业价值观的重塑和创新体现在以下几个方面。

(一)从"手段人"到"目的人"

在传统管理中,人被看成实现企业利益最大化的手段,管理者试图通过满足人的某一方面的需要来激发员工的积极性,提高生产率。视人为目的的思想随着管理与伦理的结合、社会责任观念的引入而逐渐进入管理领域。戈德帕斯特(Kenneth Goodpaster)和马修斯(John Mathews)认为,尊重人,把人看作目的,

而不仅仅是实现目的的手段，是公司社会责任概念的核心。公司社会责任的基本出发点是"以人为本"，尊重每个人的尊严、权利、价值和愿望，不仅仅是对员工的尊重，而且包括所有的人。这使企业员工的主体地位发生了历史性的变化。各种物质、精神需求的满足，工作满意度的提高，工作生活质量的提高等，不再仅仅具有手段的属性，而是逐渐向着目的的属性转化。一个有社会责任的企业要意识到自己不仅有在物质产品和服务方面满足社会需要的责任，而且有责任和义务培养和造就高质量、高素质、高满意度的社会成员。[①]

（二）从"经济人"到"全面人"

公司社会责任建设改变了传统的"以经济增长为重点"的发展战略，转而注重社会的全面协调发展。在企业内部，就是要高扬人的主体精神，关注人的价值、意义和尊严，使企业员工超越经济人的传统狭隘定位，同时也拓展了企业文化把企业员工看作社会人的视野，使之成为一个人文人、精神人，具有健康合理的价值理想和人文精神，使人与人、人与自然、人的肉体和精神、企业和社会相协调，合理利用资源，维护生态平衡，保护环境质量，尊重生态尊严。因此，塑造企业人的人文精神，培养企业人的道德理性，确立企业人的价值理想，造就具有丰富人性的全面人角色，是公司社会责任融入后的企业文化新动向。

（三）从义务到责任

企业在遵守法律的基础上追求经济利润，是企业文化的应有之义。企业在担负了它的经济责任和法律责任（如照章纳税）之后，只是履行了它的社会义务，达到了法律规定的最低要求，还不算完成了企业对社会的责任。社会责任不仅仅限于符合基本的经济和法律标准，它给企业文化加入了伦理道德准则，鼓励企业在经营中增强社会责任感，不做有损于社会公益的事情。从义务到责任的认识和实践转换，推动企业文化的提升和社会的进步。

（四）从效率到公平

传统的企业文化强调"以人为本"的目的是提高企业的经济效率。而公司社会责任建设，除了重视企业的经营效率之外，还把企业公正、社会公平提到一个前所未有的高度。企业作为经济实体，必须创造利润；而作为一种群体组织，它必须为成员服务，为成员提供生产、成长条件，促进成员的发展和价值实现；作为社会基本单位，它必须为整个社会的发展提供物质动力和精神动力，积累物质

---

① 程泽琪.企业文化、社会责任与财务绩效的关系研究[D].杭州：浙江农林大学，2019.

财富和精神财富，服务于社会的全面进步。这种社会责任，其实就是社会公平。这种公平集中体现在个人、企业和社会之间的纵向利益关系，个人之间、企业之间的横向利益关系，以及所有者、生产者、消费者之间的环形利益关系上。

（五）从经济效益到社会效益

公司社会责任建设为企业原本的功利性价值观注入了非功利性价值的内容。企业从重利轻义的单一价值观向义利并举的价值观念转变，从单纯的牟利动机意识向社会责任意识转变。毋庸置疑，企业要生存便要盈利，但是把经济利益视为唯一的价值观往往适得其反，最终使企业经营陷入困境。现代企业价值观的重点在于重塑企业的道德良心。企业的道德良心主要是指企业对道德行为的选择和对社会的责任感，主张企业的社会价值高于利润价值，用户价值高于生产价值。企业重塑道德良心的真正意义在于建立企业社会互利的价值观。企业社会互利的价值观要求企业在确立利润水平时，把员工、企业、社会的利益统筹起来考虑，企业不仅仅是商品和服务的供应商，还必须承担起相应的社会责任。具体内容有以下几个方面：（1）要提供丰富、优质的产品或服务，满足消费者的不同需求，并增进社会福利；（2）要开展公平竞争，维护市场竞争秩序；（3）要实施绿色营销，保护生态环境；（4）要改善社区关系，促进社区发展；（5）要服务于员工。

企业要在残酷的竞争中立于不败之地，就必须追求社会综合价值，而不是单纯的利润价值。只有把承担社会责任这一价值理性与利润最大化这一工具理性统一起来，企业的生命力才能永不衰竭。

（六）从注重所有者的利益到注重利益相关者的利益

传统企业文化建设的最终目的是所有者利益。顾客、员工、供应商等利益相关者只是充当了实现所有者利益的手段。公司社会责任的引入，促使人们对企业经营涉及的各种关系重新认识。人们发现，企业的所有决策，大到建新厂、开发新产品、开拓新市场等战略决策，小到选择促销方案、处理消费者投诉等日常决策，不仅会给企业及其所有者带来利益或损失，而且会对其他利益相关者产生正面或负面的影响。企业与利益相关者之间存在着相互依赖的关系。哈佛大学研究人员科特（Kotter）和赫斯克特（Heskett）的一项研究也表明，关心利益相关者利益的企业能比排斥利益相关者的企业做得更好。他们在一个很长的时间里比较了两类公司的业绩，一类公司比较注重利益相关者的价值，另一类则只重视传统的股东价值。研究结果发现，在11年的时间里，同样强调员工、客户和股东利益的大公司的销售额和就业情况分别是强调股东利益至上的公司的4倍和8倍。

此外，研究人员在对英国一些遵循尊重利益相关者原则的公司进行研究后也发现，32 种上市股票在 3 年半时间内增长了 90%，而所有股票的平均涨幅仅为 38%。企业离不开顾客、员工、供应商、社区、政府、公众，企业甚至需要竞争者，竞争可以促使企业更快地发展。这就要求企业管理者从只考虑所有者一方的盈利转变到考虑利益相关者的利益，使他们的需要也能得到一定程度的满足。

（七）从对抗型竞争到协作型竞争

竞争是市场经济发展的必然结果，在激烈的市场竞争中，企业文化的作用在于引导企业积极主动地参与竞争，实现消费者对企业优胜劣汰的选择，使企业产生竞争的压力、动力和紧迫感，从而推动企业技术进步，提高产品质量，加强科学管理，改进产品结构，搞好售后服务工作，不断增强企业的核心竞争力。必须指出，在全球化的发展过程中，资本、商品、技术、人员等生产要素在企业之间流动的速度明显加快，规模与形式不断增加，企业的相互依存度也在不断加强，"你中有我、我中有你"，相互依赖、相互竞争成为当代经济的一个显著特点和发展趋势。企业欲在激烈的全球竞争中发展壮大，必须告别传统的视竞争者为仇敌的竞争规则，创新竞争模式，与竞争对手共同生存、共同发展，倡导公平竞争和友好合作精神，把简单化的盲目竞争意识和损人利己的做法升华为一种互惠互利的生态竞争价值观。企业不是去拼抢既定的客户和市场，而是探求如何把市场做大做强，在发展中求生存，在进步中取优势。为此，现代企业既要将竞争规范，又要强调有序合作，提倡在公平竞争、友好合作的价值观指导下，立足于知识的分享和战略资源的互补，形成一种超越简单竞争方式的协作性竞争战略。

（八）从遵守法律到法律与道德并重

传统的企业经营理念认为，企业只要不违法经营，做什么、怎么做都行。公司社会责任要求企业仅仅守法显然是不够的。这不仅是因为法律存在着市场失灵等不足，而且因为一个企业如果只简单地奉行守法原则，就不大可能去积极从事那些应该受到鼓励的以及有外部影响的行为。哈佛大学教授林恩·夏普·佩因（Lynn Sharp Paine）指出，法律不能激发人们追求卓越，它不是榜样行为的准则，甚至不是良好行为的准则，那些把伦理定义为遵守法律的管理者隐含着用平庸的道德规范来指导企业。崇高的企业目标，统一而高尚的企业道德规范，可以赋予企业日常的生产经营活动以更深刻的内涵，使企业的经营活动具有某种道德生活的性质。公司社会责任提升了企业员工的生存价值，满足他们更高层次的精神需求。这种需求的满足会进一步激发员工的积极性、创造性和敬业精神，从而更有利于企业经济目标的实现。

（九）从满足需求到客户满意

客户满意文化出现在公司社会责任之后，二者有着不可分割的联系。所谓客户满意文化，是指企业构建的以提高顾客满意指标和顾客满意度为核心，从顾客角度出发，分析、判断、调整企业生产经营活动的文化。不过，这里所说的顾客是一个广义的、发散的概念，不是指我们平常所说的产品或服务的消费者，而是指任何接受或可能接受商品或服务的对象。客户满意实际上是客户在消费了相应的产品与服务之后感到满足的一种心理体验。客户满意的构建不是一蹴而就的，是企业长期不懈精心培育的结果。企业应通过管理创新、技术创新以及积极的宣传与营销等一系列措施来创造需求、引导消费、开拓市场，积极走在市场需求的前面，对市场需求给出主动的反应，在市场中形成一种企业引导客户的文化，从而实现企业与市场的良性互动，最后达到企业与客户双赢的目的。

从上面的论述我们可以看出，公司社会责任基本上重新塑造了企业的价值观念体系，更新了企业文化的内核。这必然能促进企业与环境、社会的协调和可持续发展。一般优秀的企业都十分注重塑造和调整其价值观，使之适应不断变化的经营环境。公司社会责任重新塑造的企业价值观是现代企业经营的一剂良药，是引导企业经营走上成功的"航标"。

三、公司社会责任对企业文化的作用

公司社会责任对企业文化的作用体现在以下几个方面。

（一）加强了企业文化的凝聚功能

企业文化的凝聚功能是指企业用共同的价值取向、行为规范和精神信念使企业上下同心、众志成城。企业文化使人们改变了以自我为中心的价值观念，树立一种以企业为中心的共同的价值观念，从而潜意识里对企业产生一种强烈的向心力。公司社会责任作为企业文化中的一种伦理要素，大大加强了企业与员工之间的责任关系，提高了企业的凝聚力和战斗力。根据心理契约理论，企业员工在与企业确定正式的劳动合同之外，还会形成自己的心理契约。员工的心理契约受很多因素的影响。除了正式合同中的条款外，企业的各种行为都是影响员工心理契约的重要因素。如果员工感觉到企业讲究社会公德，公平地对待员工，尊重员工的人格和权利，员工就容易形成关系型的心理契约，对企业的信任感、归属感和忠诚感将大大增强。

（二）明确了企业文化的导向功能

企业文化的导向功能是指把企业员工的个人目标引导到企业所确定的目标上来。作为企业和员工共同价值观念和共同利益的反映，企业文化可以使广大员工在特定文化氛围中潜移默化地接受共同的价值理念，引导员工自觉遵循企业价值观，使自己的思想言行符合企业文化的要求，形成一股企业发展的合力。公司社会责任为企业文化规定了明确的伦理方向，以强烈的、遍及企业内外的社会责任号召员工实现企业的社会目标，凝聚起员工共同的社会价值观念，呈现出积极追求社会理想的精神风貌。

（三）增强了企业文化的激励功能

企业文化的激励功能是指通过企业文化的作用，激励企业员工向困难挑战，向自我挑战。企业文化是特定群体的行为价值标准，依照这一特定标准做事将会受到群体内公众的认可，好的思想和行为会受到大家的赞扬。这种机制能激励他人做得更好更完善，以致推动企业形成强有力的文化价值氛围，产生巨大的企业凝聚力和集体智慧，并使每个企业成员都乐意为争取实现企业的总体目标而努力学习、工作和生活，作出较大贡献而获得奖励，得到精神与物质的满足，实现自我价值。公司社会责任建设能够提供给企业员工多种需要的满足，又能培育他们各种不同的需要，它从思想意识观念到客观环境对员工进行全方位的积极渗透、影响，充分发挥出激励的功能，同时，又能避免传统激励方法所引起的企业各种行为的短期化、非集体主义的倾向，使企业的行为趋向合理化。

（四）强化了企业文化的约束功能

企业文化的约束功能是指利用共同的行为规范和思想意识对企业员工的思想、行为起到有力的约束作用。企业文化一经形成，就成为一种"文化定式"，使人们自然而然地按照既成的模式思维和行动，而超出模式的思想和行为就会受到群众舆论和内在思想、情感压力的无形约束。公司社会责任把外在的制度约束内化为企业员工自觉的行为，用一种无形的文化上的约束力量，形成一种行为规范，缓解员工自治心理与被治心理形成的冲突，并削弱由此引起的心理抵抗力，从而使企业上下达成统一、和谐和默契。

（五）扩展了企业文化的辐射功能

企业文化的辐射功能是指企业文化不仅对企业本身，还对社会产生一定的影响。社会影响企业文化的发展，而企业文化也把自己的影响扩大和渗透到社会中去，影响着社会的发展。公司社会责任一旦成为企业文化中的新型价值观体系，就不仅能在企业内部营造良好的氛围，而且也会通过各种渠道辐射到企业界和整个社会，为社会所认可。企业通过交流和经验推广，进一步扩大企业在社会上的良性影响，进而在消费者和社会公众中树立良好的信誉。同时，这种社会影响反过来又会影响到社会文化的发展和进步，从而全面促进企业经济效益和社会效益的提高。

（六）有利于中外企业文化的融合

企业文化的融合必须有一个交流、互动的共同平台。和形形色色的企业文化明显不同的是，公司社会责任建设是在发达国家的企业主导之下，发展中国家的企业积极跟进并加以发展的一种企业战略举措，它从产生之日起就具有鲜明的国际性特征，这和企业文化的本土色彩形成了强烈的对比。企业的社会责任要解决的一个主要问题是资本与公众的矛盾，以及企业与消费者的矛盾。要搞清洁生产，减少污染，保护环境，就要减少利润。企业是否诚实地为顾客服务，是否提供优质的服务产品，都关系到企业的精神和文化。优秀企业的精神和文化不仅是各国企业，也是整个人类社会共同追求的理想目标。因此，公司社会责任无论从影响的范围上，还是从人类的共同意识上或者从提倡的内容上来看，都是当前中外企业文化对接的平台。我国企业也应趁国际公司社会责任运动蓬勃发展的有利时机，积极吸纳世界优秀企业建设公司社会责任的一些成功经验和有益尝试，在观念层面和制度层面早日实现与国外优秀企业文化的对接。

第六章　竞争与合作中的现代公司社会责任

第一节　企业的竞争与合作

竞争与合作是人类活动中相互作用的不同表现形式，在市场经济不断完善的情况下，企业不单是靠自身的力量获取利润，各企业间的关系也不断发生着改变。企业绩效的提高，更多地依靠企业间的组织关系。商业企业的组织关系作为一种经济关系，具有多方面、多层次的特征，其中最基本的形式是竞争与合作关系。竞争与合作不仅概括了企业之间经济活动的性质和关系，而且也涵盖了企业中从事经济活动的人的关系。竞争是企业经营过程中必须面对的经济活动，同时越来越多的企业也认识到合作的重要性。现如今，企业之间既是竞争对手，又是合作伙伴。只讲竞争不讲合作是片面的、错误的，同样，只讲合作不讲竞争也是片面的、错误的。在竞争中求合作，以合作促竞争，借助这两种手段企业既能帮助自己更好地适应环境，提高生存能力，又能帮助自己获取更丰富的资源，壮大企业的实力，为企业的长远发展打下坚实的基础。

一、市场经济中企业间的竞争

竞争的一般含义是指两个或两个以上主体为追求同一个目标而展开角逐，以争取胜过对手的社会现象。在经济学上，竞争是指经济主体在市场上为实现自身的经济利益和既定目标而进行角逐的过程。竞争对市场资源配置起着基础性的作用，不断推动市场经济的发展。

竞争贯穿于企业经营活动的始终，企业间的竞争通常具有以下基本特征：一是竞争发生在两个或两个以上企业之间，单独一个企业不能形成竞争，并且企业间具有相同的目标追求；二是竞争多发生在同行业企业的经营活动中；三是竞争必须按照一定的社会规范进行。

随着改革开放的不断深化，社会主义市场经济制度的不断完善，使得企业面临的竞争不只是数量上的增加，更多的是竞争范围的加剧和竞争力度的加大。

有商品就会有竞争，商品都有其自身的使用价值，而它的使用价值则通过价格表现。因此，企业间的竞争通常表现为价格竞争。市场资源的流动是通过价格体现的，价格竞争在企业间的竞争中占据主导地位。在一般人的思维中，价格越低的企业越具有竞争优势。然而事实并非如此，我们关注的价格优势不仅仅表现在价格低，而是表现在低价背后的高利润。企业一般通过运用价格手段与竞争者争取市场份额，从而加快资源配置效率，提高企业利润，形成竞争优势。然而，当单纯的价格竞争已经不能满足社会的需求时，产品竞争、经济要素竞争和服务竞争相继产生。

合理的竞争有利于发挥企业的潜能，使企业改进技术，改善经营管理，提高产品的质量，提高企业的综合素质以及在市场机制中的生存能力和发展能力。面对今天的商品大潮，竞争是现实的。企业如果缺乏竞争观念，就难以打开市场，甚至失去生存空间。激烈的竞争使企业的生命周期相对于过去已经大大缩小，只有对现代市场环境的变化迅速作出反应的企业才能赢得生存、发展的机会。

二、市场经济中企业间的合作

随着市场经济的不断发展，每一个企业都承受着巨大的竞争压力，都要采取各种方略来取胜。合作是人类实践活动中相互作用的另一种基本形式。当个体或群体依靠自身的力量达不到一定目标时，就需相互配合协调，共同采取行动，从而形成合作。没有合作，就没有人类社会的存在和发展，也就没有个体或群体的生存和发展。虽然在市场经济体制下，竞争是企业间获取利润的主要方式，每个企业都是作为独立的经济主体存在，但企业与企业之间又存在某种为实现共同利益的联合关系。因此，经济发展的本身就决定了企业之间不仅有竞争，更应该有合作。企业合作是企业竞争的产物，是企业间交换互补性资源，以此长期获得市场竞争优势的一种高效率经济策略。

企业间之所以选择合作是因为他们拥有共同的利益。

第一，合作是社会化大生产的客观要求。当今世界是一个日益开放的世界，任何一个企业都不可能在封闭的状态下求得生存和发展，合作在这样的大环境中具有更高的经济效益。现代企业的发展中，分工愈发细化，企业之间为了共同的利益需要在资金、技术、人才、管理、生产、销售等方面进行合作交流。这样的合作关系要求企业之间打破地域、行业甚至所有制的界限，发挥自身优势，在共同的市场中实现共赢。

第二，在差异化竞争优势的基础上，合作有助于更加充分地利用企业各自的资源，实现效益的最大化。无论是同行还是不同行业间的合作，都可以创造新的市场关系，利用双方的核心竞争力开发新产品，抢占新的市场地位。上下游企业的合作可以有效降低企业的交易费用，提高企业产品流动效率，加快物流的运输速率，减少不必要的储藏费用以及产品和资金的周转时间，从而使合作企业为共同的目标奋斗，更好地为消费者服务。

第三，合作可以避免破坏性竞争。在当今信息化社会中，由于灵活而虚拟的连接，企业谋求的应该是共同进步，而不仅仅是互不相容的破坏性竞争。破坏性的竞争往往引起价格战，使企业利润普遍降低，在这种残酷的竞争中没有赢家。因此企业必须学会合作，与交易伙伴或生意伙伴相互合作，共同学习，降低成本，提高品质，维持利润。企业通过与外界开展合作，突破自身技术和资本的限制，进一步提高自己的创新能力。

但是，企业间的合作并不是无止境的。一般意义下的合作都是暂时的，并且每一次合作都是有条件的，合作是在竞争的基础上进行的，合作归根到底是服务于竞争的。多元化日益加剧的今天，企业间的合作不仅可以规避一定的风险，发挥双方的互补优势，还可以增强企业间的规模经济和市场能力，从而获得竞争优势。因此，我们强调合作服务于竞争。企业合作必须建立在双方自愿平等、诚实守信、互惠共享的前提下，离开了这一前提，合作便成了一方控制另一方的局面，合作的意义便不复存在。此外，合作如超出一定的规模和范围，就会对效率构成危害，造成效率的损失，这也是市场原则所不允许的。过度合作的主要表现是共谋行为和垄断。因此，有质有量的合作才称得上是有意义的合作。[①]

三、合作与竞争的辩证统一

随着经济一体化和科技的不断进步，合作与竞争的关系变得越来越模糊，表现出合作离不开竞争，竞争离不开合作的特点，合作与竞争从而形成了辩证统一的依存关系。这种依存关系就其内容而言，市场竞争和合作行为打破了国家和地域的限制，把世界各国的经济日益联结为一个整体的全球性经济。竞争与合作的辩证统一增强了竞争的本质力量，竞争能激发人的奋斗精神、创新进取精神，凸显人的本质力量；合作强化人的社会性，显示人的本质规定性。竞争与合作的统一更能体现人的本质，更符合人性发展的理想。企业亦是如此，企业的竞争与合作凸显企业的本质。企业的合作使其有条件开展较大规模的市场调研活动，从而使企业的经营活动建立在更加可靠的基础上。咨询、调查、分析有关资料的费用，

---

① 邵胜军. 论上市公司社会责任报告披露问题 [J]. 现代营销（下旬刊），2019（6）：42-43.

可以由各个合作企业共同负担，而研究、分析资料所得到的成果，则可以由合作企业共享，这不但可以减少单个企业的成本，而且可以进一步发现新的市场价值。

第二节 合作中现代公司应履行的社会责任

一、企业在合作中承担社会责任的理论依据

企业应不应当承担社会责任，应当承担哪些具体的社会责任，一直是学术界争议的一个焦点。围绕这一问题，各国学者提出了自己的观点。

最初的公司社会责任理论是股东理论，其认为企业作为一个社会单元，有自己独立的权利，合法享有自己的财产；企业是以营利为目的，应该追求企业利润的最大化，为股东投资者创造利益，使其财产增值。这一理论保障了企业的利润，满足了股东的利益，是对企业权利的最大保护。在当时，保护资本投资者的利益，符合财产私有制，一定程度上有利于资本主义经济的发展，维护资本家的统治。但是股东理论将企业权利最大化的同时，也将企业的义务缩到最小。仅将企业对股东的盈利负责作为自己应该承担的社会责任，这种观点极大地保护了资本投资者的利益，缩小了企业的社会责任，是一种消极的企业责任观点。

随着经济飞速的发展，社会快速的进步，经济领域中各种问题凸显，利益相关者理论应运而生。利益相关者理论认为，企业承担的社会责任除了对股东负责之外，一个企业应在过去、现在、将来的生产活动中对企业拥有法定要求权和利益的员工、消费者、销售商、制造商、供应商、社区、政府、环境等承担相应的社会责任。该理论认为，企业承担社会责任不仅局限于对股东的经济责任，还包括对利益相关者的法律责任和道义责任。企业是社会中的一部分，只有企业加强对利益相关者的关心，企业才能创造一个良好的发展环境，促进企业的良性循环发展。利益相关者理论反驳了股东理论的错误认识，将企业的社会责任范围扩大，并将公司社会责任作为一个社会基本成员应该承担的社会责任，是一种对社会负责任的表现。目前，国内外的学者对这一观点也高度认同。从利益相关者理论出发，对公司社会责任的认识度越来越高，划分也越来越明晰。根据利益相关者对应的对象区分，可以将公司社会责任分为直接利益相关者和间接利益相关者。直接利益相关者包括股东、企业员工、债权人、供应商、生产商、分销商、竞争者等；间接利益相关者是与企业发生非市场关系的利益相关者，包括中央政府、地

方政府、外国政府、社会活动团体、媒体、一般公众、其他团体等。供应商、生产商、分销商三者作为企业的直接利益相关者，企业应当对其承担社会责任。

二、企业在合作中承担社会责任的必要性

企业对合作伙伴承担社会责任是出于法律与行业规范、企业自身以及社会发展的需要。依据行业的不同，企业合作伙伴可以分为同行业的合作伙伴和异行业的合作伙伴。同行业合作伙伴之间的社会责任直接基于行业规范，他们之间有义务遵守行业规范，对合作伙伴承担社会责任。异行业的企业合作伙伴之间的社会责任直接源于他们之间的契约。异行业的企业合作伙伴之间签订契约后，就有义务按照契约的约定，履行自己承诺的义务。但是不论同行业的企业合作伙伴之间，还是异行业的企业合作伙伴之间，他们之间承担社会责任也都同时基于对企业自身和社会发展的需要。企业作为社会中的一员，与社会其他成员一起共同构成社会，并与他们有着千丝万缕的联系。如果企业想要很好发展，就必须在追求自身利益的同时，兼顾利益相关者的权益，与合作伙伴良好地开展合作，对合作伙伴承担相应的责任，只有这样才能促进企业自身和社会的和谐发展。

三、企业在合作中承担社会责任的具体内容

（一）利益共享，风险共担

平等互利本指国与国之间的交往必须建立在国际人格平等的基础上，注重平等，国家不分大小，不分贫富与强弱，无论社会制度及意识形态有何差异，都应在国际交往中平等对待，互相尊重对方的主权和选择自己发展道路的意愿，使双方都能获得各自的利益，实现合作，更好地发展。平等互利在企业之间也适用，具体到商事活动中的企业合作伙伴之间就是风险共担，利益共享。这是大势所趋及企业长远发展的必要条件。一个企业要想长远发展，必须与合作伙伴风险共担，利益共享。只顾自己眼前利益的企业，甚至损害合作伙伴利益的企业，最终会将自己孤立在社会化的大潮之外。这样的企业只能故步自封，不会有长远的发展，最终也必将走向灭亡。当今世界在飞速发展，经济迅速一体化，企业为了生存发展，最好的办法就是与合作伙伴之间建立良好的合作关系，风险共担，利益共享。[①]

（二）诚实信用

诚实信用原则对于企业而言就是指信息真实、信赖保护，即一个企业在商事

---
① 杨雪. 浅析我国法律强化和规范公司社会责任问题 [J]. 法制博览，2020（7）：203-204.

活动中的约定必须真实有效，一旦承诺了就不能随意更改，如果企业违背了相关约定，就必须承担相应的违约责任，赔偿相关企业的损失。诚实信用是企业的立足之本、合作之基。企业在商事活动中的诚实信用表现为以诚待客、货真价实、公平买卖、信守合同、偿还借贷、不做假账等。企业如果想立足或者与他人合作，就必须不欺诈、不做假，以诚为本，诚信经营。诚实信用在我国自给自足的自然经济时期的初级商事主体之间发挥了重要作用，当时的经济基础决定了社会是一个熟人社会，如果一个初级经济主体一次不诚信，那么在相对的熟人社会之间就会广泛传播，具有不诚信表现的初级经济主体就无法在这个熟人社会立足，也不会有他人与其合作。自第三次科学技术革命以来，计算机问世，信息技术迅速发展，信息高速公路遍布全球各地，人与人之间的沟通越来越便捷，从大洋彼岸到文明的东方只需短短的几秒时间。企业也同时运用信息技术开展商贸往来，信息技术为企业了解各地商情及经济往来带来极为便利的条件。一个企业对合作伙伴不诚信的表现，可能迅速在一天之内让全社会知晓，让企业自此披上不诚信的外衣，对企业今后的商贸往来产生极其不利的影响，甚至其他企业会断绝与该企业的商贸往来，使之无法在行业中立足，最终倒闭破产。因此，企业在商事活动中应该以诚为本，诚信经营。

（三）必要的科学技术支持

企业合作伙伴之间提供必要的科学技术支持包括必要的人才交流和必要的生产技术。必要的生产技术包括必要的原材料提取技术、必要的产品加工技术、必要的产品包装技术及必要的产品检验技术。其中，必要的产品加工技术是核心。企业合作伙伴之间加强科学技术支持，可以提高企业的生产效率，增加产品的附加值，提高企业利润，增强企业合作伙伴之间的凝聚力，实现企业合作伙伴之间共赢，形成良好的合作关系。例如，企业合作伙伴的一方向另一方提供了生产产品必要的科学技术支持，获得技术的企业一方就能提高生产效率，增加生产产品的附加值，提高企业循环生产的速度，获得利润，同时企业合作伙伴之间也能够实现共赢。如果企业合作伙伴之间只顾保护自己的专利，不愿意为合作方提供必要的科学技术支持，那么生产效率、产品附加值、企业循环生产的速度等方面必然与提供必要的科学技术支持相比相差甚远，企业的合作关系也会受到相应的影响。因此，加强企业合作伙伴之间必要的科学技术支持，将成为提高企业合作关系的良好推动力。

（四）及时高效的信息共享

企业合作伙伴之间建立及时高效的信息共享平台，有利于企业的发展，促使企业及时了解市场的变化需求，生产出消费者急需的产品，加速生产循环，增加企业利润；有利于企业了解市场上消费者需要，生产出消费者满意的产品，增加消费者满意度，履行企业对消费者的最基本的社会责任；有利于企业避免重复收集信息，减少信息收集费用的支出；有利于企业及时地了解市场需求，避免重复性生产，优化资源配置，节约社会成本，保护社会环境。

（五）产品质量监督

产品质量监督，是指由产品质量监督机构、有关组织和消费者，按照技术标准对企业的产品质量进行评价、考核和鉴定，以促进企业加强质量管理，执行质量标准，保证产品质量，维护消费者利益。

产品质量监督分为内部监督与外部监督。内部监督是企业自身的监督，外部监督包括国家监督、行业监督、社会监督，其中行业监督包括同行业的监督和异行业监督。同行业合作伙伴之间的产品质量监督责任直接基于行业规范，他们之间有义务遵守行业规范，监督检查同行业合作伙伴之间的产品质量。如果同行业的企业合作伙伴之间一方出现提供质量不合格的原材料、半成品、初级产品等行为，另一方有义务监督，同时可以将上述行为向有关国家部门举报，使之受到处罚，并规范生产、销售中的质量不合格行为，形成良好的行业圈。异行业的企业合作伙伴之间的产品质量监督责任直接源于他们之间的契约。异行业的企业合作伙伴之间签订契约后，有义务按照契约约定的要求，履行承诺的义务，提供质量合格的原材料、半成品、初级产品等。如果异行业的企业合作伙伴一方违背契约约定的要求，提供质量不合格的原材料、半成品、初级产品等，那么就要承担相应的违约责任，赔偿对方的相关损失。

所以，不论是同行业还是异行业的企业合作伙伴之间，都有监督合作伙伴的产品质量的责任，这些责任都同时基于对社会负责。企业合作伙伴之间都有义务承担社会责任，向社会提供质量合格的产品，保护自然环境。如果企业合作伙伴的一方提供质量不合格的原材料、半成品、初级产品等，他们生产、销售的相关产品就很可能没有使用价值，被供应链中的一环所丢弃，成为垃圾，空耗社会资源，进而污染社会环境。企业合作伙伴之间通过相互的质量监督，可以有效减少不合格产品，优化供应链中资源的有效配置，降低产品因质量不合格而变成垃圾的概率，防止产品生产各环节中的污染。因此，企业合作伙伴之间应当加强产质量监督，履行相关社会责任。

（六）监督生产中其他的违法、违规及违德行为

企业合作伙伴之间的其他违法、违规及违德行为是指除了上述的违背诚实信用、提供质量不合格的产品之外的违反法律、法规及违反道德的现象。企业应该对其合作伙伴承担社会责任，对企业合作伙伴的违法、违规及违德现象有义务进行监督。如果企业合作伙伴之间中的一方或者双方有违法、违规及违德的现象，另一方就应该将这一现象向国家有关部门举报，使这些违法、违规及违德行为受到惩处，这样能对其他企业形成强有力的警示作用，使其不敢再存有侥幸心理，最终有利于市场健康、有序地运行。

第三节 竞争与合作中现代公司提高社会责任的路径

企业承担社会责任可以增强企业的竞争力。企业在制定竞争与合作中提升公司社会责任的战略后，还应不断采取措施将公司社会责任认真落实。企业应从长远的发展目标和战略角度出发，提高企业竞争与合作意识，将公司社会责任理念与企业的文化相融合，使公司社会责任逐渐成为企业核心价值观的重要组成部分。企业必须在竞争与合作中提高社会责任，依照公司社会责任的标准，建立有效的制度体系、评估与反馈机制、预警机制等，从而确保企业在实现自身长远发展目标的同时，实现企业与利益相关者之间的互利互惠，形成企业新的竞争力，促进企业持续、健康的发展。

一、建立公司社会责任的制度体系

企业要想在竞争与合作中占据优势位置，必须建立公司社会责任的制度体系，从制度上确保公司社会责任的落实。

第一，企业要设立专门的公司社会责任负责部门，建立公司社会责任制度的准则。企业在竞争与合作中履行社会责任，并不是简单地局限在企业对社会的慈善活动等，公司社会责任部门必须以先进的理念作为企业行动的指导，并且结合企业的实际发展情况，在体现企业长远战略的情况下，制定符合企业现实的社会责任制度，制订企业行动方案，使公司社会责任真正成为企业战略发展的重要组成部分，从而使企业在竞争与合作中处于有利地位，提高企业的竞争实力。

第二，企业必须在严格遵守已经制定的社会责任制度的同时完善相关的配套制度。公司社会责任负责部门根据企业自身需要制订企业的发展规划与社会责任制度，为了更好地提升竞争实力，还应该制订履行公司社会责任的长期发展规划。长期发展规划主要包括企业履行社会责任的具体项目、所需的资金预算方案以及人力资源的配置等相关内容。

第三，强化公司社会责任部门的领导协调及和谐人际关系机制，从而确保公司社会责任得到更好的落实，使各部门之间达成有效配合，形成合力。对于企业来说，良好的部门关系及和谐的人际关系是能够开展各项工作的基础，是确保企业的各项规章制度能够贯彻落实的重要保障，也是规章制度得以顺利完成的保证。企业内部的人员认同社会责任，有利于企业在承担社会责任的过程中形成强有力的竞争力，从而促进企业效益的实现。[①]

第四，完善企业的他律机制，建设科学合理、富有效率的制度体系。政府可以采取降低企业履行社会责任的成本，加大对不履行社会责任行为的处罚力度，提高对企业的监管效率，加强宣传引导和政策、法律调控等措施，促使企业能够自觉履行社会责任。通过加大对履行社会责任的企业的正面典型的宣传报道，明确企业承担社会责任的重要性和迫切性，以提高公众的敏感度，形成企业履行社会责任的他律机制，从而提高企业的社会责任意识。

二、采取公司社会责任战略管理

企业战略管理是指以企业战略为对象的管理活动，包括从战略制定到战略实施全过程的管理。企业战略管理在企业管理中处于统领性和指导性的地位。因此，企业要对社会责任进行有效的管理，就必须对传统的战略管理加以变革和创新，实施社会责任型战略管理；企业要想在竞争与和合作中取得优势，必须将企业的社会责任纳入企业战略管理之中。对于一个企业来说，只有从企业战略视角认识社会责任，才能扩大企业的社会影响力度，为企业带来更多的经济利益。

企业实施社会责任战略应该做到以下几点：首先，企业必须明确自身以及利益相关者之间应该承担怎样的社会责任，由于企业的性质、类别、地位及利益相关者的性质存在差异，所以其承担的社会责任也应不同。其次，企业必须不断增强管理者及广大员工的社会责任意识，使他们能够将承担社会责任视为工作的一部分，促进企业可持续发展，并且最终促使企业愿意主动地承担社会责任。再次，

[①] 王茜，Mathew Ingram. 互联网公司的社会责任与信息监管[J]. 青年记者，2019（25）：87-88.

企业要将社会责任纳入其长远的战略规划发展之中,运用 SWOT 分析法(优势、劣势、机会、威胁)分析企业战略规划,从而制订出符合企业自身发展需要的社会责任战略规划。最后,企业必须通过组织设置来确保公司社会责任战略能够得到有效的贯彻执行,从而取得更多的预期收益。

通过总结理论及企业的实践经验可以得出,公司社会责任战略管理的步骤作为企业指导和管理社会责任的一般管理框架,主要分为:第一,建立相应的组织和机构;第二,制订公司社会责任计划;第三,公司社会责任的实施;第四,公司社会责任的监督和评估;第五,公司社会责任的信息披露(传播和报道)。

三、强化公司社会责任沟通反馈体系

公司社会责任反馈体系其实质就是企业将其履行社会责任的理念、战略、方式方法,以及其经营活动对经济、环境、社会等领域造成的直接和间接影响,取得的成绩及不足等信息,进行系统的梳理和总结,并向利益相关者进行披露,即公司社会责任报告制度。

对于一个企业而言,公司社会责任报告可以从对内和对外两个方面的影响分析。首先,对于一个企业的内部而言,公司社会责任报告制度能够使负责公司社会责任的各个部门以及相关的其他部门能够及时了解各个项目的执行情况及执行后产生的结果情况,保持各个部门之间的信息畅通,加强彼此的有效沟通,从而确保公司社会责任能够按照预定的计划顺利推行,从而达到预期的效果。其次,对于一个企业的外部而言,公司社会责任报告是一个企业与外部进行沟通的有效途径,起着沟通企业内外信息的桥梁作用。企业可以通过媒体宣传,如报刊、电视专题报道、新闻发布会等方式,宣传企业履行社会责任的相关项目,让社会大众及政府部门充分了解企业的动态,提高企业的社会声誉及影响力,从而增加企业竞争力,使企业在今后的竞争与合作中处于有利地位。

国际上经常采用的披露公司社会责任信息的方式有两种:一是在公司年报中载明公司社会责任业绩,二是定期发布独立的公司社会责任报告。从目前企业采用情况来看,企业选择定期发布社会责任报告的方式较多。根据大趋势的分析来看,第二种方式也将会成为企业未来采取披露公司社会责任信息的最主要方式及主流方法。

对于一个企业来说,在建立公司社会责任反馈体系的过程中必须关注以下几个方面。

第一，企业必须采用主流指标进行自我评价。如果在衡量过程中企业采取了自定的一些标准，必须对其加以说明，从而确保评价结果具有公信度、客观性及可信度。

第二，信息披露要充分透明。透明可以保证信息披露的公正公平，它是信息披露质量的基石。只有充分透明的信息披露，才能使利益相关者能够充分理解并客观全面地评价企业的社会责任。

第三，加强公司社会责任会计信息的外部监管。政府应该让具有信息优势的监管部门共同参与监管，引入第三方外部监管机构对企业履行社会责任报告的状况进行审计、验证、检验、评价，有利于督促企业履行社会责任，确保社会责任报告的真实性、准确性、权威性。第三方外部监管是指第三方监管力量对企业进行的审计监管。

第四，向公众公开披露公司社会责任信息，在企业的相关网站上开设专门的社会责任信息发布栏，从而方便人民群众对企业履行社会责任情况的监督，同时也是对企业自身社会责任行为能力和执行情况的总结，从而提高企业的影响力和号召力，促进企业的长远发展。

四、完善公司社会责任风险预警体系

公司社会责任风险预警体系的重点是尽量减少甚至是避免企业经济损失的发生，如果风险一旦产生，应该采取措施尽快地恢复企业的状态。近年来，我国很多企业都认识到加强公司社会责任工作的重要性，并进行了公司社会责任风险管理的探索。企业的社会责任风险预警体系主要包括风险识别、风险测量、风险控制以及风险控制效果的评估四个环节。公司社会责任风险识别主要是为企业能够及时有效地识别潜在的影响公司社会责任的风险事件，促使企业能够果断采取预防措施。公司社会责任风险识别主要是逐渐完善公司社会责任的衡量标准。

自20世纪90年代以来，关于公司社会责任的国际标准不断发布，如道琼斯可持续发展指数（DJSI）、CRI指南、AA1000框架、ISO26000等。同时也有国内外的诸多学者对公司社会责任的评价指标体系开展相关研究。国外学者提出了关于公司社会责任测量与评价的五种方法，其中声誉指数法和内容分析法最常用，同时还有KLD的Domini400社会指数法等。我国学者杜剑从员工、消费者、债权人、供应商、政府、社区、环境资源、竞争者、股东等利益相关者视角构建公司社会责任指标体系。公司社会责任的指标评价体系一直是学者和企业不断探讨的话题，应结合企业的自身发展实际,采用系统科学方法,例如指标分析法、因子分析法、风险识别方法等,查找企业可能存在的风险,对风险信息进行总结,归类列出公司社会责任风险清单,从而建立科学合理的公司社会责任风险评价指标。

对于一个企业来说,公司社会责任的风险水平是企业风险管理的重要环节之一,它主要承接公司社会责任风险识别的成果,并为确定公司社会责任风险控制对象提供依据。

公司社会责任的风险测量主要可以从可能性、关注度以及损失度三个方面进行测量:一是对风险发生的可能性加以测量,主要从企业自身制度完善、利益相关方关注度、企业自身人员的关注情况及制度执行情况四个维度进行测量;二是对风险发生造成的影响加以测量,主要从对财产影响、对声誉安全的影响、对战略目标的影响以及对经营目标的影响四个维度进行测量;三是确定各类利益相关方对公司社会责任相关实践的关注程度,包括对不同风险议题的关注程度、风险识别的成果转化为风险管理效果的关注程度等。根据公司社会责任的风险评估情况,制定风险处理的具体方案。

企业面对社会责任风险时,应主动采取科学有效的方法加强管理,进而用最小的成本获得最大的安全利益保障。以风险管理的方式来对待公司社会责任既是对企业负责,也是对利益相关者负责,且有利于和谐社会的构建,因此具有较好的社会效益及现实意义。

五、强化人力资源管理

现代企业主要依靠提高生产率和增加边际收入这两条途径来取得竞争优势,而优秀人才恰是决定此两条途径的关键因素。一个企业如果能承担起相应的社会责任,有利于为企业吸引优秀的人才。人力资源在企业的价值链中占有重要的地位。相比于物质、财力、时间和信息等生产要素,人力资源可以说是最积极、最主动、最具有创造性的生产要素,主动承担应有的社会责任,可以吸引大量的优秀人才,使企业形成科学合理的人力资源结构。

众所周知,人才是支撑企业发展的强大动力,在企业发展过程中,人力资源在生产积累过程中必须不断对其他生产要素进行加工、改造和利用,只有这样,这些人力资源才能逐渐变成有用的社会财富。能够承担社会责任的企业或是承担社会责任能力强的企业,必定有着较高的社会声誉,这对人才无疑有着强大的吸引力,优秀的员工愿意加入这样的企业。往往一个能够承担社会责任的企业更值得员工信赖，也能够给员工提供更好的薪资待遇、晋升机会以及接受职业技术培训的机会，让员工产生对企业的归属感和安全感，更有利于员工充分发挥其创造性和主动性，在企业发展进程中的各个环节都有所建树，为企业优势竞争贡献自己的力量，使企业在社会中的形象越来越好，形成良性循环。一个企业一旦进入这种良性循环，良好的社会形象和优厚的薪资待遇不但能使在职员工忠诚，还能吸引竞争对手公司的优秀员工，不断提高企业的人才竞争优势，使企业立于不败之地。

第七章 现代公司社会责任与公共利益

第一节 公共利益的界定

一、公共利益的定义

公共利益一词,由公共和利益两个词构成。公共是相对于个别而言的,根据《辞源》的解释,公共,谓公众共同也,是一个相对的概念,而非静态的。从哲学的角度来看,利益表现为某个特定的客体对主体具有意义,并且为主体自己或者其他评价者直接认为、合理地假定或者承认对有关主体的存在有价值,简单总结为好处。因此,我们可以把公共利益解释为公共的利益或公共的好处。当然,这样解释并没有说清公共利益概念的含义。也难怪,公共利益概念因其抽象的属性和复杂多变的内容,寻求为其下一个恒定不变的定义是何其艰难。自古至今,还没有谁给它下过一个得到公认的可操作性定义。

《中华人民共和国宪法》(以下简称《宪法》)中出现了公共利益,规定国家出于公共利益的需要,可以依照法律规定对土地和公民的私有财产进行征收或征用并给予补偿。由此可见,我国《宪法》中的公共利益是专门针对征收条款而言的。但是,从实际立法来看,公共利益在普通立法上使用极为广泛,这一切都必须依赖于对《宪法》中公共利益的解释,这一解释其实并不局限在土地、财产的征收领域。从《宪法》条文本身来看,《宪法》中除规定了公共利益外,还有一些词语与公共利益的形式或意思相近,比如国家的利益、社会的利益、集体的利益、公共秩序、社会秩序、国家安全、社会治安等。在此,我们可以通过比较公共利益概念和相关概念,厘清公共利益概念的含义。

第一,公共利益和国家利益、集体利益的区分。尽管公共利益与国家利益、集体利益有不少相通之处,但其不同之处也是明显的,尤其是在利益主体方面,三者各有自己明确的主体。国家利益是指国家为了满足自身生存安全和发展需要的利益。马克思主义认为,国家是阶级统治的工具,因此,从根本上说,国家利益就是统治阶级的利益。集体利益是指由许多人组成的某一个整体的利益。集体利益作为某一个整体的利益,是相对个人利益而言的。公共利益是指社会公共利益,它是相对于国家利益和集体利益的一种独立的利益类型,不能被国家利益和集体利益所取代。公共利益作为一种独立的利益类型,其利益主体是公民社会,即与政治国家相对称的社会自治体。

第二,公共利益和公众利益、共同利益的区分。公共利益和公众利益、共同利益是三个极易混淆的概念,但三者的侧重点却明显不同。公众利益是指一定范围内大多数普通群众的利益,其侧重点在于数量上的多数。共同利益是指两个或两个以上的主体共同享有的利益,其侧重点在于共同享有,是相对于单个主体独享而言的。公共利益既不仅仅是指数量上众多人的利益,也不仅仅是指多个主体共享的利益。公共利益即公益,是相对于私益而言的,指的是非私有性质的利益,其侧重点在于公共性,或开放性。所谓公共利益,必须具有开放性,而不是局限于某个封闭的圈子之内,也不得专为某些个人所保留。换言之,公共利益必须是人人都有机会享受得到的。

二、公共利益的内容

公共利益的内容,不仅包括物质性的公共利益,还包括精神性的公共利益。物质性的公共利益我们可以理解为以公共产品为主的各种各样的社会福利,包括公共安全、公共设施、公共环境、公共教育、社会保障等。而精神性的公共利益则包括共同体共同认可、追求的价值、观念和原则。但不管是物化的,还是非物化的公共利益,其本质都是一种价值判断,而作为价值判断就存在着差异性,因此公共利益内容涵盖范围极广,只要是不特定的多数人认为对自身具有的好处都可以成为公共利益的内容。但是任何本质都要通过现象来表现,在实践中,公共利益的内容主要通过公共产品、公共服务以及公共权利来承载。

(一)公共产品

公共产品是指能为绝大多数人共同消费或享用的产品,具有消费或使用上的非竞争性和受益上的非排他性的产品。萨缪尔森认为,每个人对这种产品的消费都不会导致其他人对该产品消费的减少。虽然一些学者对这样一种界定提出质疑和批评,但其目前依然是一个最为经典的表述。从消费或享用主体上来看,绝大多数人与受益的非排他性特征完全符合公共利益受益主体的特征;从产品内容上来看,无论是纯公共产品还是准公共产品,都是公共需要的体现,都最终以公共利益为依归。具体而言,只要是政府或第三部门所提供的有形的产品我们都可称之为公共产品。主要包括公共工程设施类，如公共水利设施、公共交通设施、公共卫生设施、公共能源设施、公共安全设施、公共文体休闲设施以及其他公共服务设施等；公共消费产品，主要包括如水、电、气、暖等在内的有形产品。

（二）公共服务

所谓公共服务就是指使用公共权力和公共资源向公民所提供的各项服务。公共服务可以根据其内容和形式分为基础公共服务、经济公共服务、公共安全服务和社会公共服务。基础公共服务是指那些通过国家权力介入或公共资源投入，为公民及组织提供从事生产、生活、发展和娱乐等活动的基础性服务，如供水、供电、供气、邮电与气象服务等。经济公共服务是指通过国家权力介入或公共资源投入，为公民及组织（企业）从事经济发展活动所提供的各种服务，如科技推广、咨询服务以及政策性信贷等。公共安全服务是指通过国家权力介入或公共资源投入，为公民提供的安全服务，如军队、警察和消防等方面的服务。社会公共服务则是指通过国家权力介入或公共资源投入，为满足公民社会发展活动的直接需要所提供的服务。其中，社会发展领域包括教育、科学普及、医疗卫生、社会保障以及环境保护等。社会公共服务是为满足公民的生存、生活及发展等社会性直接需求，如公共教育、公共医疗、公共社会福利等。

（三）公共权利

由于个体享有的基本权利具有相似性的特点，这就为个人权利转化为公共权利奠定了基础。公共权利来源于个人权利，在国家形成的过程中，公共权利的主要部分转变为国家公权力。从这个意义上来讲，公共权利是这样一种状态：宪法上规定的公民基本权利在实际社会生活中必须由集体和全民的名义代表，各公共（行政、企业、事业）部门根据他们自己部门法的规定来行使，否则难以得到声张。但公共权利并非全部转变为公权力，从市民社会与国家的关系角度来看，一部分公共权利还是属于社会的，公民、社会组织与国家一样享有公共权利。而公共权利顾名思义是为了维护公共利益，实现了公共权利也就是实现了公共利益，因此，公共权利也就成为公共利益的内容。

三、公共利益的特征

公共利益的特征颇多，从不同角度可以有不同的概括。在此，我们仅对其总体特征进行概括。

（一）公共利益之公共具有非排他性

公共利益概念最主要也是最复杂的特征是公共一词的不确定性。由以往迄今，公法学界讨论公益的概念，所着重的地方，并不在于对于利益概念的探讨，而是一律地围绕在所谓公共的概念，及努力来阐明这个概念的问题所在。

既然称作公共利益，那么代表的并不只是小范围、极少数人的利益，而是大众的利益。而公共利益究竟是一个多大范围及多大数量的人的利益，迄今为止，人们还无法给出确定的答案。世界银行对公共物品进行解释时，如此解释：公共物品是指非竞争性和非排他性的货物。非竞争性是指一个使用者对该物品的消费并不减少对其他使用者的供应。非排他性是使用者不能被排斥在对该物品的消费之外。在解释公共利益之公共时，只能从非排他性或开放性方面来把握，即公共利益一定要有非排他性或开放性。公共利益一定不能排除任何个人的享有机会，不能封闭于某个特定的圈子。至于公共利益的受益人数多寡，只能说，公共利益肯定是一个多数人的利益，但这个多数究竟是多少，则是不确定的。

（二）公共利益之利益是主客观的统一

利益是主体对客体的享有，或者说是客体对主体的有用性。"利益"一词反映了主、客体的关系，在这一关系中，不可避免地会存在主体对客体的价值判断。边沁认为，公共利益不是什么独立于个人利益的特殊利益，共同体是个虚构体，那么共同体的利益是什么呢？共同体利益是组成共同体的若干成员的利益的总和，不理解什么是个人利益，谈共同体的利益便毫无意义。哈耶克也认为，自由社会的共同福利或公共利益的概念，绝不可定义为所要达到的已知的特定结果的总和，而只能定义为一种抽象的秩序。作为一个整体，它不指向任何特定的具体目标，而是仅仅提供最佳渠道，使无论哪个成员都可以将自己的知识用于自己的目的。正因为如此，才使得利益具有明显的不确定性。同一个客体，对不同的主体而言，其利益价值也是不一样的。随着社会的发展，人们对利益的追求也处于不断的变化发展之中。早期的人们更注重的是物质利益，到后来已不限于物质上的利益，也及于精神的、文化的利益。尽管利益具有不确定性，但绝不等于说在利益问题上就没有客观规律可循。从根本上说，利益的形成和利益价值的认定，是受当时的客观物质条件和社会实践所决定的。不同主体对利益之所以会有不同的取舍，肯定也是受客观因素的影响。生活在同一个社会的人们，总是不可避免地会认同一些共同的利益。[①]

[①] 包燕萍. 企业社会责任与税收激进——基于公司治理视角 [J]. 财会通讯，2021（10）：47-50.

(三) 公共利益具有非营利性

非营利性表示公共利益的提供者不能从中赚取好处。如果一项事业是以营利为目的的,即使该项服务客观上有助于社会公共利益总量的增进,也不能作为公共利益来认定。这是因为,首先,如果公共利益是营利性的,那么它就只能被认为是一种市场化的商业营利性民事法律行为,只能按照民事交易的平等、协商与公平原则和法律规范进行。其次,从利益内容本身来看,真正的公共利益单从经济角度来讲是不得利或很难得利的,正是这种原因所以才需要由以政府为主的供给主体来提供公共利益,而政府是不以营利为存在目的的。第三,营利的目的是最大限度地获得经济利益,如果公共利益具有营利性,那么不可能更好地保护公众利益,供给主体会为了营利不惜损害各种各样的公共利益。

(四) 公共利益不应以剥夺个人利益为前提

孟德斯鸠认为,公共利益绝不是用政治性的法律或法规去剥夺个人的财产,或者是削减哪怕是它最小的一部分。社会是个人的总和,个人利益是整体性利益的源泉和基础,公共利益源于个人利益,又以个人利益为依据。作为整体性利益,公共利益为每个社会成员享有,非一个人或一类人所垄断。现如今,一提起公共利益,大多数人都认为其利益的实现是建立在牺牲公民权利的基础之上,在很大程度上忽略了其对公民权利的保障作用。殊不知,最大限度地保障公民的基本权利,恰恰是最大限度地实现公共利益的目标所在。如果忽视公共利益对公民基本权利的保障宗旨,则会使公共利益成为侵犯公民基本权利的危险源。实践中,有很多以公共利益之名行侵犯公民基本权利之实的行为,无不充分说明了这一点。所以,必须将公民基本权利视为公共利益的最重要内容之一,通过对公民基本权利的保护以及促进公民基本权利的实现,不仅能进一步促进公益的发展,而且其本身就是公益的重要内容。

第二节 公共利益与现代公司社会责任的关系

公共利益不同于国家利益和集团(体)利益,也不同于社会利益和共同利益,具有主体数量的不确定性、实体上的共享性等特征。斯密认为,公共利益不仅客观存在,而且与私人利益不是截然对立的,两者之间有着不可分割的内在一致性。斯密肯定公共利益与私人利益的一致性无疑具有合理成分,但是却没有回答公共利益形成的机制。换句话说，公共利益与每个人追求自我利益最大化的行为之间难免会发生冲突，无数相互冲突的个人利益如果能集结为公共利益，那么作为企业，只需要单纯追求自身利益最大化，自然会达到社会公共利益最大化。但是企业自身利益与社会利益、公共利益并不完全统一，或多或少还是存在矛盾之处。

阿罗（Kenneth J. Arrow）证明了著名的不可能定理——如果我们排除效用人际比较的可能性，各种各样的个人偏好次序都有定义，那么把个人偏好总和成为表达社会偏好的最理想的方法，要么是强加的，要么是独裁性的。说明个人利益与公共利益的不相容性。但是这个结论似乎也存在无法解释的社会现象，如国外很多大型企业在员工培养、环境保护、灾难救助等方面的作为远远超出法律层面的要求，甚至比政府行动更为及时且不求回报。

阿马特亚·森（Amartya Sen）认为，阿罗定理证明的只是在决策信息缺乏的情况下公共利益的不可能性。随着个人获得信息的增加，人们对持续获益的途径会有更清楚的理解，达到社会理性选择的可能性也会不断增加。当只有顾及他人的需要、偏好才能很好地实现个人利益，当利他因素成为经济理性的应有之义，人与人、人与社会之间相互隔绝的屏障被拆除，个人利益与公共利益相互间关系的理论通道才能够被打通。桑塔菲学派经济学家金迪斯（Herbert Gintis）在一系列论文里论证了一个称为社会学基本定理的观点：如果一个社会都是由自利主义者构成的，那么，长期而言，这个社会将消亡；而如果一个社会通过说服教育以及其他说教机构的努力，长期保持一定比例的利他主义者，它就能够稳定地繁衍下去。因此，公利与私利之间的关系既不是完全统一、绝对一致，也并非彻底对立、相互矛盾，公利与私利之间存在着一种更为微妙的关系，通过这种关系得以维系二者的共存和发展。这里所说的私利不特指个人利益，还包括特定的组织、团体利益，即这里的私利是相对于公共利益而言的特定的组织、团体和个人利益。

公司社会责任是在一定历史时期，社会期望企业作为一个营利性的社会经济组织，对其利益相关者和社会整体所应该承担的法律、经济、伦理道德和慈善责任，包括遵纪守法、保证员工生产安全、职业健康、保护劳动者合法权益、遵守商业道德、保护环境、支持慈善事业、捐助社会公益、保护弱势群体等。公司社会责任是企业作为特定的经济组织对整个社会所承担的责任，其面向的是社会，行为主体是企业。公共利益是一定社会条件下或特定范围内不特定多数主体利益相一致的方面，其主体是不特定的多数主体，这个主体虽然存在不确定性，但一般情境下可以认为这个主体就是以社会为代表的不确定主体，即公共利益在整个意义上可以理解为社会的公共利益（我国部分学者认为公共利益、社会利益、社会公共利益这三个范畴，在性质上并无根本的区别，其基本含义均为全社会全体成员共同的、整体的利益，既区别于社会成员个体的利益，也不是社会个体成员利益的简单加总）。因此，企业承担社会责任的对象和公共利益的主体具有内在一致性。换句话说，公共利益是以社会作为整体出发点谋求的公共的利益；而公司社会责任是企业出于公共理性、为了维护和改善自身所处的内部和外部环境而承担的相关责任。可见，公共利益的实现是公共理性的价值取向，而社会责任则是作为社会组织的企业通过自身行动实现这种目标的方式和途径之一。罗尔斯（John Bordley Rawls）在《公共理性观念新探》一书中对公共理性进行解释，他认为各种政治主体（包括公民、各类社团和政府组织等）以公正的理念、自由而平等的身份，在政治社会这样一个持久存在的合作体系之中，对公共事务进行充分合作，以产生公共的、可以预期的共治效果的能力。[①]

企业的需求及其实现方式的社会性特点是公共利益得以发生的基础和前提。换句话说，公共利益就发生和形成于人与人、人与社会之间相互依存、相互作用的关系之中，是在人们之间相互关系中存在和凸显出来的整体利益。将企业视作"企业公民"，受需求、相互关系和作用方式的影响。公共利益形成的条件、载体和途径也不相同，大致可以把它区分为集结性公共利益、互惠交换性公共利益和补偿协调性公共利益。我们可以从这三种分类来深入理解公司社会责任与公共利益的关系。

一、集结性公共利益

集结性公共利益是每个社会成员千差万别的需求中所包含的无差别的、共同性的那一部分需求与偏好。换句话说，它是社会成员的同质性需求。人作为一个共同的类，必有某些相同的需求，如社会成员生存要求、对良好生活环境的要求、食品安全要求等。这种类型的公共利益主要涉及公司社会责任中的外部性问题，某一主体的作为或不作为会对另一主体或一些主体的合理利益造成损害，从而该主体具有不作为或作为的义务。利益主体作用的过程，即社会责任产生的过程，符合经济外部性的定义。经济外部性包括外部经济与外部不经济。外部经济指某个主体的一项活动会给社会其他成员带来好处，但他自己却不能由此而得到补偿；

---

① 李志斌，阮豆豆，章铁生.企业社会责任的价值创造机制：基于内部控制视角的研究[J].会计研究，2020（11）：112-124.

外部不经济指某个个体的一项活动给社会其他成员带来危害，但他自己却并不为此而支付足够抵偿这种危害的成本。经济外部性本质在于某一主体面临的收益与成本不能完全影响该主体的行为决策。如果一个主体的作为对外造成不经济，从公平与正义的角度而言，该主体有义务进行补偿。补偿代表的是责任，对于企业而言就是社会责任。

二、互惠交换性公共利益

互惠交换性公共利益是在个人利益相互依存关系中凸显的公共利益。这种类型的公共利益发生和形成于以交换为基础的经济活动中。交换成为人们获取经济利益的最基本的形式，人们通过交换（产品、劳务、知识、信息、技术等）取得满足自身需要的特定物品和服务，以实现自身利益。尽管市场交换的结果是异质性利益的实现，但交换本身却涉及交易各方的共同利益。尽管交易各方对互惠交换规则内容的要求不尽相同，对规则的恪守程度也不尽一致，但是要求有规则和规则的互惠性却是共同的。在这个意义上，可将这类共同利益称为互惠交换性公共利益。互惠交换性公共利益发生于个人利益之间的相互依存关系之中。换句话说，互惠交换性公共利益产生于个人利益又不同于个人利益，是在有差异的个人利益中形成并客观存在着的公共利益。

在公司社会责任理论中，股东、债权人、职工、客户与社区等是企业履行社会责任的利益相关主体，其中任何一个主体的利益都不应该凌驾于其他主体的利益之上。企业是一个市场主体，其行为都具有交易特点。交易公平是市场经济的基本伦理要求，只有公平的交易才具有效率，也才具有持续性。罗尔斯认为，正义是社会的首要价值，每个人都拥有一种基于正义的不可侵犯性，甚至社会整体利益也不能逾越之。由此可见，社会中每个个人或经济主体都有权利维护自身合理的利益，也说明社会中的市场交易都应该在公平的伦理要求下进行，某项交易的公平要求不能超越另一项交易，因此，股东、债权人、职工、客户与社区等利益相关主体都应享有公平交易的权利。而目前大多数企业因为决策权集中于个人或高层，容易导致决策过程中更多地顾及股东、职工等内部利益相关者的权益，而忽略外部利益相关者的权益。

三、补偿协调性公共利益

补偿协调性公共利益是在部分利益让渡中形成的公共利益。博弈论的研究表明，即使对弈双方在初次对弈中追求的是自己的边际效用最大化和边际收益最化，而根本不考虑他人的利益，但是经过多次博弈后，会形成诸多均衡点，在多方参与的博弈中还存在有多个均衡点，这意味着不同利益主体经过多次博弈，会趋于调节各自的需求结构，找到有利于各方的利益共同点即公共利益。在这种情况下形成的公共利益，既有别于同质性需求集结而成的共同利益，也有别于互惠交换性利益中对规则的需求，它往往是通过对利益主体间的利益分割与补偿而促成的公共利益。

例如，由于所拥有的财产、社会地位、天赋、受教育程度以及面临的机遇等的差异，不同利益主体获取的利益份额是不同的，贫富差距、两极分化不可避免。解决这类利益冲突的制度创新，其基本内容是国家建立医疗保险、失业保险、生育保险和工伤保险制度，对社会中濒临生存危机的人群进行补贴和救助，以维持其最低生存条件。其实质是通过部分利益的让渡来防止利益分化造成各方利益受损而进行的利益平衡。社会保障的资金来自税收，其中包括诸如以累进税的方式向富人征收高额税款，然后通过转移支付的形式补贴穷人。从根本上讲，转移支付所起的作用对穷人有益，对富人也是可以接受或不得不接受的。穷人需要生存，富人需要社会安定，而转移支付缩小了贫富差距，削减了两极分化引发的社会动荡，保持了利益的相对均衡，维护了社会安定。在这个意义上，公司社会责任可以看成是企业自身经济利益的某种让渡，以保持和维护企业外部生存环境的可持续性。

企业作为一种社会组织，面向的主体具有多元性。主体之间的相互影响必然存在，但是主体之间的相互影响并不一定会导致经济外部性。科斯定理指出，只要财产权明确，并且其交易成本为零或者很小，则无论在开始时将财产权赋予谁，市场均衡的最终结果都是有效率的。导致市场有效的原因在于财产权明确，并且交易成本为零，即社会本来存在一个完备的契约，保证各种收益与成本完全地决定主体的决策，这个过程也就是成本收益决策内在化，市场制度与社会制度是这种契约的存在形式。契约越完备，制度越健全，经济外部性发生的可能性越小。当某一个体对其他个体造成不利影响时，从公平的角度而言，该个体应该消除这种影响或者给其他个体以补偿，即应该承担责任，这就是公司社会责任的真正内涵。制度是公司社会责任得以履行的保证。企业是一个契约的集合体，各利益主体之间都存在一定的契约，只是在当前历史阶段条件下，有些契约相对完备，而有些契约却不尽完备。比如，股东与企业之间的利益关系更加紧密，从而相对其他企业利益主体的契约更加完备，而企业与社区、环境等之间的契约实难说健全，这个事实应该解释为什么存在股东利益至上作为公司社会责任首要因素的恰当证据。企业在制度完备与不完备之间履行社会责任，如果某一项契约规范健全，那么它就不得不履行相应责任，而某一项契约规范不健全，那么它可能任由外部不经济产生。契约规范了主体之间的利益取向，而契约的制定与执行都需要支付成本，所以，在实践中，某一利益关联越大，则该利益契约可能更完备。反过来说，经过一段历史演进之后，某一利益契约越完备，则其中内含的利益关联可能越大。在如上逻辑的基础上，我们可以找到评价企业履行社会责任程度的标准。企业在契约规范的条件下，所履行的社会责任应该是对应利益主体更为重要的利益追求，而契约没有规定或规定较弱的利益关联可能是对应利益主体相对不重要的利益追求，这也正是公司社会责任所强调的主旨所在。

第三节　公共利益中现代公司承担社会责任的利益考量

一、公共利益视角下企业承担社会责任的类型

公共利益视角下企业承担社会责任是指将企业组织看作一个与公共利益息息相关的生命体，以公共利益为导向，以多赢为目标，在对组织内、外环境的监测中，帮助组织履行对社区、对社会等的责任。企业的社会责任包括内部和外部两部分，企业除了必须对员工必须负责外，也要考虑企业产品对社会的冲击、对社会价值的影响。企业承担社会责任主要有以下五种类型。

第一，积极主动型。企业有较强的责任意识与自主行为，每年和连续多年有公益事业的行为，且表现高于社会平均水平，将回报社会作为企业文化的一部分。第二，积极被动型。企业对承担责任有相当意识，但大多靠外力推动，其中行政性要求是重要动因。第三，一般型。企业有行为但没有责任意识，其与积极被动型企业的差别主要在参与社会公益的形式单调，无个性或创意；同时，制度化不够，纯靠外力（一般是政府或上级部门指派）推动。第四，消极无奈型。这类企业多因经济能力原因无法有社会责任行为。第五，消极抵触型。一些企业有经济能力，但他们从不同角度认为社会责任应该由政府来负责，企业的责任就是依法纳税。

二、公共利益视角下企业承担社会责任的方式

作为活动家的企业，首先是社会公益的提供者，然后才是受益者。置身企

业效益与公益效益之中，企业的经营也因此变得更宽。以对环境的态度为例，作为社会活动家，企业表现出来的是对环境的高敏感度，积极寻求尊重和保护地球及自然资源的途径。例如，比利时易通维公司，一家采用天然香皂和可再生原料生产清洁用品的公司，其经营活动中就基本做到了零辐射。作为活动家方式存在的企业，更多地参与到了慈善捐助、扶贫救济等回报社会的行动中。例如，著名的美国沃尔玛公司，多年来提出的口号就是："我们是顾客的买办，我们存在的价值就是为顾客省钱。"沃尔玛公司开到哪里，不光要能为那里的消费者提供最好的产品和服务，还为更多地回报社会。沃尔玛公司在每年的业绩评价会议上，不仅总结经营业绩，还检查为社会做了多少公益事业、救助多少残疾人、向社会福利基金捐了多少款等。可见，作为社会活动家存在的企业的高明之处就在于，确立企业在社会中的正确位置，从而引起社会的广泛认同。因此，较高层级的责任承担方式，有利于实现企业经营利益与社会利益的兼顾，实现企业利益与社会利益的相互转化，最终赢得更大的企业发展空间。例如，日本本田汽车刚进入美国市场时受到排挤，本田公司坚持在美国每销售出一辆汽车就在美国街头种植一棵树，实行一车一树的策略，后来又拿出一部分利润专门用于城市与公路植树，最终回报社会的结果是改变了企业形象，所生产的产品也成了消费者优先选购的对象。

三、公共利益视角下企业承担社会责任的利益考量

管理者迫切需要公众认可他们的信仰和价值观，这远比购买产品重要。对责任的探讨往往牵涉利益和价值的考量。对大多数组织而言，他们在实践中也逐渐意识到了公共利益的重要性，但是往往在处理组织利益与公共利益关系上不知所措，由此造成了许多侵犯公共利益的行为。如何协调、处理组织自身利益与社会公共利益？传统上，企业对利益的理解是在竞争或相互关系中，当利益总量确定以后，组织多得到的利益是公众失去的利益，公共利益增加也就意味着组织利益的减少（图7-1）。[①]

---

① 常亮. 高管特征与企业社会责任关系研究 [J]. 大众标准化，2021（6）：49–51.

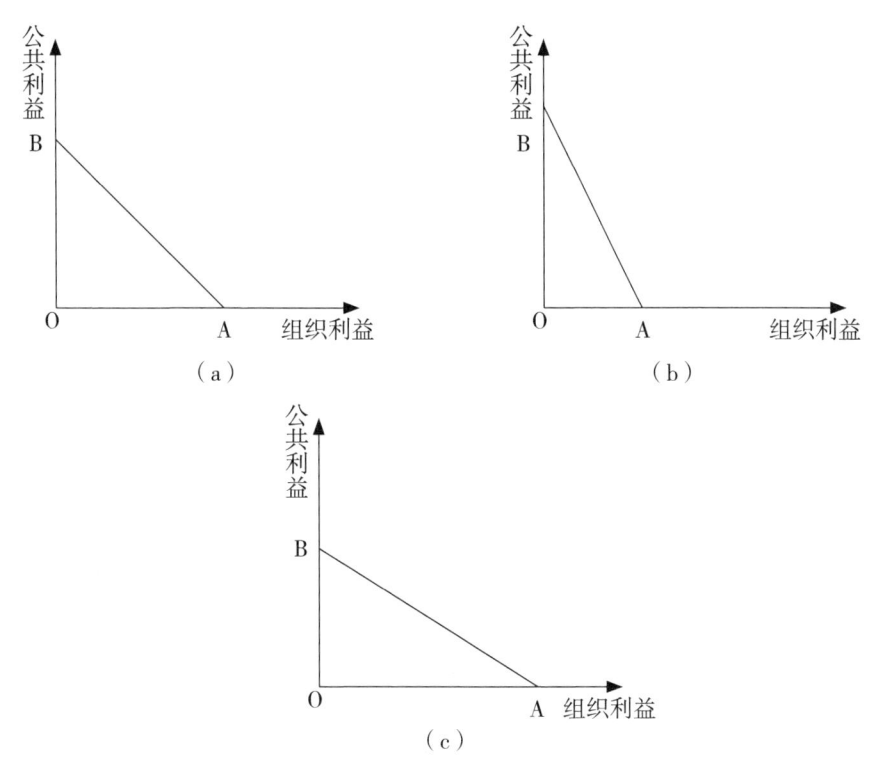

图 7-1 传统意义上公共利益与组织利益的关系

图 7-1 中，A 和 B 分别代表组织利益与公共利益。图 7-1（a）中两者处于平衡状态，图 7-2（b）中组织利益减少带来公共利益增加，图 7-3（c）中减少公共利益换来组织利益上升。

但是实际上，组织利益与公共利益之间并非只有以上此消彼长的关系存在。组织利益提高并非一定建立在公共利益减少的基础上，而公共利益减少也不一定提高组织利益。公共利益有可能在不损失自己利益的基础上增加他人的利益［图7-2（a）］，或者又可以在不减少他人利益的前提下增加自己的利益［图 7-2（b）］，或者在增加公共利益的基础上提升组织利益［图 7-2（c）］。

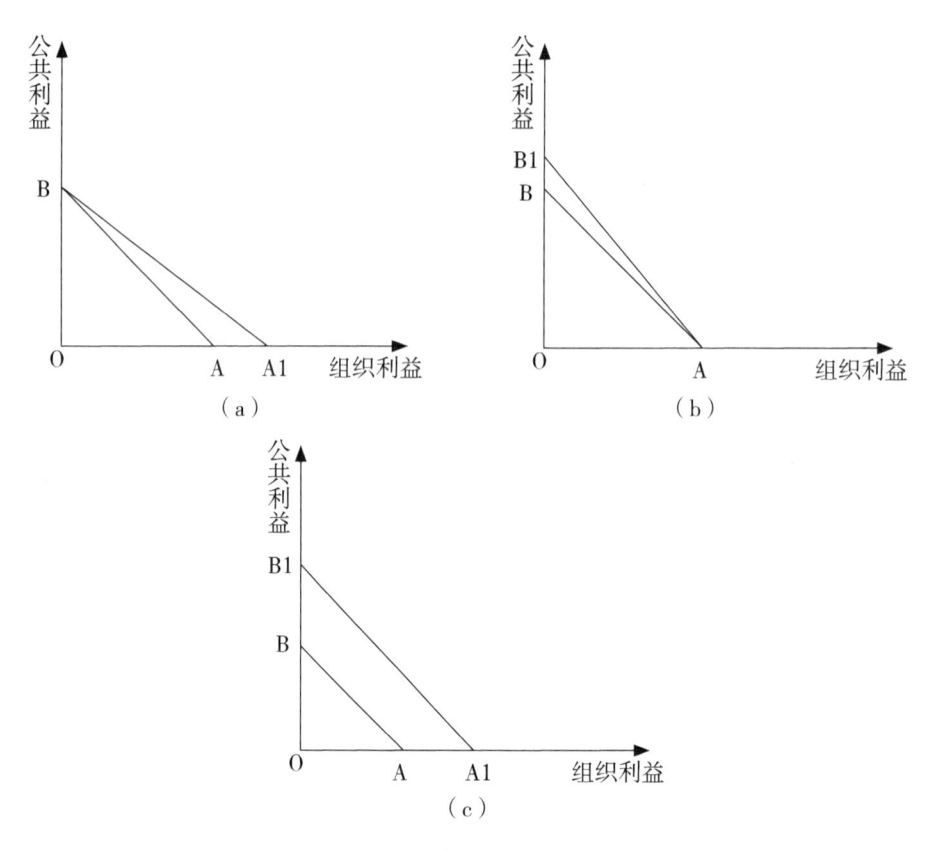

图 7-2　实际上公共利益与组织利益的关系

企业承担社会责任就有利于其既增加公众利益,同时也促进组织利益的实现。简单来说,承担社会责任的公共利益有着明确的利润目标,它是一个有利于收入增加的公共利益模式。

进一步而言,企业承担公共利益责任,是对传统倾向于组织利润与公共利益实践的颠覆,也是对公共利益是完全实现公众利益理解的超越。增加社会责任的公共利益理论与实践,有利于公共利益策略价值与道德价值的统一。公众道德伦理理论认为,"相互依赖与相互联系"这一术语有两种解释:一是强调系统的道德价值;二是强调系统的策略价值。这两种价值代表了两种不同的系统思维方法,他们能够引导公共利益学进入两个不同的方向,也可以将两者进行融合。总之,在公共利益视角下,企业承担社会责任,有利于促进企业的可持续发展,作为企业必须坚决维护公共利益。

第八章　现代公司社会责任建设与企业的可持续发展

第一节　公司可持续发展的伦理要素——公司社会责任

一、企业可持续发展的内涵

根据研究角度不同，对可持续发展的定义有着不同的解释。英国环境经济学家皮尔斯（Pearce）将可持续发展定义为：自然资源不变前提下的经济发展，或今天的资源使用不应减少未来的实际收入。具有代表性的学者巴比尔（Barbier）则把可持续发展定义为：在保证自然资源的质量和提供的服务前提下，使经济发展的净利益增加到最大限度。生态、经济、社会和科学技术四方面密不可分，生态环境的持续性是基础，资源的可持续利用是条件，经济可持续发展是关键，人类社会可持续发展是目的。"可持续发展"一词最早出现于20世纪80年代，由世界自然保护同盟制定和发布的《世界自然保护大纲》提出。可持续发展的理念是对资源的一种管理战略，是研究如何将全部资源中的合理的一部分加以收获，使资源不受破坏，而新成长的资源数量足以弥补所收获的数量。"可持续发展"包含了当代与后代的需求、自然资源、生态承载力、环境和发展相结合等重要内容。

所谓企业可持续发展，也称企业可持续成长，是指企业在追求生存和发展的过程中，既要考虑经营目标的实现，提高企业市场地位，又要保持在已领先的竞争领域和未来的扩展经营环境中始终保持持续的盈利增长和能力的提高，保证企业在相当长的时间内整体实力不断增强。我们可以从以下三个方面来深化对企业可持续发展内涵的理解。

（一）企业可持续发展的目的是发展

发展是指事物由小到大、由简单到复杂、由低级到高级的运动，它不仅表现为"量"的扩大，更表现为"质"的提高。企业可持续发展，不仅表现为企业经营资源单纯量的增加，包括资产的增值、销售额的增加、盈利的提高、人员的增多等，还表现为企业经营资源性质的合理变化、结构的有效重构、支配主体的适合革新，以及企业创新能力的增强、环境适应能力的提升、企业总价值的提高等。

（二）企业可持续发展的核心是可持续

可持续是指企业内部支持发展的各种要素在较长的时间内是可接替、可继承的，即潜力巨大，后劲充足。总结和分析国内外企业的发展历程很容易发现，如果一个企业虽然在很短的时间内规模迅速扩张，但由于超越了自己的事业规模，往往动摇了正常发展的根基，缺少了潜力和后劲，最终就有可能难逃短命的厄运。因此，企业的发展最重要的还是要看长期的有效发展。

（三）企业可持续发展的前提是保持竞争优势

身处激烈市场竞争中的企业，只有在与其竞争对手的竞争中显现、确立并维持其强劲的竞争优势，才能够持续地生存和发展。企业要想始终保持持续的盈利增长和综合实力的提高，保证自身的长期生存和发展，不仅要正确地确定自身的使命和长期的发展战略目标，更要注重企业发展与社会的发展、资源的利用、环境的保护协调一致。也就是说，企业可持续发展的核心是从单一追求经济效益，到追求社会效益、解决资源的合理利用、积极承担社会责任等多样化追求的统一和均衡，以此保证人类生存基础，改善人类生存条件，提高人类生存质量，追求企业的永续发展。

二、企业可持续发展的影响因素

从整个社会体系运作的层面上说，企业和政府都是社会运行的机构，并且对社会产生重要的影响，企业、政府以及社会其他部门之间是高度依存的。一个社会的法律体系、政治制度和政府法规、社会公众的态度、道德和伦理观念，以及包括科学技术和国家之间的竞争等社会变革力量，都能对企业的成本、价格和利润产生积极或消极的影响。其中与企业的可持续发展具有极强的相关性的因素主要有以下几个。

（一）企业与政府的关系

政府在市场经济管理中，主要是通过法律手段对企业的运作加以规范化的约束，同时在资助和保护企业方面又有一套帮助企业的复杂而强大的项目网络，涵盖关税保护、贷款、贷款担保、业务来源、直接资助等各方面，在很大程度上维持企业的正常运作。如果企业对政府承担相应的责任，就能避免与政府施政方针产生摩擦，为自己争取更好的发展环境，促进企业的可持续发展。

（二）企业与社会的关系

企业的可持续发展是涉及社会、人口、资源、环境等因素的企业发展战略体系。企业可持续发展受到经济、社会可持续发展的制约，同时企业可持续发展也是经济、社会可持续发展的根本推动力。

（三）企业自身的因素

除了与政府和社会的关系外，以下几个方面是影响企业可持续发展的重要而关键的环节。

1. 管理创新

管理创新是企业生存与发展的根本保证，是企业可持续发展的力量源泉。企业以市场为导向，不断更新管理理念和方法，革新与规范管理制度，使企业的管理模式能适应自身生存与发展的需求和社会环境的变化，从而为企业带来生机和经济效益，确保企业的长期稳定和发展。①

2. 企业文化

企业文化是企业在发展过程中形成的理想信念、价值体系与行为规范的总和。通过企业文化建设，提升员工精神境界，激发员工的创造力，提高企业的凝聚力和战斗力，为可持续发展提供强大的精神动力和优质的人力资源。

3. 技术进步

技术创新是企业发展的灵魂，是企业生存发展的核心财富，是提升企业市场竞争力的根本途径。企业只有加大技术创新力度，努力开发新产品，提升产品的技术含量，才能取得竞争优势。

4. 企业形象

企业形象不仅反映了企业的内在素质，而且通过环境极大地影响着企业内在素质。企业形象好坏的直接结果就是决定了企业在顾客和消费者中的社会形象、地位以及顾客和消费者对企业的忠诚度和信赖度。

所以，实现企业可持续发展是一项系统工程，它涉及企业的方方面面，融入企业运行中的每一个环节。从以上影响企业可持续发展的因素中也可以看出，这些因素与企业的社会责任息息相关，有些因素在内容上甚至与公司社会责任重叠。

三、公司社会责任与企业可持续发展的关系

一项来自巴基斯坦大学的研究表明，在一些发展中国家，公司社会责任的教

---

① 陈煦江，许梦洁. 企业社会责任、竞争优势与财务可持续 [J]. 会计之友，2020（24）：125-131.

育水平与全国公司社会责任的实践水平呈明显的正相关关系，而公司社会责任对于鼓励社会经济的可持续发展有重要的推进作用。于是这些研究者建议政府、企业、大学联合起来，共同推动公司社会责任的发展。

（一）企业承担社会责任是企业保持可持续发展的重要手段

如何让企业长盛不衰、可持续发展，成为企业家群体苦苦追寻的答案，也是管理学者着力破解的难题。当代管理学大师彼得·圣吉（Peter M. Senge）认为，企业越是能够承担社会责任，就越有能力永续经营并持续成长。这一论断也成为越来越多企业的共识。

（二）公司社会责任与企业可持续发展是内在统一的

无论是企业的社会责任，还是企业的可持续发展，二者都重视与利益相关者的关系。可以说，公司社会责任是企业可持续发展的一种道德承诺，而企业可持续发展是公司社会责任追求的经济远景。因此，企业可持续发展与公司社会责任是内在统一的。

1. 公司社会责任是企业走可持续发展之路的内在规定

在经济全球化的趋势下，经济、社会和环境问题形成了强烈互动，并表现在它们的对立统一关系之中。随着人们价值观念、消费观念的改变，以及对可持续发展观的认同，围绕着捍卫消费者权益、劳工利益和环境保护的三大公众利益，西方社会掀起了一系列深入、广泛、持久的社会运动，包括消费者运动、劳工运动、环保运动、女权运动、社会责任投资运动和可持续发展运动等。这些捍卫公众利益的社会责任运动的不断发展，使西方社会不断推出新的价值观和发展观，并形成新的共同社会观，与这种新的共同社会观相适应的是一股能左右企业行为的市场力量，它要求企业按照其道德要求调整经营管理思路。在这种新的社会环境下，企业实现利益的途径已经从原来依靠单纯的市场竞争变换成要以社会公众利益的实现为前提，企业实施公司社会责任已经从当初以被动处理劳工冲突和环保问题为主要内容，提升到主动实施公司社会责任战略来提高企业竞争，实现可持续发展。

2. 企业可持续发展的伦理指向与公司社会责任完全一致

社会是企业生存和发展的现实环境，企业的发展实际上就是企业在社会提供的时空范围内不断地拓展，其可持续性必须以社会对企业的可接受性为前提，即企业生产的产品和劳务是否满足社会需要，企业的行为是否符合社会伦理规范。社会要求企业以社会利益为重，并不否认企业追求自身利益，而是要求企业在实现社会利益中追求企业自身利益，从公司社会责任出发去实现利润最大化。公司社会责任作为企业价值体系的核心，体现了企业所追求的目标和所采取的手段的道德性质，从根本上决定了企业发展的可持续性。

3. 公司社会责任是企业可持续发展的伦理要素

企业可持续发展内在规定着企业要有一个稳定的、着眼于企业发展的长远和持续的价值观，要求企业重视资源的合理、节约利用，承担社会责任和风险，为股东、员工、消费者以及相关的社会利益整体考虑，这实际上也是一个企业的宗旨和社会责任。一个企业想要持久生存下去，必须有一个强有力的社会价值观支撑。从这个意义上说，公司社会责任是企业可持续发展必不可少的伦理要素。公司社会责任与企业的生产要素一起，构成企业可持续发展的两大基本要素。

因此我们能够看出，公司社会责任在内容上完全融合于企业的可持续发展，是企业可持续发展的内在规定，它也是企业可持续发展的伦理指向和道德内容；最重要的是，它可以构成企业生存、发展的伦理要素，从另一个方向与生产要素一道推动着企业的可持续发展。

四、承担社会责任对企业可持续发展的实践意义

公司社会责任建设与企业可持续发展在内容上、伦理指向上是一致的，而且公司社会责任建设还构成了企业可持续发展的精神力量。企业积极、主动地承担社会责任，有着重大的实践意义。

（一）企业履行社会责任有利于增强企业竞争力

企业的竞争力是企业能否发展壮大乃至生存的关键。企业积极地履行社会责任，首先，能够获得股东进一步的投资和债权人的融资，为企业的市场竞争获得资金支持；其次，由于企业承担起保护环境和节约资源的责任，也为企业自身的发展提供了环境和资源上的保障；最后，企业改善劳动环境以保护劳工权益，可提高员工的长期忠诚度，充分发挥员工的主动性和创造性，大大提高劳动生产率，为企业的市场竞争提供人力支持。

（二）企业履行社会责任有利于改善与各方的关系

当今企业的经营环境已经从传统的单向循环环境转变为受企业利益相关者影响的多元环境。社会问题单靠政府的力量已经无法解决，如果社会问题不能得到有效解决，企业的经营环境定然会受到影响。企业履行社会责任，协调好与利益相关者之间关系，必将减轻政府的负担，得到政府的支持，提高公众对企业的信

任度，使企业能在一个和谐的经营环境中可持续发展。

（三）企业履行社会责任有利于树立良好的企业形象

企业承担一定的社会责任，短期内虽会给自身的经营带来一定的影响，但有利于企业追求长期利润的最大化。因为社会的参与能为企业树立良好的企业形象，向社会展示一种企业家的使命感和责任感，展示企业有一支讲究奉献精神的员工队伍，这些都是企业的无形资产，可以赢得社会广大消费者和投资者的认同，并最终给企业带来长期的、潜在的利益，这足以支付承担社会责任的成本。大卫·威勒（David Wheeler）和玛丽亚·西兰芭（Maria Sillanpaa）研究发现，即使是在英国和美国，在20世纪，实行利益相关者纳入、考虑社会利益的企业，在经营绩效上要比奉行"股东至上主义"的企业更胜一筹。而我国的一些上市公司，也正是因为注重其公司社会责任而业绩蒸蒸日上。

（四）公司社会责任是企业长期的有效激励机制

企业获得发展的内在动力来自几个方面：对先进科学技术的掌握和运用、企业的经营管理水平、职工的劳动积极性。公司社会责任要求企业注重创新责任、经济责任和员工责任，可见企业要想获得可持续发展，履行社会责任将获得长期有效的动力。以员工责任为例，在新的现实条件下，形成企业管理者和劳动者之间的共识，是企业激励机制得以建立和运行的基础。公司社会责任作为一种激励机制，对企业管理来说是一场新的革命。

第二节 新发展观——基于社会责任的公司发展方式的变革

企业承担社会责任是企业可持续发展与社会、经济、生态可持续发展的统一的关键。公司社会责任建设的提出，预示着企业经济活动的行为和方式将发生重大的改变。具体来说，企业的社会责任建设将使企业在首要目标、增长方式、利润观念、与资源的关系、产品成本优势来源、发展要素、收益趋势等方面产生变革。

一、在企业的首要目标上，由求生存到求发展

"企业只有先生存下来了，才能寻求发展"，这是人们长期以来的普遍思维模式，已成为企业界流行的一句口头禅。然而，这种在传统经济时代有效的演进逻辑，在市场竞争激烈的今天很可能是一个陷阱。因为，在传统的经济条件下，

市场相对较封闭，竞争不够激烈，企业与环境、社会的互动程度还不十分强烈，企业的生存相当程度上取决于企业自身。其他的企业短期内不会威胁到自己的生存，因而企业即使不发展也有生存的可能，自然可以先求生存再图发展。然而，在现代社会规则理性、制度规范和程序公正的新环境中，企业除了应对市场的全方位竞争之外，还要恰当地处理企业的生存与发展所涉及的社会责任，企业在起始阶段就要从发展的战略高度超越生存目标。如果再按"先生存，再发展"的演进逻辑进行经营管理，企业不仅不能获得可持续发展，连基本的生存目标也会落空。

二、在企业的增长方式上，由外延式扩张到内涵式增长

改革开放以来，我国企业偏重量的成长，以低成本、低价格、低附加值赢取市场优势，严重忽略了企业质的发展。这种以牺牲环境和忽视人力资本为代价的传统的外延式发展模式必须转向数量增长、质量效益、生态平衡、劳动保护、人文关怀相协调的可持续发展模式。外延式扩张是一种粗放的经营模式，存在着高投入、高消耗、高污染、低产出的问题。内涵式扩大增长方式是通过提高企业的生产效率来谋求企业的发展，能节约有限的社会资源，保证经济的持续稳定发展。

三、在企业的利润观念上，由追求利润最大化到追求社会效益最大化

在全球化的大潮中，经济、社会和环境因素强烈互动。企业不仅是区域经济的基本组织，也是区域社会的基本组织，更是一个可以直接贡献或破坏自己生存发展环境的重要角色。因此，企业不仅要追求"利润最大化"，还要为创造实现"利润最大化"的经济、社会和资源环境而努力。消除贫困、促进社区发展、保护资源环境、改善并维护职工权益被有远见的企业家视为企业发展的新机遇。在可持续发展的理念中，企业仅以追求利润最大化作为终极目标显得过于狭隘和自私，而承担一定的社会责任则是可持续发展的公平原则。企业在创造利润、对股东利益负责的同时，还要承担对员工、消费者、社区和环境的社会责任，包括遵守商业道德、生产安全、职业健康、保护劳动者的合法权益、保护环境等。基本的公司社会责任分为生产安全、职业健康和权益保障。目前，企业的社会责任主要集中在劳动合同、劳资纠纷、加班、职业健康、生产安全、权益保障六个方面。[1]

---

[1] 王晶晶. 基于社会责任视角的 S 石油公司企业价值评估 [D]. 沈阳：沈阳农业大学，2019.

四、在产品低成本优势的来源上，由压低工资到管理创新

当今时代，单纯依靠低工资的劳动力降低成本参与市场竞争，已经越来越困难了。迈克·波特（Michael E. Porter）早在《国家竞争战略》一书中就明确指出，竞争力与廉价劳动力之间并无必然联系。产业竞争中，生产要素非但不再扮演决定性的角色，其价值也在快速消退。实践证明，企业的可持续发展最终仍然要依靠技术创新、管理创新和制度创新得以实现。

约瑟夫·熊彼特（Joseph Schumpeter）指出，创新活动是通过挑战现状和重新组合这样的创造性的摧毁过程来实现变革，由此创造出新产品、新市场、新工业、新技术以及新型的组织形式。按照熊氏的观点，创新活动是指存在于惯例范围之外的事件和程序，是对经济作出的"创造性反应"，绝不是因循守旧。文卡塔拉曼（Venkataraman）对此进行了解读，运用熊氏的定义，企业创新是一系列体现社会活力和再生能力的活动和过程，表现为个人、团体、组织或企业的合作行为。这个宽泛的定义抓住了创业者与企业创新活动的实质，无论具体的人或环境如何，它同时也强调了作为创新精神发源地的中小企业的起步和创新。另外，创新也被视为创造私人财富的法宝，并转而通过一定的过程实现社会利益，比如，增加就业率或提高就业质量。有益的创新同样有助于生活质量的提高。企业的低成本应该建立在高科技和企业的科学管理上，而不应该建立在员工的超低工资水平之上。而社会责任管理全面改变了企业传统的成本管理战略，从过去更多地依靠降低劳动力成本到企业更多地思考员工的生产效率，重新计算制造成本，改造生产经营流程，将社会责任管理的思想应用到管理体系中。单一依靠廉价劳工优势来生产和扩大出口已不能为企业带来竞争优势，相反，一味地追求劳动力成本的降低反而会遭到国际市场的唾弃。

五、在企业可持续发展的要素上，由依靠有形资源到依靠无形资源

在现代市场条件下，企业之间竞争制胜的关键不再是物资、设备、厂房等有形资源，而是更多地依靠技术、人力资本、品牌价值、社会美誉度等无形资源。一个可持续发展的企业必定是异质性程度比较高的企业，而企业的异质性主要来源于无形资源。一个可持续发展的企业，其无形资源的价值通常远大于有形资源的价值。据国际权威的资产评估机构调查估计，一个企业的无形资源的价值可以是有形资源的 4～5 倍。公司社会责任建设能够提升企业的社会形象，激发员工的创造潜能，增加客户的满意程度，协调社会关系等，给企业带来丰厚的无形资

源价值。而且，公司社会责任是一种时空要素兼备的多维无形资源。在时间上，公司社会责任是既能把握企业的今天又可控制企业的未来的资源；在空间上，公司社会责任的有关因素可以不断扩展企业的发展空间，激活企业的有形资源。公司社会责任通过时间上的持久性和空间上的延展性功能，实现企业的可持续经营。

六、从收益的趋势上看，社会责任的投入可能会出现边际收益递增

传统经济学有一条边际收益递减规律。其基本内容是：在技术水平不变的情况下，其他生产要素的投入不变时，一种可变的生产要素投入的增加最初会使产量增加，但当它的增加超过一定限度时，边际产量会递减，最终还会使产量绝对减少。但是，企业用于社会责任建设的投入并不遵循边际收益递减规律，初期的投入可能并不会增加企业的收益，反而会增加企业的运营成本。随着投入累积到一定程度，公司社会责任的投入就会出现边际收益递增，而且越来越具有规模效益和长久利益。

基于企业的社会责任建设，企业为保持可持续发展的企业目标、发展路径、企业竞争优势的来源，正在持续地发生着变化，这种变革的程度决定着企业可持续发展的时间长短。可以说，企业没有社会责任，就没有企业可持续发展的未来。

第三节 竞争优势再造——公司社会责任建设的成本效益分析

短期来看，承担社会责任必然会带来企业利益的损失。从这一点来看，企业承担社会责任将带来经营成本的增加，从而影响其经营业绩。例如，为了维持一个良好的文化氛围，对慈善事业和公益事业的捐赠，都将立即增加企业成本，导致业绩下降。表面上看，企业承担社会责任与企业绩效负相关，事实上，这只是企业短期财务绩效与公司社会责任的关系，从长远来看未必如此，著名跨国公司的长期战略规划中都包含着社会责任部分。

如图 8-1 所示，假设在 t_0 期初企业的利润为 n，t_0 期企业的利润以 g_1 的速度增长。在 t_0 期末，企业需要决定是否积极承担社会责任。如果承担社会责任，则需要连续两期投入相同的成本，这会在 t_1 和 t_2 两期降低企业的利润水平。但是从 t_3 期开始，企业的利润增长率因为勇于承担社会责任而得到了提升，上升到 g_2，$g_2 > g_1$，企业从此进入 B 曲线的利润增长轨道。而如果企业不积极承担社会责任，则保持原来的 A 的增长轨道。从图 8-1 可以看出，在 t_4 期企业的利润水平重新

回到旧的水平之上，如果此后更多的利润能够补偿原来的利润损失，企业将勇于承担社会责任。在这一点上，世界上许多成功的企业给我们树立了良好的榜样。

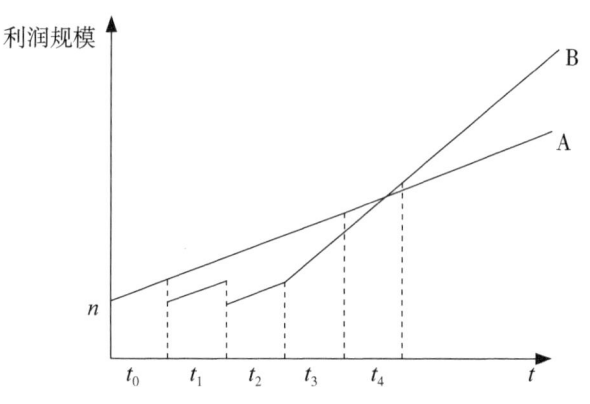

图 8-1　企业利润规模与公司社会责任的关系

一、公司社会责任增加企业的经营成本

（一）公司社会责任建设会加大企业的运营成本

公司社会责任建设必然加大企业技术、环保方面的投入，增加改善工人劳动条件的投入，引进先进的测试设备，耗费更多的时间和精力、更多的管理费用和成本，争取社会责任标准的认证费用等，这些必然直接增加产品成本，削弱产品的价格竞争优势，削弱我国产品在国际市场上的竞争力。就拿 SA8000 认证来讲，认证一般需要 1 年的时间，证书有效期为 3 年，每 6 个月复查一次，申请认证的费用达十几万元人民币，这对国内中小企业而言是一笔不小的开销。SA8000 有 3 种成本——评估现有状况、制定系统原则和程序、控制和记录所需的时间成本和补救措施，第三类认证审查和不断进行的控制和监督审查的成本。现阶段，我国劳动密集行业的部分工厂要完全达到 SA8000 的标准，需要有一定程度的投入。以 SZ 市 D 镇一家有 3000 多名员工的港资企业为例，对照 SA8000 要求，发现每月将增加 300 万元的支出（主要是加班工资和安全设施的费用支出），企业根本无法承受。受实力的限制，按照 SA8000 标准所增加的成本将导致一些以低成本为竞争利器的制造业降低或丧失竞争力，甚至破产关闭，实际上是将这些企业挡在了发达国家市场的大门之外。[①]

假设某企业接到外国订单的需求量为 x，产品销售价格为 p，假设每单位产品需要消耗 1 单位的劳动力（为简单起见，我们通过调整劳动力名义价格将此标

---

① 程晨. 企业社会责任对创新产出的影响[J]. 现代企业，2021（2）：27-28.

准化为 1 单位），每单位劳动力的成本（工资待遇）为 c_{11}，需要消耗 1 单位的设备成本，价格为 c_{21}，消耗 1 单位的管理成本，价格为 c_{31}。假设在此条件下，企业的净利润 π_1 大于零，即

$$\pi_1 = px - c_{11}x - c_{21}x - c_{31}x = (p - c_{11} - c_{21} - c_{31})x > 0$$

若需求方要求该企业执行更加严格的社会责任标准，而这会导致企业需要支付给员工更高的工资、投资更多的设备、支付更高的管理成本，使得单位产品的劳动力成本上升为 c_{1h}，设备成本上升为 c_{2h}，管理成本上升为 c_{3h}。不过，提高员工待遇能够一定程度提高生产效率，原来一件产品需要 1 单位劳动力，现在只需要 $t < 1$ 单位的劳动力。此时，企业的净利润为

$$\pi_2 = px - c_{1h}x - c_{2h}x - c_{3h}x = (p - c_{1h} - c_{2h} - c_{3h})x > 0$$

企业是否能够在此条件下继续生存，要看 $p - c_{1h} - c_{2h} - c_{3h}$ 是否大于零。不难看出，短期内员工的劳动生产率提高往往有限，并且员工待遇提高、新增设备投资以及出现额外管理成本在短期内给企业运转带来沉重压力，很多企业会因为 $p - c_{1h} - c_{2h} - c_{3h} < 0$ 而被迫退出市场。另外，企业规模大的话，在执行新标准时会有优势，这是因为许多设备投资属于一次性的固定投资，规模大则成本能够平摊到更多的产品上，单位产品的设备成本上升则较小；而部分的管理成本也具有这样的性质。

（二）公司社会责任建设可能影响外商投资

我国近年来吸引外资的步伐加快，跨国公司对我国的投资无论是规模、地区，还是行业都有了飞速的发展。其中除了潜在的经济发展速度和市场之外，廉价的劳动力是外商投资的动力之一。如果企业要全面达到国际公司社会责任守则的审核或认证标准，则劳动力价格将在现有的基础上有所上升，我国劳动力优势可能会丧失，甚至变成劣势，从而降低对外资的吸引力。

不考虑其他因素，单独考虑劳动力成本对外商直接投资的影响，一种情况就是，当我国劳动力成本 w_c 上升后仍然低于其他国家的劳动力成本 w_o 时，外商直接投资的目的地仍然选择我国。但是，劳动力成本上升会使得一些外商直接投资变得无利可图，从而退出投资领域，我国将直接失去这部分的投资。另外一种情况是，我国的劳动力成本上升后，高于其他某些发展中国家的劳动力成本，此时将会有部分原来流向我国的直接投资转向这些低劳动力成本的国家。假设上升后我国的劳动力成本为 w_c，某些发展中国家的劳动力成本为 w_o，$w_o < w_c$。此时投资者将会比较资本转投到其他国家所节约的劳动力成本和投资到其他国家所带来的其他一些成本的大小，然后作出投资到何国的决定。某项投资的大小用 i 表示，

投资后需要雇用的劳动力数量为 $x(i)$，$x'(i)>0$，$x''(i) \geqslant 0$。而投资到其他国家的额外成本为 $t(i)$，可以将其理解成与投资于中国时的此类成本的差额，$t(i)>0$，$t'(i)>0$，$t''(i)<0$，即企业投资数目越大，需要支付的单位额外成本越小，体现了一种规模效应，例如企业适应当地市场环境、政府行为和修好与政府关系的成本等。所以，当 $w_c x(i)>w_o x(i)+t(i)$，即 $(w_c-w_o)x(i)>t(i)$ 时，企业会放弃在中国投资或者将投资撤离中国。具体如图8-2所示。在我国工资上升到 w_{c0} 的情况下，投资规模大于 i_0 的项目都不会投资到中国，只有小于 i_0 的项目会到中国来。在我国工资上升到更高的 w_{c1} 的情况下，投资规模大于 i_1 的项目都不会投资到中国，我国将损失更多的外国直接投资。当投资到其他国家与投资于中国时的额外成本的差额为负数的时候，任何项目都不会投资到中国来。不过，现实中我国除了劳动力成本优势外，还具有许多其他明显的优势，如巨大的市场潜力等。

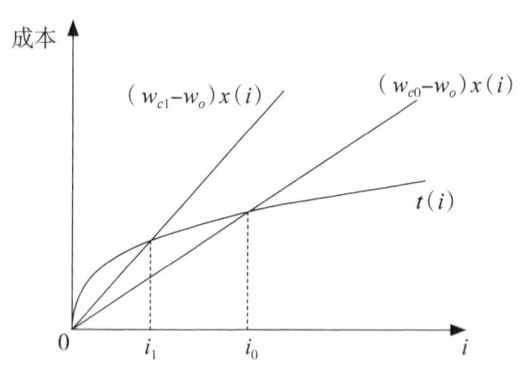

图 8-2 劳动力成本对外商直接投资的影响

二、公司社会责任塑造企业新的竞争优势

公司社会责任建设固然会增加企业的运营成本，但它也能为企业创造出独特的优势。总体来讲，公司社会责任建设与企业绩效正相关。

道琼斯分析师认为，凡资产回报率高的企业，在治理污染和节约资源方面都同样优于竞争对手；凡充分考虑社会和环境影响的企业，股票业绩都比其他企业好。在国际上，是否履行社会责任正成为企业是否能进入全球市场的关键。

具体来说，公司社会责任能为企业塑造出以下新的竞争优势。

（一）效率优势

企业履行社会责任不仅体现了企业对社会的贡献，而且也体现了企业对员工的关怀。员工劳动环境的改善以及对劳工利益的保护，可提高员工的长期忠诚度，充分发挥其主动性和创造性，能够大大提高企业的劳动生产率。据美国知名运动鞋公司新百伦的报告，其在中国的合约工厂通过实施国际社会责任标准，工作时间减少了，生产率提高了25%，发挥了良好的杠杆作用。1962年，基尔比（Peter Kilby）发表了国际劳工组织（International Labor Organization，ILO）的生产率论证机构对印度、缅甸、印度尼西亚、马来西亚、泰国、巴基斯坦和以色列等国家不同行业调查的报告结果。调查结果表明，经过简单的改变（包括工厂的布局、职工工资的支付方法、工人的训练和监督的改变等），产品质量普遍提高，劳动生产率平均提高75%，单位劳动和单位资本的成本下降约35%。这些经验数据告诉我们，组织和行为因素对企业的生产效率有着很大的影响。

相反，如果企业不重视员工的权益，就必然会使员工不满，员工流失率高，生产效率和产品质量下降。在我国东南沿海地区曾经出现过严重的"民工荒"现象。企业由于招工困难，不得不暂时或部分停产。一个企业，如果没有了稳定的员工队伍，何谈发展和可持续发展？著名经济学家舒尔茨（T. Schultze）认为，提高人的经济价值是释放生产力和实现经济增长的必要前提。我国企业应该以上例为鉴，规范用工制度，改善劳动环境，组织职工培训，提高企业人力资源的可持续发展能力。

（二）形象优势

企业形象是社会公众对企业的组织行为（包括商品、服务、员工行为、经营作风、标志、信条和广告等）的综合性总体评价。这种评价是社会公众通过亲身体验、人际交流、宣传媒体等途径的传播，耳濡目染以及通过自己的理性思考而形成的认识。企业形象作为企业最有价值的无形资产，会对企业的市场行为起到巨大的推动作用。企业承担相应的社会责任，也有利于企业凝聚力的积淀和企业社会形象的提升。

国外的跨国公司在选择我国的合作伙伴时，也往往将社会责任标准作为一个重要的选择依据。对那些工作条件恶劣、环保意识薄弱、没有社会责任感的制造企业，即使合作成本较低，跨国公司也会弃之不顾，因为与这样的企业合作意味着要承担较大的道德风险，而这种道德风险随时都有可能会转化为商业风险。反之，声誉良好、社会责任感强的企业就比较容易成为跨国公司优先选择的合作伙伴。例如，挪威的先锋公司是一家生产军用服装的跨国公司，其产品主要销往北欧诸国。出于对北欧各国进口商品要进行严格的社会标准审核的考虑，该公司在中国选择合作伙伴时，主要就是按照国际流行的 SA8000 标准，从众多的候选者中选择了西安和无锡的两家社会声誉较好的企业作为投资对象。

假设一家跨国企业可以在企业 1 和企业 2 两家企业中选择一家作为合作伙伴，为其提供中间产品。假设跨国企业需要的中间产品数量为 x，其中企业 1 向跨国企业开出较低的价格 p_1，但是该企业是一家没有通过公司社会责任守则审核或认证的企业，外界对其是否承担了社会责任并不是很清楚。而企业 2 则向跨国企业开出较高的价格 P_2，但是该企业是一家通过了公司社会责任守则审核或认证的企业，比较好地承担了社会责任活动。假设跨国企业选择任何一家企业作为合作伙伴，都需要付出一定的合作（沟通、协调）成本，分别记为 n_1、n_2。

此外，由于企业 1 没有通过公司社会责任守则的审核或认证，非常有可能没有合乎要求地承担社会责任，所以有可能导致跨国企业遭受道德损失从而导致经济损失，记发生概率为 q，一旦损失发生，该经济损失的大小记为 m；而由于企业 2 通过了公司社会责任守则的审核或认证，发生道德风险的概率趋近于零，所以该损失忽略不计。另外，在选择企业 1 作为合作伙伴的情况下，跨国企业可以付出额外的努力（监督、视察）c 来降低和企业 1 合作时的协调成本 $n_1(c)$ 以及道德风险引发经济损失的概率 $q(c)$。

$$n_1'(c)<0,\ n_1''(c)>0,\ q'(c)<0,\ q''(c)>0$$

所以，当跨国企业选择企业 1 作为合作伙伴时，目标是 $\min\{p_1x+q(c)m+n_1(c)+c\}$，只要

$$q(c)m+n_1(c)+c>q(0)m+n_1(0)$$

跨国企业就会付出一定的努力来降低协调成本和道德风险发生的概率。而最优的努力程度 c^* 由下式确定：

$$q'(c)m+n_1'(c)=-1$$

当跨国企业选择企业 2 作为合作伙伴时，由于企业 2 已经通过了公司社会责任守则的审核或认证，跨国企业无须通过额外努力来降低协调成本 n_2，也难以降低协调成本，因为此时协调成本已经较低。因此跨国企业选择企业 2 时，面临的成本为 p_2x+n_2。当

$$p_1x+q(c^*)m+n_1(c^*)+c^*>p_2x+n_2$$

跨国企业会选择企业 2 作为合作对象，即更加偏好于通过了公司社会责任守则的审核或认证的企业。具体为

$$q(c^*)m+c^*+[n_1(c^*)-n_2]>(p_2-p_1)x$$

即发生道德风险导致经济损失的概率较大和该损失较大，企业2的协调成本相对较低，企业2的索取价格相对不太高的时候，跨国企业宁愿选择企业2。但是，即使

$$p_1+q(c^*)m+n_1(c^*)+c^* < p_2x+n_2$$

跨国企业也不一定会与企业1进行合作，原因是尽管因为道德风险而遭受经济损失 m 只是一个概率 $q(c^*)$ 而并不一定发生，但是一旦发生，遭受的损失 m 往往非常大，此时必定有

$$p_1x+m+n_1(c^*)+c^* > p_2x+n_2$$

甚至导致跨国企业陷入亏损。理性的跨国企业宁愿接受更高的企业2的报价，以规避风险。尤其是在国际市场上，在全球媒体和消费者越来越关注劳工问题时，有效地实施社会责任有利于保护和提升企业品牌，避免企业品牌因劳工标准问题受到损害，树立出口企业良好的社会形象，赢取商业信誉。

（三）销售优势

理论与实践的结果告诉我们，企业越是注重社会责任的承担，其产品和服务就越有可能拥有更大的市场份额。道琼斯可持续发展指数的金融分析师发现，与丝毫不考虑社会和环境影响的企业相比，那些充分考虑了上述因素的公司股票业绩更佳。顾客的社会意识逐步加强，特别是欧美顾客，不仅注重产品是否能满足自己的需要，更关心产品是如何生产出来的。在市场经济条件下，消费者按照本人的意愿和偏好在市场上选购各种消费品，消费支出等于他们对各种商品生产者投"货币选票"。在消费者看来，企业如果将社会责任融入经营理念和战略中，就会将社会责任渗透到产品生产和销售的每个环节，消费者就会对该企业的产品建立起稳定的信任感，并产生消费关联效应。

假设一家企业在当期销售一种品牌的产品，在当期末开发一种新品牌的产品并在下一期投入市场。已知企业推出新产品有利可图。企业可以决定当期是否为承担社会责任而支付成本 c，企业承担社会责任的程度会影响企业原有产品的销量和价格，影响新推出产品的销量以及企业为推广新产品而做的广告的效果。设已有产品的价格为 $p_1(c)$，销量为 $q_1(c)$，生产成本为 $c_1(q_1(c))$，$p_1'(c)>0$，$p_1''(c)<0$，$q_1'>0$，不对销量的二阶导数符号作明确限定，$c_1'(q_1(c))>0$，$c_1''(q_1(c))\geq 0$。企业履行社会责任程度不影响新品牌产品的价格 p_2，影响其销量 $q_2(c,a)$，给定广告量 a，$q_2'(c)>0$，不对销量的二阶导数符号作明确限定；给定 c，$q_2'(a)>0$，$q_2''(a)<0$，另外，$\dfrac{\partial q_2'(a)}{\partial c}>0$，即履行社会责任程度越大，

广告的效果越好。所以，企业的决策是选择最优的 c 来最大化 π_1：

$$\pi_1=[p(c)q_1(c)-c_1(q_1(c))]-c+[p_2q_2(c,a)-c_2(q_2(c,a))-a]$$

当然，只有在

$$\pi_1>\pi_2=[p_1(0)q_1(0)-c_1(q_1(0))]-c+[p_2q_2(0,a)-c_2(q_2(0,a))-a]$$

时，企业才会积极主动履行社会责任。最优的 c 由下式确定：

$$q_1(c)\frac{\partial p_1}{\partial c}+p_1(c)\frac{\partial p_1}{\partial c}-\frac{\partial c_1}{\partial q_1}\frac{\partial q_1}{\partial c}-1+\frac{\partial c_2}{\partial q_2}\frac{\partial q_2}{\partial c}=0$$

如果边际收益恒大于边际成本，则企业会一直加大履行社会责任的力度，直到达到企业能力极限。最优的广告数量由下式确定：

$$p_2\frac{\partial q_2}{\partial a}=\frac{\partial c}{\partial q_2}\frac{\partial q_2}{\partial a}+1$$

因为 $\frac{\partial p_2'}{\partial c}>0$，所以企业承担社会责任的程度与企业广告量正相关，如果企业广告量带来的销售量上升使净利润增加，企业就会乐意这样做。不难看出，对于新品牌的影响，企业承担的社会责任 c 既通过影响销量又通过影响广告效果间接地影响销量，最终影响企业的利润。这种情况下，企业应该花更大的精力去研究如何提高承担社会责任带来的正面效应和效益。

中国加入WTO后，越来越多的中国企业走出国门，参与到全球竞争，在社会责任已经成为新贸易规则的情况下，就更要求企业承担社会责任。全球化生产中，价值链被分解到世界各地的企业。在全球采购中，信任度是一个重要的衡量标准，维持信任的一个重要机制是制定和执行各种标准。

近年来，沃尔玛、雅芳、通用电气等超过200家跨国公司巨头开始在订单中添加社会责任的条款，要求企业必须通过社会责任的审核才能进入电子订单系统。值得一提的是，这些企业还在中国设立了社会责任部门。自1997年以来，我国沿海地区已有超过35000家企业接受过跨国公司的社会责任审核，许多企业因为不符合要求而被取消了供应商资格。

（四）差异化优势

如果一个企业的产品无论在性能、外观还是其他方面都具有独特性，它就具有了有别于其竞争对手的经营歧异性或是差异化，就能维持部分垄断。差异化可以使企业获得溢价，这种溢价可以用来补偿由于差异化增加的成本，并给企业带来较高的利润。公司社会责任建设能增强企业的差异化优势，提高产品的不可替代性，提高企业可持续发展的外动力。企业承担社会责任，通过公认社会责任标准的审核或认证，会有更好的市场声誉和市场机会。

假设一个线性模型，长度为 1，消费者均匀分布，位置记为 $z \in [0, 1]$，即距离城市左端的距离。在城市的左端有企业 1，该企业积极地承担了社会责任；在城市的右端有企业 2，该企业没有积极地承担社会责任。两家企业生产的产品的成本都为 c，企业 1 索取的价格为 p_1，企业 2 索取的价格为 p_2。每个消费者最多消费 1 单位的产品，获得 v 的总效用。从企业 1 购买一件产品所花费的总成本为 p_1+t_1d。其中，d 表示消费者和企业 1 之间的距离，$t_{1/2}$ 是每单位距离的成本。距离的交通成本的出现引入了产品差异化的概念，因为即使在相同价格条件下，一些消费者仍然偏好于购买其中一家企业的产品。从企业 2 购买一件产品所花费的总成本为 p_2+t_2d。即两家企业的交通成本不相同，这是因为企业 1 积极承担了社会责任。对企业 1 而言，$t_1(s)$ 是关于承担的社会责任 s 的函数，$t'(s) < 0$，当 $s \leq s$ 时，$t''(s) \leq 0$，当 $s > s$ 时，$t_1''(s) > 0$。企业每承担 1 单位的社会责任，引发的成本为 e。

当

$$p_1+t_1(s)z < p_2+t_2(1-z)$$

且

$$v-p_1-t_1(s)z > 0$$

消费者从企业 1 处购买产品。记消费者从两家企业中任何一家购买产品都无差异的位置为，则有

$$p_1+t_1(s)\hat{z} = p_2+t_2(1-\hat{z})$$

解得

$$\hat{z} = \frac{p_2-p_1+t_2}{t_1(s)+t_2}$$

企业 1 的目标是寻找最优的 $s*$ 最大化 $(p_1-c)\hat{z}(s)-se$。当然，企业积极承担社会责任的前提是

$$(p_1-c)\hat{z}(s*)-s*e > (p_1-c)\hat{z}(0)$$

将 $\hat{z}$ 的表达式代入 $(p_1-c)\hat{z}(s)-se$ 中，然后解关于 s 的一阶最优条件，得

$$(p_1-c)\frac{[-(p_2-p_1+t_2)t_1'(s)]}{t_1(s)+t_2}=e$$

此时必须有

$$p_2-p_1+t_2 > 0$$

由于前面限定的 $t_1''(s)$ 的符号性质，该条件有解。企业 1 由于积极承担社会责任获得了差异化的优势。

（五）公共关系优势

企业履行社会责任改善了企业与各方面的关系，使企业与政府、社会之间形成良性互动。当今企业的经营环境已经从传统的单向循环环境变为受企业利益相关者（政府、投资者、商业伙伴、企业员工、消费者、社区和民间社团等）影响的多元环境。任何一个求发展的企业，都在和这些利益相关者发生关系。摆正、协调好这些关系必将极大地改善企业与政府等各方面的关系，有利于提高公众对企业的信任度，获得政府更多的支持，使企业能在一个好的环境中发展，同时快速提升企业品牌形象。

企业积极承担社会责任，能够和公众、政府和环境建立良好的关系，为自己营造一个公共关系优势，赢得消费者的忠诚，赢得市场。

第四节　社会责任问题——我国公司可持续发展中的要点

企业可持续发展的要求改变了企业的经营目标。企业不能仅局限于企业自身怎样谋取最大的经济利益，还应重视企业对社会承担的社会责任。我国企业在公司社会责任建设与企业可持续发展的关系上，既存在着认识上的误区，又存在着把履行社会责任当成实现利润的工具，没有上升到企业战略的高度。

一、我国企业可持续发展中的社会责任误区

（一）误区一：经济责任就是企业的社会责任

传统经济理论认为，企业首先是作为经济组织存在的，具有独立的经济利益。企业对于社会责任的认识在于，高效率地提供社会大众需要的产品和服务，并以消费者剩余最大的价格销售它们。我国的市场经济建设起步很晚，和目前发达国家成熟的市场机制尚有差距，因此这种传统的公司社会责任观点在我国也被一些企业所认可。这些企业不考虑自身的社会责任，不关心企业的利益相关者，忽视了企业的可持续发展，在利润最大化目标的驱使下，把利润作为唯一的追求，在经营行为上就难免把职工作为获利的工具，把自然资源作为肆意掠夺的对象。

但是，现代企业处于一个开放的、具有多种功能的社会系统中，并非仅仅以追逐利润的个体而存在，现代企业应当是在一个相互需要、相互依存的社会环境中从事生产和经营活动。追逐利润是企业市场行为的主要方面，但企业对社会发展所

负的责任不应仅限于利润最大化，社会责任应贯穿于企业经济活动的全过程，包括获取利润的途径、方法和手段，对外部环境的影响等方面。同时，随着经济、社会和科技的高速发展以及人们的富裕程度、教育水平与文明程度的不断提高，人们的社会关注意识增强了。现在的消费者不仅关心自己需求的满足，还进一步关心整个人类社会的进步、发展和长远的利益。他们对企业提出了更高的要求，要求企业在生产时不仅要考虑到眼前的效益，还应承担一定的社会责任。企业良好的公众形象、和谐的工作氛围也有利于企业的长久生存和发展。而一个企业要想获得良好的公众形象，就必须致力于相应的社会目标。同样，和谐的工作氛围也能使企业创造出更好的生活质量和更令人向往的团体，这就需要企业承担一定的社会责任。

此外，企业经济活动的外部性所导致的问题，如环境污染、资源开发等公害，其实只是将企业成本的一部分转嫁给社会，这种企业利益和社会利益的冲突造成的不和谐，客观上要求企业以社会利益为重，承担在环境、资源方面的责任。因此，我国企业应该超越狭隘的、将经济责任等同于社会责任的观念，树立正确、规范、有利于企业可持续发展的社会责任观念。①

在很多情况下，企业进行生产都会对环境造成一定的负面影响，企业生产规模越大，影响程度越大。而负责任的企业往往会意识到这一点，尽量在生产过程中加以控制，如果无法控制，则会在事后给予社会一定的补偿。如图 8-3 所示，企业生产规模用 Q 表示，收益用 PR 曲线表示，生产成本用 PC 曲线表示，企业根据自身的利润最大化原则，确定 Q_0 为最优生产规模，获得利润 $A+B$。但是，企业应该考虑到生产给社会带来了负面外部效应，社会受到的负面影响用 SC 曲线表示。在 Q_0 点，社会遭受 A 的损失。如果企业要完全给予社会补偿，需要返还社会 A 的部分的利润。从社会角度而言，纯收益曲线为 NR，即 $PR-SC$，要使得 $PR-SC-PC$ 最大化，最优的生产规模是 Q_1。

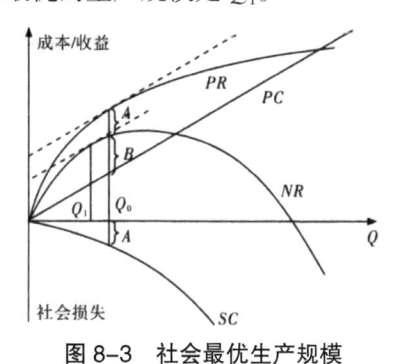

图 8-3　社会最优生产规模

---

① 刘朝霞. 履行社会责任与企业可持续发展的关系实证研究 [J]. 经营与管理, 2020（6）: 62-66.

（二）误区二：企业自身的内在的社会性责任

企业到底应该承担哪些社会责任，取决于与企业有着密切关系的利益相关者，一般包括：政府、投资者、消费者、员工、社会和环境。具体来说，企业应当承担以下几种社会责任。

第一，企业对政府的社会责任。企业应该遵纪守法，诚信经营，照章纳税，解决社会就业，积极响应国家号召和承担政府规定的其他责任义务，并接受政府的依法干预和监督。

第二，企业对投资者的社会责任。这要求企业在经营过程中，为投资者提供较高的利润，保证企业资产的保值与增值。

第三，企业对消费者的社会责任。企业对自身在市场上提供的产品或服务对消费者履行在质量上的承诺，不得欺诈消费者和牟取暴利。

第四，企业对员工的社会责任。企业对员工的人身安全、工作条件、薪酬、教育等方面应该承担义务。

第五，企业对社会的社会责任。企业对社会慈善事业、社会公益事业以及所在社区建设方面应该承担责任。

第六，企业对环境的社会责任。企业在环境维护方面应该承担责任，如实行绿色生产、合理利用资源、研发绿色产品。

我国企业在这些社会责任中，对自愿性的社会责任比较关注，而对企业自身应该履行的强制性责任，如税收、职工安全等却有所疏忽。过多地关注自愿性的社会责任会使企业经营迷失方向，而对强制性社会责任的疏忽必然会使可持续发展受阻。另外，在我国传统的经济体制下，企业职能多元化，企业变成了"大而全""小而全"的小社会，导致企业应该承担的社会责任没有完成，而非企业承担的社会责任却承担了许多，如企业办学校、企业办社区、企业办医院等，这不但无助于社会问题的解决，相反会影响企业再生产活动的顺利进行，进而危及企业的可持续发展。随着国有企业改革的深入，政府要彻底改变用行政手段对企业强行摊派、捐赠、赞助以及接纳多余劳动力等做法，深刻认识到公司社会责任的有限性与特殊性，严格尊重企业的志愿行为。随着市场经济体制的不断完善，企业自身也应该远离政治，做实产业，加强自身道德修养，洁身自好，树立正确、必要的社会责任观。

二、我国企业可持续发展中存在的社会责任问题

我国企业除了在公司社会责任方面存在上述误区之外，或多或少还存在着以下问题。

（一）公司社会责任观念淡薄

一些企业受财力不足和竞争压力的困扰，希望社会职能承担得越少越好，主要表现为偷税漏税、不合理裁员、大量使用临时工以减少相应社会性支出等；同时，由于市场发育本身是一个逐步完善的过程，市场机制一些固有的缺陷使得市场自身无法弥补那些由于政府和企业在有关社会责任方面的渐行渐远而形成的空白。在此情况下，那些受传统思路影响，原本就对尚未彻底弄清过去单位履行的社会职能与现实要求企业承担的社会责任等观念的区别的企业，出现责任和界限等的游移、模糊当属必然。而这种模糊和游移恰恰反映出企业的高层主管对如何从企业的社会责任角度，利用公关工具构建企业的可持续发展战略问题尚感生疏。

（二）把履行社会责任更多地当成公共关系

企业的社会责任很容易被归入一般意义上的公共关系活动范畴，这样一种对社会责任的定位决定了企业的社会责任建设往往是以产品的销售为基本目的的。因此，一部分企业在公关活动中热衷搞一些捐赠与赞助，如灾后捐赠、向贫困地区捐赠、"希望工程"等助学捐赠、体育赛事赞助、影视赞助、对大众传媒的赞助等，而不能从整体上、企业的可持续发展上进行公司社会责任的系统建设。

三、基于可持续发展的我国企业的社会责任建设

目前，国内社会责任报告发布数量稳步增长，企业对于公司社会责任信息的披露越来越积极主动，公司社会责任理念逐步增强。中国的企业家们普遍希望更好地履行社会责任，将企业纳入永续经营的运行轨道。下面笔者对企业追求可持续经营、提高公司社会责任能力提出几点建议。

（一）把承担公司社会责任提升到战略高度

企业在制定战略时，不仅要照顾到各个股东的利益，而且要考虑企业对用户、环境保护主义者、少数民族、社区及其他集团所负有的责任。在制定战略时，对公司社会责任进行确定和表达，可以促使公司社会责任的贯彻和实施，避免把公司社会责任的承担当成一种营销技巧或广告策略，走入短视经营的误区。

（二）强化规范经营意识

企业规范意识主要体现在三个方面：一是企业行为要规范，不仅仅关注财富的物质增长，同时要关注企业行为背后的精神内核和对国家、对社会的责任，做到遵纪守法、合规经营、依法纳税、诚信健康；二是企业要与国际接轨，建立现代企业制度，通过全面管理、文化管理，以企业精神引领企业文化，用科学发展观创造"绿色"财富，实现企业可持续发展；三是企业管理制度创新，实现管理制度的规范化和科学化，打造承担社会责任的新型企业文化。企业的发展和利润来自企业的责任，全世界历史悠久的优秀企业无疑都是规范经营的结果。

（三）注重企业的社会形象

企业要实现可持续发展，需要一个宽松的政治、社会、文化、舆论大环境。一个可持续发展的企业的经营目标，绝不仅仅是实现经济效益和利润的最大化，也要重视社会效益，树立企业良好的公众形象。企业应以社会责任为己任，积极参与社会公益事业，用行动践行诚信和公平，使个人、企业和社会三者共赢发展，进而提高企业、品牌的影响力、竞争力和文化力，保证企业的可持续发展。

（四）把保护环境作为企业发展的战略基点

保护环境是企业经营中的永恒主题，我国企业应在环境保护的问题上持积极的态度，在提高企业效能和效率的同时，积极建立和实施环境保护的策略。不管企业经营的是什么，都应为环境保护作贡献，正如国际著名企业美孚石油公司总裁的看法：对一个企业，良好的环境表现不是一种可有可无的选择，它是一个不可缺少的基本要求。在我们看来，建立绿色企业是唯一的出路与必然选择。只有这样，才既可以树立良好的企业形象，也可以为企业节约资源，降低成本，增加利润。

（五）按照国际贸易准则进行生产经营，积极与国际标准接轨

在经济全球化趋势下，企业的经营国际化，企业的产品和服务面向全世界的消费者，企业生产的产品和服务必须符合国际标准，才能得到国际社会的承认，企业才能得以生存和发展。任何企业都是社会的一员，社会是企业利益的源泉。企业在享受社会赋予的自由和机会时，也应该以符合伦理、道德的行动回报社会。我国企业要积极履行社会责任，努力提升企业道德指数。公司社会责任建设既是当代企业管理发展的趋势，也是我国企业保持可持续发展，与国民经济和社会协调发展的必然要求。

第九章　现代公司社会责任评价研究

为清晰、准确、直观地阐述现代公司社会责任评价研究，本章笔者以 Q 集团股份有限公司（以下或称为"Q 公司""Q 集团"）为例，进行详细的阐述。

第一节　现代公司社会责任履行情况概述

一、基础理论

（一）社会绩效理论

CSP 模型就是公司社会绩效（Corporate Social Performance，CSP）。20 世纪 70 年代初期，在社会议题管理方面，尤其是关于公司应该履行何种社会责任的探讨里，提出了两种不一样的看法。其中一方为密尔顿·费里德曼，他提出了经济学的传统看法，觉得公司的唯一任务就是为广大股东带来更多收益；然而另外一方，基于霍华德·博文在 20 世纪 50 年代于《企业家的社会责任》中指出的"公司应当主动履行社会责任"的看法之后，理论界与实践界普遍认同这种超越经济责任之外的社会责任观念。然而关于公司社会责任的概念、内涵与外延，还有怎样履行公司社会责任则有不同看法，部分学者开始尝试通过各种概念进行阐述，公共责任、公司社会绩效、经济道德、社会回应与议题管理等概念纷纷产生，然而这种概念或者看法只是体现了公司社会议题管理或者公司和社会关系的一些方面，一些专家提出应该建立一种模型结构来整合前面观点，有助于人们意识到公司应负的社会责任，还有怎样履行与评估这种责任，企业社会绩效理论及其模型就是基于此形成的。

一般来说，卡罗尔被当成是这种理论的提出者，他从九种较为典型的看法里，归纳得到一种包含三种维度的 CSP 模型图，具体如图 9-1 所示。

图 9-1　CSP 模型

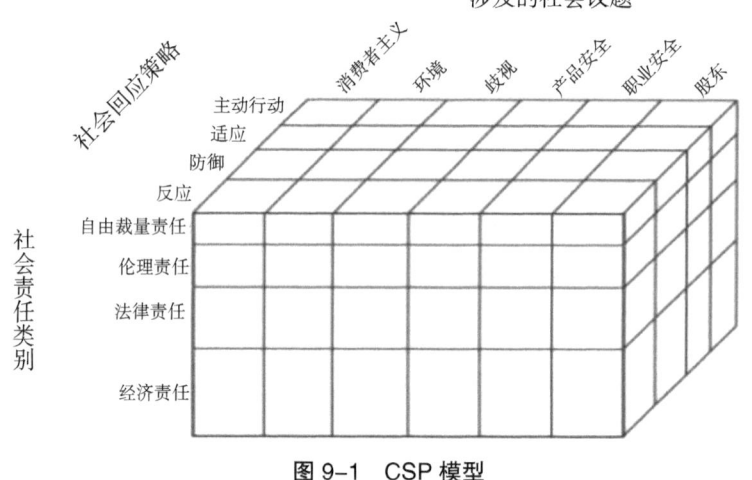

1.卡罗尔模型的第一个维度是公司社会责任的类别

根据卡罗尔的看法，公司社会责任包括了在一定阶段内，整个社会对于公司经济、法律、伦理与自由裁量的预期。该学者并未反对费里德曼的看法，他提出，作为一种经济组织，经济责任是公司最实质也是最关键的应履行的责任，不过并非公司的唯一任务；作为社会的主要构成部分，社会赋予并引导公司实现生产性活动、为社会提供商品与服务的权利，但也建立了公司应遵守的立法规范，而且希望公司在立法规定的结构内达到盈利目标，所以，公司承担对应的法律责任。尽管公司的经济与法律责任里均带有伦理标准，不过目前社会对于公司的预期可能超越了立法规定的范畴，特别是20世纪70年代之后，对于公司伦理经营活动的预期，使人们意识到公司伦理责任的关键性。另外，人们对于社会赋予了某些不能清楚表达的期望，是否负有或者应当负有各种责任。基于个体或者公司的主观判定与倾向，属于一种自愿性活动，比如慈善捐赠或者为工作的母亲提供日托服务等，卡罗尔将其称为公司的自由裁量责任。

图9-1表示的四大责任的排序与比例并非任意的。经济责任属于其中的基础所在，而且占有较高的比重，其他责任按照顺序进行排列，其中的联系能够通过金字塔形进行描述，卡罗尔就是基于此阐述了各类责任对于公司来说的关键性和公司在履行社会责任时的具体次序。与此同时，该学者在研究时提出，这些责任之间并非彼此排斥，并非稳定，而是极易发生互相转化。

2.卡罗尔模型的第二个维度是企业涉及的社会议题

在研究公司社会责任的概念与类型之后，卡罗尔提出应该研究和四大责任相关联的或者公司应该面对的各类社会问题。尽管各大领域面对的社会问题是存在差异的（如银行不及生产商关注环境或者污染情况），并且各个阶段公司面对的社会问题也是不断改变的（如20世纪70年代对于产品安全、就业歧视等方面的重视在20世纪50年代是不多见的），然而综合来说，在管理过程中，部分社会问题始终是公司领导者必须考量的。卡罗尔提出，公司应该关注何种社会问题取决于下面五点内容：（1）社会需求和公司需求的吻合程度；（2）社会需求的重要程度；（3）高级管理层的偏好；（4）社会行为的公共关系价值；（5）政府有着的压力。

如图9-1所示，卡罗尔阐述了20世纪70年代末期公司面对的主要社会问题，包含消费者主义、环境、歧视、产品安全、职业安全与股东等，该学者基于此为公司领导者提供了全新的思路方法。

3.卡罗尔模型的第三个维度是企业社会回应的策略

在对公司社会责任进行界定和指出公司极易面对的社会问题之后，卡罗尔从管理方面入手，指出了公司对于社会责任与社会问题如何回应的价值观、形式或者战略。卡罗尔提出，只是以公司社会回应来取代公司社会责任是完全不足的，主要是由于有回应的公司并非必定是负责任的公司，因此，卡罗尔把回应当作公司社会绩效模型里的主要构成部分。公司的社会回应包括各种战略与形式，卡罗尔的模型里使用了威尔逊的看法，他提出公司对于社会进行的回应能够分成反应性的、防御性的、适应性的与积极回应的四类形式，这就在一定程度上体现了公司应对社会问题选择从消极转向积极的反应态度与方式。

作为首个比较完整的CSP模型，卡罗尔模型有着两种基本特点：首先，对于公司社会责任理念的不断丰富，其次，对于公司社会责任、迅速反应与反应行为的总称。虽然卡罗尔并不清楚界定何为公司社会绩效，然而他最为重要的作用就是把以前人们关于公司社会责任有争议的看法系统化，指出了公司应当负有的、从经济到自由裁量的四大责任，而且把公司在解决公司和社会关系时应思考的、以往是独立甚至对立的社会责任、社会有效反应与社会问题观点加以整合。模型里针对公司社会责任的广义观点、责任、问题、回应相互作用的三维概念，所包括的原则、过程、政策为探索公司和社会关系问题提供了一种全新的角度，建立了一种有意义的理论结构。不过该学者尽管建立了一种三维的空间模型，提出了公司社会绩效的不同维度，但这种模型具有静态特征，大多是对于公司社会责任、社会问题或者回应过程的说明，而并未指出怎样去应对难题。①

（二）四位一体模型理论

笔者基于四位一体模型进行扩展，建立 Q 公司社会责任评价指标体系。

1. 四位一体模型理论

责任管理作为这种模型的重点，主要包含责任战略、责任治理、责任整合、责任绩效、责任交流、责任能力等不同层面；经济责任作为这种模型的基础所在，应该包含顾客责任、伙伴责任与股东责任等不同层面；社会责任作为这种模型的主要构成部分，具体包含法律、公益、员工等责任；环境责任作为这种模型的主要构成部分，具体包含环境治理、减少能源损耗、减少环境污染等不同层面。总结而言，这种模型能够通过图 9-2 的闭合结构进行描述。其中，责任管理是模型的重点，经济责任是模型的基础，而社会责任、环境责任是模型的主要构成部分。具体如图 9-2 所示。

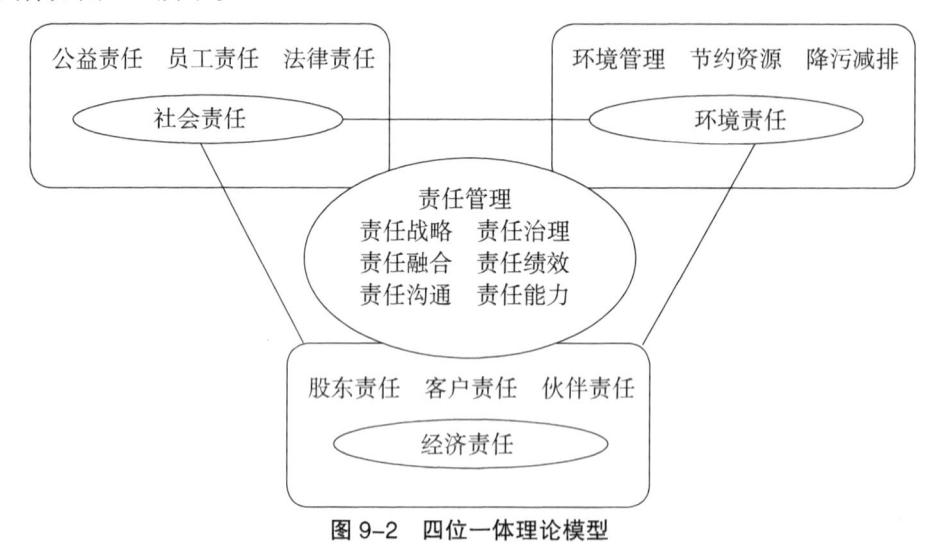

图 9-2 四位一体理论模型

2. 社会责任管理

责任管理是公司落实社会责任的前提条件，所以，公司应当建立和经营行为相符合的社会责任管理制度，而且结合现实状况作出改进与优化。这种制度应当包含责任战略、责任治理、责任融合等六种内容。其中，责任战略的建立过程就是公司履行社会责任的活动（Do-D）；公司社会责任评估反映在责任绩效与报告（Check-C）；调查、分析本身履行社会责任状况，把各大利益主体观点和任

---
① 孙艳梅，陶利斌. 股权结构、公司治理与企业社会责任行为 [J]. 浙江学刊，2019（1）：111-123.

绩效反应至战略的活动，即公司优化社会责任的活动（Act-A）。上述不同环节彼此关联、彼此促进，能够推动公司社会责任管理能力持续提高。具体如图 9-3 所示。

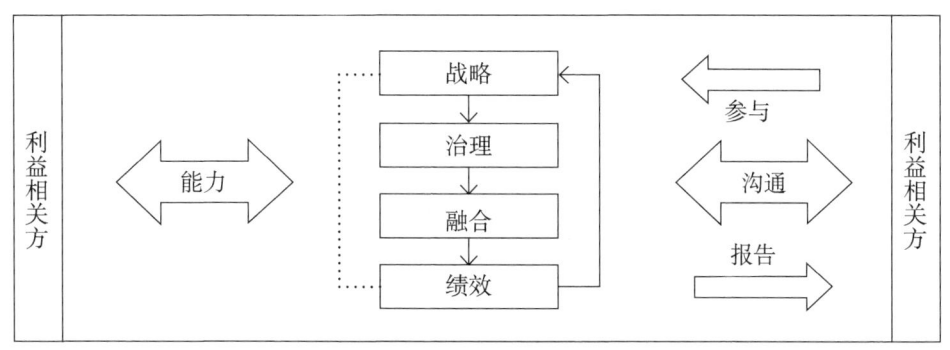

图 9-3　公司社会责任管理六维结构

责任战略：具体包含社会责任观念、主要问题与社会责任计划。

责任治理：具体包含公司社会责任组织、公司社会责任体系等。

责任融合：具体包含优化专门工作，引导下级公司、各大合作伙伴落实社会责任等。

责任绩效：具体包含社会责任指标系统与考核评估等方面。

责任沟通：具体包含公司社会责任内部与外部交流制度等方面。

责任能力：具体包含公司进行社会责任课题讨论、沟通与研究，提高公司的综合认知能力，还有公司对于人员开展专项培训和宣传，提高公司员工的社会责任观念。

二、Q 集团社会责任履行情况概述

（一）Q 集团公司简介

1. 集团简介

1988 年，Q 集团正式建立，在中央、地方政府和监管机构、广大顾客与社会各界的扶持下，逐渐发展成国内综合性金融机构。长期以来，Q 公司都想发展成全球领先的科技型个人金融生活服务企业，为广大顾客打造"让生活更简单"的观念，得到长期的经济效益，向广大股东提供长期固定的价值收益。另外，该集团不断开拓金融技术产品与服务，而且在经营规模和客户数量上不断增加。

2. 企业文化

从 2009 年之后，集团增强各种文化的协调性，丰富公司文化内涵，增强危机观念，逐步完善服务措施，提高顾客满意度；而且借助期刊、早会、新媒体等不同途径，增强对于企业文化的宣传力度，增强文化观念建设、文化表现与文化实施的统一性；利用报刊进驻、早会频道开播、文化观念宣传等方式，促进企业文化的建设。

（二）建立 Q 公司社会责任评价维度

按照 2015 年中国保险监督管理委员会发布的《中国保监会关于保险业履行社会责任的指导意见》针对保险公司社会责任履行的具体要求，基于国内深交所公开的《上市公司社会责任指引》提出，国内上市企业在谋求利益最大化之时，应该主动维护债权人、员工、消费者、供货商的利益，主动参与社区公共事业和环保发展，进而推动公司和社会的共同进步。参考孔晓旭、郭毅的相关讨论，保险企业应该对于股东、员工、债权人、政府、社会群众、合作伙伴、环境利益关联方承担相应的责任。与此同时，按照 Q 公司的发展特征与现实状况，基于要求与研究结果，选择了 7 个维度对 Q 公司社会责任履行情况进行评价，分别是股东维度、员工维度、产品维度、消费者维度、商业伙伴维度、政府维度、社会公益维度。

1. 股东维度

经济责任不仅是公司应该负有的重要责任，还是公司对于各大利益主体落实责任的前提条件。股东作为公司的投资者，需要公司管理者稳定经营，保证经济效益不断增加并迅速公开相关数据。总结而言，股东不仅是保险企业的主要资金提供者，还是风险的最终负责者，所以，这些人不只是保险企业最为关键的利益关联者，还是公司经营过程中的主要督促者。保险公司落实股东社会责任状况能够充分体现出公司的现实运营情况。在对保险企业股东社会责任实践状况进行衡量时，应当从优化企业治理架构、增强内部管理与风险管理、迅速完整公开数据、建立完善的收益增长规划等角度进行思考。

2. 员工维度

保险企业推动业绩的长期发展需要依靠人员的努力，所以，员工是公司十分关键的利益关联者。不过，公司社会责任实践是其中最为关键的，并且还是最具争议性的方面。具体而言，保险企业对于职员承担社会责任，具体包含下面几点内容：创造轻松愉悦的工作氛围，为职员提供科学的薪资与升职机会，提供适应职员要求与行业发展方向的培训机会，支持职员充分参与公司运营管理，防止性别歧视情况等。

3. 产品维度

在市场经济迅速发展的背景下，保险公司社会责任实践应该包含下面几大发展方向：第一，保险公司应该基于市场，从消费者的要求入手，逐步调整保险资源分配，优化产品供应结构；第二，保险公司应尽量适应个性化竞争，在产品品质、价格和核保赔付服务等层面和同业公司实现有序竞争；第三，保险公司在确保自身经济效益之时，应该重视风险规避与内部管理，特别是应当增强对于保险资金的利用与管理，保证较高的流动性与还债能力；第四，保险公司应当建立法律观念，充分遵循《中华人民共和国保险法》与上级监管机构建立的各种规则章程与经营要求，迅速向上级监管机构报备新产品与衍生服务。总结来说，保险公司在产品方面的社会责任包含产品创新、服务多元化、合约条款清楚简单和产品价格科学等。

4. 消费者维度

选择保险产品的组织、公司和个体均是保险公司的消费者。作为居民分散风险、增强保障的一种方式，人们选择保险产品的活动不仅反映了居民的风险管理观念，并且直接影响到保险企业能否长期稳定发展。保险产品消费和其他商品消费存在差异，也就是在发生保险事件以前，保险产品的功能是不能反映出来的。所以，怎样指导居民理性购买保险产品，逐步提升风险管理水平，这是保险企业与上级监管机构应当进一步讨论的问题。

保险公司在消费者维度落实社会责任应当包含下面的内容：第一，保险公司应当在承保之前，开展相应的风险调研，推荐满足消费者要求的产品与服务，而且提供便利的投保渠道；第二，保险公司在承保之后，应该引导保单持有人实现风险管理，营销者不得任意夸张产品作用，不能出现误导消费者或者开展合约欺诈等情况；第三，发生保险事故之后，保险公司应该迅速实现核保调查，如实定损、迅速理赔和交流，逐步提升客户满意水平；第四，保险公司及其员工应当完全尊重消费者隐私，维护消费者资料与数据安全。

5. 商业伙伴维度

保险公司作为市场经济的主要构成部分，在长期发展过程中应当迅速与银行、保险经纪公司、代理机构和会计师事务所等建立长期的合作关系，同样地，应当和同业公司实现有序竞争。保险公司对于合作伙伴承担社会责任，不仅能够维系长期的合作伙伴关系，而且能够提升公司知名度，深化业务合作广度与深度。面向合作伙伴，保险企业应该履行对应的社会责任。例如，针对金融机构而言，保险公司应该确保一定的资金流动性，履行按期偿还本金和利息的责任；针对保险经纪机构与代理机构而言，保险公司应该负有按期足额支付佣金、培训内部员工、细致说明产品功能等一系列责任；针对再保险人而言，保险公司应该承担按时支付分保费、提供完整的承保状况、科学设置保险数额等一系列责任；针对保险公估机构与会计事务所而言，保险公司应该依法合规地利用公估与审计报告，主动配合公估者和审计者的相关工作；针对其他竞争公司而言，保险公司应该主动开展有序的竞争，严格根据国家法规与监管要求。

6. 政府维度

政府根据政策规定对于公司实现宏观管理、营造和谐稳定的市场环境、为公司的长期稳定发展提供一定的保障，所以，公司应该履行自身的社会责任。详细而言，包括下面几点内容：首先，严格按照《中华人民共和国合同法》《中华人民共和国保险法》等规定，长期实现合规经营；其次，依法纳税，避免逃税、漏税与非法避税等现象；最后，应该严格遵循银保监会出台的各种规则章程，主动接受上级监管机构组织的现场与非现场检查等。

7. 社会公益维度

公益活动，主要指公司或者个体向社会捐助财物、时间、知识等相关活动。保险企业作为主要的公司公民，在谋求经济效益之时，应该积极参加社会公益事业。例如推动教育行业的发展，筹建希望小学，设置奖学金与教育基金；扶贫济困，对于特定群体与特定事件，提供合理的道义赔付；推动医疗卫生、技术文化等领域的发展，为和谐社会的发展作出一定的贡献等。

第二节 现代公司社会责任评价指标体系构建

一、社会责任评价体系构建的基本原则

为了对保险公司社会责任履行的状况加以衡量，应该制定一种结合保险公司特征的社会责任评价指标体系，这种评价指标体系的建立，需要基于下面的基本原则。

（一）目的性

之所以建立公司社会责任评价指标体系，这是为了评价公司社会责任履行的情况，发现其中薄弱的地方，指出优化的方式，而且推动公司进一步落实社会责

任。所以，选择的评价指标应该基于评价目的，尽量做到减少所选择指标的数量，但能够充分体现履行公司社会责任的情况。

（二）代表性

评价指标体系中包含的评价指标，不仅应体现如今国际上保险公司社会责任履行中，众多"生产守则"对于保险公司落实社会责任的共同规定，并且应该适应我国的情况与公司的情况。

（三）实践性

评价指标体系中包括的评价指标应该与保险公司社会责任理论和公司生产发展的现实状况相适应。与此同时，评价指标体系要求的数据应该容易获取，并且容易理解，指标计算方式合理，容易使用，有助于实现量化研究。

（四）通用性与发展性相融合

评价指标体系里的指标能够体现出各大领域的公司应该负有的责任的各种层面。与此同时，能够从可持续发展的方面入手，选择对应的评价标准，这是为了保证评价体系有着较强的前瞻性。[①]

（五）对比性

评价指标体系的对比性反映在下面两点内容：首先，在各种时间与空间方面有对比性；其次，在指标的口径、内涵方面有对比性。只有满足以上两点的评估标准才可以提供完整的数据，从而利用对比与研究，发现保险公司在社会责任履行上的优点和缺点。

二、社会责任评价指标体系框架

笔者基于利益相关者理论与"四位一体"模型，在经济、社会、环境责任和责任管理角度加以延伸，基于保险行业特点和国内保险公司履行社会责任情况，明确了国内保险公司社会责任评价指标体系。主要分为内部责任与外部责任两种，共使用了7个一级指标，其中内部责任包括股东、员工和产品，而外部责任包括政府、消费者、商业伙伴和社会公益。在明确不同维度之后，按照国内保险公司运营发展情况、保险领域特定性质、监管机构指导标准等方面的要素，建立了38个二级指标与59个三级指标。特别是凸显了企业治理结构、保险资金使用、保险产品设计等产业特征与发展要素。

---

① 汪玉琴. 公司社会责任承担的困境与解决对策 [J]. 上海企业，2020（11）：60-63.

基于前文社会责任评价指标体系确定的相关指标，对指标不断细化，具体如表 9-1 所示。

表 9-1 社会责任综合指标体系框架

一级指标		二级指标	三级指标
股东		公司治理及内部控制	建立完善的公司治理结构
			建立完备的内部控制机制
		信息披露	建立完备的信息披露机制
		经营效率	资产负债率
			保费收入指标
			赔付率指标
			利润指标
			资金运用指标
		财务稳定性	财务稳定性系数
		经营风险防范	危险单位承保限额
			经营资本流动性结构
对内	员工	劳动合同	与所有员工签订劳动合同
		薪酬福利	工资上涨率与物价上涨率之比
			员工社会福利保障水平
		教育培训	人均培训费用
			人均培训时间
		晋升机会	员工晋升空间与透明度
		员工健康	在保障员工健康与安全方面的支出占工资收入比重
		无歧视现象	管理层中女性员工的比例
			招聘新员工时没有性别、户籍等方面的歧视
	产品	研发投入	开发新产品占总保费收入比例
		保险单的设计	按公平互利原则开发保险单
			保单设计遵循法律法规和道德规范
			保单语言直白、简练、准确
		险种开发	是否符合市场需求
			是否能够引导消费需求

续表

一级指标	二级指标	三级指标
对外	政府	
	照章纳税	企业缴纳的总税收
		企业缴纳的税收增长率
		没有偷税漏税的行为
	促进就业	企业吸收的就业人数增长率
	遵守法律法规	遵守法律法规，没有违规行为
	响应政府宏观政策	响应政府号召，稳定社会
		反对商业贿赂、腐败行为
		反洗钱
	消费者	
	承保前	严格的风险调查，合理确定保险金额
	承保中	营销人员履行如实告知义务
	承保后	指导被保险人对保险标的进行风险控制
	理赔	合理确定损失程度
	消费者满意度	较高消费者满意度
	投诉率	较低的投诉率
	客户个人信息	确保客户个人信息安全
	广告	不进行夸大虚假的广告
	商业伙伴	
	银行	资本充足率
		银行保险佣金支付率
	保险经纪公司	代理手续费支付率
	保险代理公司	佣金给付条款是否合理
	再保险公司	按时支付分保费
		合理确定自留额和分保规划
	公估人与会计师	合理使用评估报告
	其他保险人	遵守公平竞争原则
	公益事业	
	教育文化事业	设奖学金，援建希望小学金额
	慈善事业	捐赠收入比
	扶贫济困	建立公益基金或基金会
		参与重大巨灾事故的赔付
	医疗卫生、体育、科学	支持医疗卫生、体育、科学事业发展
	对所在地区的贡献	企业对当地经济的贡献程度
	高校	接收并培养高校应届毕业生
		为在校学生提供实习机会
	其他机构	出资建立培养保险人才的机构

三、社会责任评价体系具体指标

本次建立的保险公司社会责任评价指标体系包括一级指标7个，二级指标38个，三级指标59个。其中，定性评价指标能够通过层次分析法、模糊综合评价法等加以研究，本章节不再详细阐述，仅是把二级指标中无法认知的定量评价指标解释见下。

第一，保费收入指标。保险企业在一定阶段内收取的保险费用数额，就是保费收入，这是评估企业业务规模的主要标准。指标具体包含保费收入增长率与人均保费收入两种。

第二，赔付率指标，指在一定阶段内赔付费用和保费收入的比例，这是衡量保险企业运营情况与经济效益的主要标准。

第三，利润指标，主要指在一定阶段内，通过保险公司的运营行为，以其所有财务收入抵补所有财务费用以后的结余。这种指标包括利润率与人均利润两种，前者体现的是保险公司综合运营管理能力，后者体现的是保险公司员工创造经济利益的水平。

第四，资金使用指标，包含资金利用率与资金使用盈利率。前者主要指保险公司在一定阶段内投资总额占公司所有资产的比例，后者主要指保险公司在一定阶段内投资收入占投资总额的比重。该指标充分体现出保险公司资金的管理与利用能力。

第五，财务稳定性系数指标。保险公司的财务稳定性大多体现在保险基金符合赔付义务的稳定性程度，所以，这种指标不只是评估保险企业经济责任实践的主要标准，还是保障消费者根本利益的主要内容。通常来说，这种指标大多通过保险赔付额的标准差和净保险费总额的比例来描述，比例越低意味着财务稳定性越好，也就是保险企业赔付水平越好。

第六，经营风险防范指标。这种指标包含危险公司承保限额决定与单个公司承保总额决定。其中，前者主要指保险企业对于所有危险公司能够承担的最高赔付金额，通常包括法定承保限额与理论承保限额。本书以理论承保限额作为相关标准，就是以净保费收入和承保限额之间的比例进行反映。

第七，职员薪资增长率和物价上浮率的比例。这种指标体现了职员薪资在通货膨胀背景下的上涨情况。如若这种指标系数超过1，那么意味着职员薪资增速超过物价增速，也就是实际薪酬是正向提高，相反则意味着员工薪酬降低。

第八，人均培训成本。企业年度内为职员培训投入的成本和企业在职人员平均数的比例，也就是该指标的计算方式。

第九，人均培训时长，主要指总培训时长和企业在职人员平均数的比例。

第十，公司纳税增长率。

该指标=（本年缴税总额－上年缴税总额）/上年缴税总额×100%。

第十一，公司吸纳就业人数增长率。

该指标=（本年招聘员工数量－上年招聘员工数量）/上年招聘人员数量×100%。

第十二，银行保险佣金支付率。

该指标=（上期未支付使用＋本期应支付佣金－本期已支付佣金）/应支付佣金总额×100%。

第十三，捐赠收入比。

该指标=本年度捐赠总额/本年度保费收入总额×100%。

（一）指标权重的确定

1. 建立层次分析法基本步骤

明确评估方案的要素合集 $A=(U_1, U_2, U_3, \cdots, U_n)$ 也就是 $A=$（对于股东的职责，对于职员的职责，对于债权人的职责，对于消费者的职责，对于合作伙伴的职责，对于生态环境的职责，对于人民群众的职责，对于政府的职责），之后对于对因素集 U 进行分类，获得二级因素集 $U_i=(U_{i1}, U_{i2}, U_{i3}, \cdots, U_{in})$，其中 $i=(1, 2, \cdots, 7)$，那么得到：

$U_1=$（企业治理和内部管理，信息公开，经营效果，财务稳定性，经营风险规避）

$U_2=$（劳务合约，薪资待遇，教育培训，升职机会，人员健康，没有歧视问题）

$U_3=$（开发投入，保险单的制定，险种开发）

$U_4=$（依法缴税，推动就业，遵守立法规范，响应政府宏观措施）

$U_5=$（承保前，承保中，承保后，赔付，客户满意度，投诉率，顾客个人资料，宣传广告）

$U_6=$（银行，保险经纪机构，保险代理机构，再保险机构，公估人员和会计人员，其他保险人）

$U_7=$（教育文化行业，慈善行业，扶贫济困，医疗卫生、体育、科学，对所处区域的贡献，高等院校，其他机构）

建立两两对比的判断矩阵。因为要素众多，并且对比难度高，准确性低下，为了确保能够使用定量研究，主要使用1~9标度的方式，具体如表9-2所示。

表 9-2　1～9 标度的方法

标度	具体含义
1	i 元素比 j 元素同等重要
3	i 元素比 j 元素稍微重要
5	i 元素比 j 元素明显重要
7	i 元素比 j 元素强烈重要
9	i 元素比 j 元素极端重要
2，4，6，8	介于以上两相邻判断的中间值

设置的判断矩阵假定成 A，其中 a_{ij} 代表 a_i 对于 a_j 的重要程度，a_{ji} 代表 a_j 对 a_i 的要程度，并且假设 $i=j$，$a_{ij}=a_{ji}=1$。

$$A = \begin{bmatrix} a_{11} & a_{12} & \cdots & a_{1n} \\ a_{21} & a_{12} & \cdots & a_{2n} \\ \vdots & \vdots & & \vdots \\ a_{n1} & a_{n2} & \cdots & a_{nn} \end{bmatrix}$$

进行层次单排序。在基于上述判断矩阵 A 的基础上，来得到符合 $AW=\lambda_{\max}W$ 的本征向量 W 和特征值 $\lambda_{\max}$，其中的 W 表示本层次各种要素针对上一层次某种要素的重要程度，也就是权重大小。

$$W_i = \frac{\overline{W}_i}{\sum_{i=1}^{n}\overline{W}_i}$$

$$\lambda_{\max} = \sum_{i=1}^{n} \frac{(AW)_i}{nW_i}$$

一致性检验。为了防止发生逻辑问题，应该采取一致性检验方式，假设 $CI=0$，意味着 A 具有统一性；CI 数值越高，A 的不一致情况就越明显。

$$CI = \frac{\lambda_{\max}-n}{n-1}$$

$$CR = \frac{CI}{RI}$$

这里应该使用 RI 这种标准值来求得 CR，具体见表。假设 $RI<0.1$，则通过一致性验证，否则就应该重新建立判断矩阵。详情如表 9-3 所示。

表 9-3　RI 标准值

矩阵阶数	1	2	3	4	5	6	7	8	9
RI	0	0	0.5149	0.8931	1.1185	1.2494	1.3450	1.4200	1.4616

层次总排序。在计算完单排序之后，还需要对各级要素进行总排序，并进行一致性检验。

2.判断矩阵及一致性检验

$$A=\begin{bmatrix} 1 & 2 & 4 & 4 & 2 & 5 & 3 & 2 \\ 1/2 & 1 & 2 & 3 & 1 & 4 & 1 & 1 \\ 1/4 & 1/2 & 1 & 2 & 2 & 3 & 1 & 1/2 \\ 1/4 & 1/3 & 1/2 & 1 & 2 & 3 & 1 & 1/2 \\ 1/2 & 1 & 1/2 & 1/2 & 1 & 4 & 1 & 1 \\ 1/5 & 1/4 & 1/3 & 1/3 & 4 & 1 & 1/2 & 1/3 \\ 1/3 & 1 & 1 & 1 & 1 & 2 & 1 & 1/2 \\ 1/2 & 1 & 2 & 2 & 1 & 3 & 2 & 1 \end{bmatrix}$$

$W=(0.2726，0.1469，0.1028，0.0897，0.1078，0.0383，0.0928，0.1448)^T$，$\lambda_{max}=8$，$n=8$，$CI=0$，$RI=1.4200$，$CR=0<0.1$，所以表明 A 通过了一致性检验。

指标层的判断矩阵：

$$B_1=\begin{bmatrix} 1 & 2 & 2 \\ 1/2 & 1 & 1 \\ 1/2 & 1 & 1 \end{bmatrix}$$

$W=(0.5，0.25，0.25)^T$，$\lambda_{max}=3$，$n=3$，$CI=0$，$RI=0.5145$，$CR=0<0.1$，所以表明 B_1 通过了一致性检验。

$$B_2=\begin{bmatrix} 1 & 3 & 5 & 2 \\ 1/3 & 1 & 3 & 1/2 \\ 1/5 & 1/3 & 1 & 1/3 \\ 1/2 & 2 & 3 & 1 \end{bmatrix}$$

$W=(0.4760，0.1756，0.0803，0.2682)^T$，$\lambda_{max}=4$，$n=4$，$CR=0<0.1$，所以表明 B_2 通过了一致性检验。

$$B_3=\begin{bmatrix} 1 & 1 & 1/2 \\ 1 & 1 & 1/2 \\ 2 & 2 & 1 \end{bmatrix}$$

W=（0.5，0.25，0.25）^{T}，λ_{max}=3，n=3，CI=0，RI=0.5149，CR=0＜0.1，所以表明 B_3 通过了一致性检验。

$$B_4=\begin{bmatrix} 1 & 1/3 & 1/4 & 1/7 & 1/3 \\ 3 & 1 & 1/2 & 1/3 & 1 \\ 4 & 2 & 1 & 1/2 & 2 \\ 7 & 3 & 2 & 1 & 3 \\ 3 & 1 & 1/2 & 1/3 & 1 \end{bmatrix}$$

W=（0.0526，0.1380，0.2399，0.4314，0.1380）^{T}，λ_{max}=5.0822，n=5，CI=0.0206，RI=1.1185，CR=0.084＜0.1，所以表明 B_4 通过了一致性检验。

$$B_5=\begin{bmatrix} 1 & 1/3 & 1/3 & 1/2 \\ 3 & 1 & 4 & 2 \\ 3 & 1/4 & 1 & 3 \\ 2 & 1/2 & 1/3 & 1 \end{bmatrix}$$

W=（0.0910，0.4250，0.3321，0.1529）^{T}，λ_{max}=4.006，n=4，CI=0.002，RI=0.8931，CR=0.0022＜0.1，所以表明 B_5 通过了一致性检验。

$$B_6=\begin{bmatrix} 1 & 5 & 5 \\ 1/3 & 1 & 3 \\ 1/5 & 1/3 & 1 \end{bmatrix}$$

W=（0.6334，0.2605，0.1061）^{T}，λ_{max}=3，n=3，CI=0，CR=0＜0.1，所以表明 B_6 通过了一致性检验。

$$B_7=\begin{bmatrix} 1 & 3 & 1 & 4 \\ 1/3 & 1 & 1/3 & 3 \\ 1 & 3 & 1 & 5 \\ 1/4 & 1/3 & 1/5 & 1 \end{bmatrix}$$

W=（0.3581，0.1941，0.3765，0.0712）^{T}，λ_{max}=4.1844，n=4，CI=0.0615，RI=0.8931，CR=0.0688＜0.1，所以表明 B_7 通过了一致性检验。

（二）指标权重值

指标权重值如表 9-4 所示。

表 9-4　指标权重值

一级指标	二级指标	三级指标	对指标层 U 的权重	对目标层 A 的权重
对内责任	股东	公司治理及内部控制	建立完善的公司治理结构	0.5	0.1363
			建立完备的内部控制机制	0.25	0.0682
		信息披露	建立完备的信息披露机制	0.25	0.0682
		经营效率	资产负债率	0.4760	0.0699
			保费收入指标	0.1756	0.0258
			赔付率指标	0.0803	0.0118
			利润指标	0.2682	0.0394
			资金运用指标	0.25	0.0268
		财务稳定性	财务稳定性系数	0.25	0.0268
		经营风险防范	危险单位承保限额	0.5	0.0536
			经营资本流动性结构	0.0526	0.0047
	员工	劳动合同	与所有员工签订劳动合同	0.1380	0.0124
		薪酬福利	工资上涨率与物价上涨率之比	0.2399	0.0215
			员工社会福利保障水平	0.4314	0.0387
		教育培训	人均培训费用	0.1380	0.0124
			人均培训时间	0.0910	0.0098
		晋升机会	员工晋升空间与透明度	0.4250	0.0458
		员工健康	在保障员工健康与安全方面的支出占工资收入比重	0.3321	0.0358
		无歧视现象	管理层中女性员	0.1529	0.0136
			招聘新员工时没有性别、户籍等方面的歧视	0.6334	0.0243
	产品	研发投入	开发新产品占总保费收入比例	0.2605	0.0100
			按公平互利原则开发保险单	0.1061	0.0041
		保险单的设计	保单设计遵循法律法规和道德规范	0.0047	0.0526
			保单语言直白、简练、准确	0.0124	0.1380
		险种开发	是否符合市场需求	0.0215	0.2399
			是否能够引导消费需求	0.2312	0.6334
			企业缴纳的总税收	0.1765	0.2605

续表

一级指标	二级指标	三级指标		对指标层 U 的权重	对目标层 A 的权重
对外责任	政府	照章纳税	企业缴纳的税收增长率	0.0654	0.1380
			没有偷税漏税的行为	0.1034	0.0910
		促进就业	企业吸收的就业人数增长率	0.1765	0.4250
		遵守法律法规	遵守法律法规，没有违规行为	0.0345	0.3321
		响应政府宏观政策	响应政府号召，稳定社会	0.0268	0.1529
			反对商业贿赂、腐败行为	0.0536	0.6334
			反洗钱	0.0047	/
	消费者	承保前	严格的风险调查，合理确定保险金额	0.0124	0.0165
		承保中	营销人员履行如实告知义务	0.2342	0.1657
		承保后	指导被保险人对保险标的进行风险控制	0.0387	0.2378
		理赔	合理确定损失程度	0.5673	0.0876
		消费者满意度	较高消费者满意度	0.5623	0.0677
		投诉率	较低的投诉率	0.1456	0.1767
		客户个人信息	确保客户个人信息安全	0.0387	0.1546
		广告	不进行夸大虚假的广告	0.2186	0.1549
	商业伙伴	银行	资本充足率	0.0765	0.0214
			银行保险佣金支付率	0.1768	0.1232
		保险经纪公司	代理手续费支付率	0.0436	0.0123
		保险代理公司	佣金给付条款是否合理	0.1209	0.2198
		再保险公司	按时支付分保费	0.0347	0.1023
			合理确定自留额和分保规划	0.1087	0.564
		公估人与会计师	合理使用评估报告	0.0342	0.1768
		其他保险人	遵守公平竞争原则	0.5623	0.0677
	公益事业	教育文化事业	设奖学金，援建希望小学金额	0.1456	0.1767
		慈善事业	捐赠收入比	0.1011	0.0276
		扶贫济困	建立公益基金或基金会	0.6334	0.1076
			参与重大巨灾事故的赔付	0.2605	0.0118
		医疗卫生、体育、科学	支持医疗卫生、体育、科学事业发展	0.1061	0.0394

续表

一级指标	二级指标	三级指标	对指标层 U 的权重	对目标层 A 的权重
对外责任	公益事业	对所在地区的贡献	企业对当地经济的贡献程度	0.1278	0.0268
		高校	接收并培养高校应届毕业生	0.0176	0.0268
			为在校学生提供实习机会	0.1456	0.2414
		其他机构	出资建立培养保险人才的机构	0.0213	0.0167

第三节　现代公司社会责任综合评价

在建立公司社会责任评价各种指标值组成及其总体权重值的评价体系以后，能够借助模糊综合评价法，对于公司社会责任评价指标体系建立状况进行衡量。

为了进一步衡量 Q 公司社会责任履行情况，把该公司社会责任的评价指标分为五个层次：优秀（v_1）、良好（v_2）、一般（v_3）、较差（v_4）、差（v_5），评估 $V=（v_1，v_2，v_3，v_4，v_5）$。邀请公司中高层管理人员、公司内外勤员工、客户代表与合作伙伴等，通过深度访谈与问卷调研模式，对该区域公司社会责任履行情况加以评判。[1]

一、构建比较判断矩阵

结合保险领域特征，邀请公司中高层管理人员、公司内外勤员工、客户、集团各子公司合作伙伴以及保险产品研究员等各界人士，以 Q 公司近三年来业务经营状况和机构基本情况、面临的难题为研究材料，根据 1～9 比例标度的阐述，建立 Q 公司的九个准则下的两两对比判断矩阵如下。

以社会责任评估作为目标的判断矩阵为

G	B_1	B_2	B_3	B_4
B_1	1	5	3	7
B_2	1/5	1	2	5
B_3	1/3	1/3	1	3
B_4	1/7	1/5	1/3	1

以股东责任评价为目标的比较判断矩阵为

---

[1] 赵欢. A 公司社会责任评价研究 [D]. 大庆：黑龙江八一农垦大学，2020.

B_1	B_{11}	B_{12}	B_{13}
B_{11}	1	5	3
B_{12}	1/5	1	1/2
B_{13}	1/3	2	1

以员工责任评价为目标的比较判断矩阵为

B_2	B_{21}	B_{22}	B_{23}	B_{24}
B_{21}	1	6	4	7
B_{22}	1/6	1	1	3
B_{23}	1/4	1	1	3
B_{24}	1/7	1/3	1/3	1

以产品责任评价为目标的比较判断矩阵为

B_3	B_{31}	B_{32}	B_{33}	B_{34}	B_{35}	B_{36}
B_{31}	1	3	2	1	1/3	1/5
B_{32}	1/3	1	3	1/3	3	2
B_{33}	1/2	1/3	1	1/4	1/2	1/3
B_{34}	1	3	4	1	1	4
B_{35}	3	1/3	2	1	1	1/2
B_{36}	5	1/2	3	1/4	2	1

以政府责任评价为目标的比较判断矩阵为

B_4	B_{41}	B_{42}	B_{43}	B_{44}	B_{45}
B_{41}	1	3	5	6	7
B_{42}	1/3	1	3	4	5
B_{43}	1/5	1/3	1	4	2
B_{44}	1/6	1/4	1/4	1	3
B_{45}	1/7	1/5	1/2	1/3	1

以消费者责任评价为目标的比较判断矩阵为

B_5	B_{51}	B_{52}	B_{53}	B_{54}	B_{55}
B_{51}	1	3	5	6	7
B_{52}	1/3	1	3	4	5
B_{53}	1/5	1/3	1	4	2
B_{54}	1/6	1/4	1/4	1	3
B_{55}	1/7	1/5	1/2	1/3	1

以商业伙伴责任评价为目标的比较判断矩阵为

B_6	B_{61}	B_{62}	B_{63}	B_{64}	B_{65}
B_{61}	1	3	5	6	7
B_{62}	1/3	1	3	4	5

续表

B_6	B_{61}	B_{62}	B_{63}	B_{64}	B_{65}
B_{63}	1/5	1/3	1	4	2
B_{64}	1/6	1/4	1/4	1	3
B_{65}	1/7	1/5	1/2	1/3	1

以公益事业责任评价为目标的比较判断矩阵为

B_7	B_{71}	B_{72}	B_{73}	B_{74}	B_{75}
B_{71}	1	3	5	6	7
B_{72}	1/3	1	3	4	5
B_{73}	1/5	1/3	1	4	2
B_{74}	1/6	1/4	1/4	1	3
B_{75}	1/7	1/5	1/2	1/3	1

二、计算比较判断矩阵

此处列举了7个正反相互的矩阵，通过矩阵获取最大特征值 λ_{max}，同时对最大特征值的特征向量处理便得到相对权重数据，每个矩阵获取最大特征值之后都要进行一致性检验。

基于 G 为准则的判断矩阵如下所示。

$$A = \begin{bmatrix} 1 & 5 & 3 & 7 \\ 1/5 & 1 & 2 & 5 \\ 1/3 & 1/2 & 1 & 3 \\ 1/7 & 1/5 & 1/3 & 1 \end{bmatrix}$$

利用 MATLAB 软件，求得最大特征值及归一化特征向量为

$$\lambda_{max}=4.2038, \boldsymbol{P}=(0.5873, 0.2127, 0.1454, 0.0546)^T$$

一致性检验：

由于 $CR = \dfrac{CI}{RI} = \dfrac{4.2038-4}{3 \times 0.89} = 0.0763 < 0.1$，所以，通过检验。即认为 A 的一致性可以接受，P 的 7 个分量可以作为 B_1、B_2、B_3、B_4、B_5、B_6、B_7 的重要性权重。

（一）以 B_1 为准则的判断矩阵

$$B_1 = \begin{bmatrix} 1 & 5 & 3 \\ 1/5 & 1 & 1/2 \\ 1/3 & 2 & 1 \end{bmatrix}$$

利用 MATLAB 软件，求得最大特征值及归一化特征向量为

$$\lambda_{max}=3.0037, \boldsymbol{P}=(0.6448, 0.1235, 0.2317)^T$$

一致性检验：

由于 $CR=\dfrac{CI}{RI}=\dfrac{3.0037-4}{3\times0.52}=0.0036<0.1$，所以，通过检验。即认为 B_1 的一致性可以接受，P 的 4 个分量可以作为 B_{11}、B_{12}、B_{13}、B_{14} 的重要性权重。

（二）以 B_2 为准则的判断矩阵

$$B_2=\begin{bmatrix} 1 & 6 & 4 & 7 \\ 1/6 & 1 & 1 & 3 \\ 1/4 & 1 & 1 & 3 \\ 1/7 & 1/3 & 1/3 & 1 \end{bmatrix}$$

利用 MATLAB 软件，求得最大特征值及归一化特征向量为

$\lambda_{\max}=4.0854$，$P=(0.6322,0.1463,0.1592,0.0623)^T$

一致性检验：

由于 $CR=\dfrac{CI}{RI}=\dfrac{4.0854-7}{3\times0.89}=0.0319<0.1$，所以，通过检验。即认为 B_2 的一致性可以接受，P 的 4 个分量可以作为 B_{21}、B_{22}、B_{23}、B_{24} 的重要性权重。

（三）以 B_3 为准则的判断矩阵

$$B_3=\begin{bmatrix} 1 & 3 & 5 & 5 & 8 & 8 \\ 1/3 & 1 & 2 & 1 & 3 & 4 \\ 1/5 & 1/2 & 1 & 3 & 5 & 7 \\ 1/5 & 1 & 1/3 & 1 & 3 & 5 \\ 1/8 & 1/3 & 1/5 & 1/3 & 1 & 2 \\ 1/8 & 1/4 & 1/7 & 1/5 & 1/2 & 1 \end{bmatrix}$$

利用 MATLAB 软件，求得最大特征值及归一化特征向量为

$\lambda_{\max}=6.6137$，$P=(0.4574,0.1858,0.1705,0.1108,0.0448,0.0307)^T$

一致性检验：

由于 $CR=\dfrac{CI}{RI}=\dfrac{6.6137-6}{5\times1.26}=0.0974<0.1$，所以，通过检验。即认为 B_3 的一致性可以接受，P 的 6 个分量可以作为 B_{31}、B_{32}、B_{33}、B_{34}、B_{35}、B_{36} 的重要性权重。

（四）以 B_4 为准则的判断矩阵

$$B_4 = \begin{bmatrix} 1 & 3 & 5 & 6 & 7 \\ 1/3 & 1 & 3 & 4 & 5 \\ 1/5 & 1/3 & 1 & 4 & 2 \\ 1/6 & 1/4 & 1/4 & 1 & 3 \\ 1/7 & 1/5 & 1/2 & 1/3 & 1 \end{bmatrix}$$

利用 MATLAB 软件，求得最大特征值及归一化特征向量为

$\lambda_{\max}$=5.3822，P=（0.4978，0.2496，0.1308，0.0736，0.0482）^{T}

一致性检验：

由于 $CR = \dfrac{CI}{RI} = \dfrac{5.3822-5}{4 \times 1.12} = 0.0853 < 0.1$，所以，通过检验。即认为 B_4 的一致性可以接受，P 的 5 个分量可以作为 B_{41}、B_{42}、B_{43}、B_{44}、B_{45} 的重要性权重。

各指标的权重系数如下。

一级指标层：WA=（W_1，W_2，W_3，W_4），T=（0.5873，0.2127，0.1454，0.0546）^{T}。

二级指标层：

WB_1=（W_{11}，W_{12}，W_{13}），T=（0.6448，0.1235，0.2317）^{T}；

WB_2=（W_{21}，W_{22}，W_{23}，W_{24}），T=（0.6322，0.1463，0.1592，0.0623）^{T}；

WB_3=（W_{31}，W_{32}，W_{33}，W_{34}，W_{35}，W_{36}），T=（0.4574，0.1858，0.1705，0.1108，0.0448，0.0307）^{T}；

WB_4=（W_{41}，W_{42}，W_{43}，W_{44}，W_{45}），T=（0.4978，0.2496，0.1308，0.0736，0.0482）^{T}。

三、计算各层元素的组合权重

基于有关计算，获取计算准则层以及准则层，不同的指标综合权重也就是 $C_i = WA \times WB_i$（i=1，2，3，4），获取各个详细指标层的层次单排序集合，如下：

$C_1 = W_1 \times WB_1 = W_1 \times$（$W_{11}$，$W_{12}$，$W_{13}$），$T$=（0.3781，0.0657，0.1349）^{T}；

$C_2 = W_2 \times WB_2 = W_2 \times$（$W_{21}$，$W_{22}$，$W_{23}$，$W_{24}$），$T$=（0.1344，0.0344，0.0338，0.0132）^{T}；

$C_3 = W_3 \times WB_3 = W_3 \times$（$W_{31}$，$W_{32}$，$W_{33}$，$W_{34}$，$W_{35}$，$W_{36}$），$T$=（0.3781，0.0657，0.1349）^{T}；

$C_4 = W_4 \times WB_4 = W_4 \times$（$W_{41}$，$W_{42}$，$W_{43}$，$W_{44}$，$W_{45}$），$T$=（0.3781，0.0657，0.1349）^{T}。

四、模糊综合评判

在建立公司社会责任评价指标值组成及总体权重值的评价体系以后，借助模糊综合评价法，对于 Q 公司社会责任评价指标体系建立状况做出评判。为了进一步衡量 Q 公司的社会责任实践情况，把影响公司社会责任实践的评估指标分为五个层次：优秀（v_1）、良好（v_2）、一般（v_3）、较差（v_4）、差（v_5），所以评判集是 $V=(v_1, v_2, v_3, v_4, v_5)$。邀请公司中高层管理人员、资深员工、商业伙伴与客户代表等，在对 Q 公司的经营情况和发展现状等材料研究的基础上，通过深度访谈与问卷调研模式，对于 Q 公司社会责任履行状况作出评判，具体如表 9-5 所示（其中数值都保留两位小数）。

表 9-5　Q 公司社会责任专家评价结果表

一级指标	二级指标	优秀	良好	一般	较差	差
对内责任	公司治理及内部控制	0.10	0.60	0.10	0.10	0.10
		0.20	0.50	0.20	0.10	0.00
	信息披露	0.10	0.40	0.30	0.20	0.00
		0.50	0.30	0.10	0.10	0.00
		0.40	0.30	0.20	0.10	0.00
	经营效率	0.10	0.60	0.20	0.10	0.00
		0.30	0.50	0.20	0.00	0.00
		0.20	0.40	0.30	0.10	0.00
	财务稳定性	0.10	0.60	0.20	0.10	0.00
	经营风险防范	0.30	0.50	0.20	0.00	0.00
		0.20	0.20	0.50	0.10	0.00
	劳动合同	0.20	0.50	0.20	0.10	0.00
	薪酬福利	0.10	0.30	0.60	0.00	0.00
		0.10	0.30	0.20	0.30	0.10
	教育培训	0.20	0.40	0.30	0.10	0.00
		0.40	0.50	0.10	0.00	0.00
	晋升机会	0.30	0.60	0.10	0.00	0.00
	员工健康	0.10	0.20	0.40	0.30	0.00
	无歧视现象	0.50	0.20	0.00	0.00	0.50
		0.40	0.30	0.10	0.00	0.20

续表

一级指标		二级指标	优秀	良好	一般	较差	差
对内责任	产品	研发投入	0.60	0.20	0.10	0.00	0.50
			0.50	0.20	0.00	0.00	0.30
		保险单的设计	0.10	0.10	0.60	0.10	0.30
			0.40	0.20	0.50	0.20	0.40
		险种开发	0.00	0.10	0.40	0.30	0.30
			0.10	0.50	0.30	0.10	0.10
			0.10	0.30	0.10	0.40	0.30
对外责任	政府	照章纳税	0.00	0.30	0.10	0.30	0.10
			0.30	0.20	0.30	0.30	0.20
		促进就业	0.40	0.30	0.10	0.60	0.20
		遵守法律法规	0.50	0.10	0.00	0.00	0.30
			0.60	0.10	0.00	0.00	0.20
		响应政府宏观政策	0.10	0.00	0.10	0.10	0.20
			0.40	0.30	0.10	0.30	0.10
	消费者	承保前	0.00	0.00	0.20	0.40	0.10
		承保中	0.10	0.00	0.40	0.50	0.10
		承保后	0.10	0.00	0.30	0.60	0.40
		理赔	0.00	0.00	0.10	0.20	0.00
		消费者满意度	0.60	0.10	0.60	0.10	0.10
		投诉率	0.50	0.20	0.20	0.20	0.10
		客户个人信息	0.30	0.30	0.20	0.10	0.00
		广告	0.00	0.30	0.20	0.10	0.00
	商业伙伴	银行	0.00	0.60	0.20	0.10	0.00
			0.00	0.50	0.20	0.00	0.00
		保险经纪	0.30	0.60	0.00	0.00	0.00
		保险代理公司	0.10	0.20	0.40	0.30	0.00
		再保险公司	0.50	0.30	0.10	0.00	0.00
			0.60	0.20	0.10	0.00	0.10
		公估人与会计师	0.20	0.20	0.00	0.00	0.10
		其他保险人	0.20	0.10	0.60	0.10	0.00

续表

一级指标		二级指标	优秀	良好	一般	较差	差
对外责任	公益事业	教育文化事业	0.30	0.20	0.50	0.20	0.30
		慈善事业	0.20	0.40	0.30	0.10	0.30
		扶贫济困	0.10	0.60	0.30	0.20	0.10
			0.20	0.20	0.20	0.10	0.00
		医疗卫生、体育、科学	0.40	0.20	0.00	0.10	0.00
		对所在地区的贡献	0.10	0.10	0.60	0.10	0.20
		高校	0.10	0.20	0.50	0.20	0.20
			0.00	0.10	0.40	0.30	0.10
		其他机构	0.40	0.30	0.10	0.30	0.10

首先，对Q公司"股东责任"进行定量测度，得出R_1的模糊评价矩阵。

$$R_1 = \begin{bmatrix} 0.10 & 0.60 & 0.10 & 0.10 & 0.10 \\ 0.20 & 0.50 & 0.20 & 0.10 & 0.00 \\ 0.10 & 0.40 & 0.30 & 0.20 & 0.00 \end{bmatrix}$$

权重向量$B_1 =$（0.6448，0.1235，0.2217），基于对公司社会责任实施方面的多重相关因素的分析，确保每个因素都存在一定的贡献率。

$C_1 = B_1 \times R_1 =$（0.11，0.53，0.15，0.12，0.06）

同理，对"员工责任"进行定量测度，可得：$C_2 = B_2 \times R_2 =$（0.40，0.36，0.14，0.09，0.00）。

对"产品责任"进行定量测度，得：$C_3 = B_3 \times R_3 =$（0.20，0.43，0.19，0.08，0.00）。

对"政府责任"进行定量测度，可得：$C_4 = B_4 \times R_4 =$（0.18，0.37，0.22，0.19，0.05）。

对"消费者责任"进行定量测度，可得：$C_5 = B_5 \times R_5 =$（0.12，0.32，0.14，0.17，0.02）。

对"商业伙伴责任"进行定量测度，可得：$C_6 = B_6 \times R_6 =$（0.23，0.17，0.17，0.32，0.16）。

对"公益事业责任"进行定量测度，可得：$C_7 = B_7 \times R_7 =$（0.40，0.18，0.11，0.07，0.10）。

Q公司社会责任综合测度为$C = \{C_1，C_2，C_3\}$，权重向量$A =$（0.5873，0.2127，0.1454，0.0546），作综合测度得$AC =$（0.16，0.47，0.16，0.11，0.04）。

综合测度等级分值如表 9-6 所示。

表 9-6 综合测度等级分值表

测度标准	优秀	良好	一般	较差	差
分值	100	85	75	65	55

依据表 9-6 所示，Q 公司的社会责任的综合度评分为

$F=(0.16, 0.47, 0.16, 0.11, 0.04) \cdot (100, 85, 75, 65, 55)^T \approx 77.3$

通过综合度分值能够得出，Q 公司在社会责任方面的综合测度表现为"一般"，这样能够说明社会责任在履行情况方面表现出"一般"性的要求，之后还应当深入加强。

第四节　现代公司社会责任综合评价结果分析

一、Q 公司履行社会责任的积极举措

（一）员工权益保障方面

Q 公司特别注重对员工的培养及未来发展的规划，以此来保证每一位员工的稳定收入，用绩效作为导向，奖优罚劣，针对员工的每一个发展阶段都有对应的培训及晋升机会；为员工制造舒适的工作环境，关爱每一位员工的身心健康。

1. 劳动合同

Q 公司旗下多家子公司以及对应的分支，全部是依照法律的相关规定及整个行业的规范来与各个员工签订劳动合同，并对相关的责任及义务进行明确，切实保护员工的核心利益。

2. 薪酬福利

若要保持员工对企业的忠诚度，就要切实保证员工的薪资稳中有进，Q 公司每年定期开展薪酬调研工作，以此来调整员工薪酬，使员工薪酬在劳动市场处于领先位置。该公司同时实行了薪酬与绩效捆绑的机制，采取差异化的奖金额度，以物质方面的激励为主。

3. 教育培训

Q 公司主打的品牌便是培训，最为关注旗下员工的健康成长。最近几年，Q 公司不断投入资源，依照企业目前的战略发展方针，构建了双优及科技化的课程

模式。2018年以来，在集团层面开展了230余期培训公开课，并引入新型管理类课程20余门。同时建成了较为开放性的针对员工的培训平台，并覆盖公司内全体员工。依照不同类型员工的发展模式，为其制订出个性化的培养方案，使员工能认准自身的定位，充分把握发展机会，不断进步。

（二）国家政策响应方面

Q公司积极响应国家号召，完成自身的使命，在不违法违规的基础上努力为国家作贡献，自觉遵守国家的各项规章制度，以企业的发展来为国家和社会的发展贡献自己的一份力量。

1. 遵守法律法规

Q公司旗下诸多子公司及相应的各级分支负责人，都将合规经营的理念牢记于心，并从自我做起，始终把守国家的法律底线不触碰，以此来维护保险业的健康稳定发展。

2. 照章纳税

Q公司总是用实际行动来证明其是合法纳税的好企业，纳税总额不断增长，相应的增长率也在持续走高。

3. 促进就业

Q公司旗下的多家子公司及相应的分支在进行人员招聘时，不限定地域、性别、户口等不必要的条件，最大限度地吸纳社会各界精英人士，来为自身的持续发展提供新鲜血液。

4. 响应政府宏观政策

Q公司主要采用基础建设来对债券进行投资，针对实体进行投资的规模超过500亿。而Q公司的子公司F公司主要是针对小微企业及个体的融资来开展业务，关注当前农村的经济发展情况。

当前的Q公司是低耗能、轻污染的商务型金融类企业，拥有自己的办公楼，并针对当地的环境制定相应的操作准则，将各种能源如水资源等进行科学管理，以此来实现资源的节约。另外，针对各种垃圾以及废水等也给出了相应的管理方案。在企业内相应的运营操作中，Q公司主要使用互联网这一平台进行相应的创新，以此为其客户提供相对便利的服务，采用无纸化的办公模式，大大降低资源的损耗。Q公司还构建了低碳潜力指标，以此来测量碳排放量，从而进行严格的把控。2017年时，Q公司增加了多项不同的业务，但是其碳的排放量却明显减少。[①]

---

① 胡康. 陕西省上市公司社会责任评价研究 [D]. 西安：西安理工大学，2019.

持续开发资产管理平台，有效帮助政府进行财政管控。该平台是Q公司多年以来完成的一项较为关键性的创新，同时依托旗下诸多专业性企业共同开展的金融性交易，目前已在全国范围内使用。

（三）社会公益慈善活动方面

Q公司不忘初心，总是将自身的发展与社会进行挂钩，积极利用自身的优势来回馈社会，不断履行自身作为大企业的责任。

1. 教育文化事业

最近这些年，Q公司致力于帮扶性的公益活动，即扶贫必先扶智，进行自身独具特色的教育培训模式。在全国各地建成小学超过100所，并对30余万贫困地区儿童开展相应的教育救助，成功让他们接受教育。

2. 慈善事业

针对一些外出的务工人士，Q公司开启了公益性的扶助项目，主要是采用包车免费及赠送保险产品等活动来对这些务工人员提供一定程度的帮助，切实保证他们过年能回到家乡与家人团圆。这种活动目前已经持续进行了3年，累积的捐款额度已经超过300万，并顺利帮助万余名贫困人员回到家乡与家人团圆。

3. 扶贫事业

2019年时，Q公司协同其各个子公司及分支，接手国家开展的扶贫工程，成立了相应的农村发展委员会，目的是为农村带来各项金融服务。

4. 助力人才培养

Q公司与国内多个名校进行合作，为他们的应届毕业生提供实习的岗位，不仅有效缓解就业压力，也可对这些保险人才进行有力的培养。

二、Q公司履行社会责任中存在的问题

（一）员工绩效薪酬不稳定

这里以Q公司的人寿版块来进行分析，Q公司的人寿版块自身的内勤薪酬体系基本是由固定的薪酬及年度的奖金来组成的，后者往往在年度总收入的40%上下浮动。然而实际的情况是，年度的奖金多数情况都是由所在公司的业绩以及相应的保费规模来决定的，这一点必然会导致内勤的收入无法稳定在某一数值，所以他们的总收入往往是不确定的。笔者特地选取内勤员工A并对其进行实际的采访，若是当年年度的经营状态不是很好，甚至保费规模未实现当年的既定目标，内勤的工资往往是缩水的，这就会使他们的工资无法保证，影响他们的日常

开支。

（二）产品供给结构单一

保险往往在社会中具有稳定器的功能，同时也可对社会的管理模式进行创新，从而持续缓解当前社会存在的矛盾问题。然而，即使是 Q 公司，也无法保证其对于整个社会承担应有的责任，所能发挥出的功能也不是完全的。例如，在经济规模不断发展、社会各项活动领域持续扩大的情况下，对于安全类的产品需求自然会有所上升。而在现实生活中，不光是 Q 公司一家，多家保险公司针对安全类的产品投入研发的力度还不足，产出的各类产品较为单一，而相应承担风险保障的工具无法实现对资源的合理配置，自然会产生极大的资源浪费。在对 Q 公司某员工进行采访时，可了解到，当前 Q 公司内部的保险多是以营利为主的，涉及承担社会职责的产品几乎没有，而扶贫产品更是无从谈起。

（三）扶贫事业中侧重"输血"忽略"造血"

在各类保险公司中，Q 公司属于较早接触公益的企业，同时也获取了公益行业的一致好评，然而在其履行具体的公益职责时，会出现一些不可避免的问题。例如，在开展一些公益活动时，多数是在针对扶贫甚至捐助，而对于合理采用保险途径的资金对贫困地区进行扶贫时，总是缺乏计划性，偏向于"输血"，而不去思考如何"造血"。

（四）信息披露有待加强

根据有关研究显示，Q 公司针对信息的披露，目前处于国内保险业的领军地位，然而在具体的披露工作中还会有很多的不足。比如对相应信息进行的披露工作还不是很完善，基本是针对一些利润性和财务性的指标来进行的，而针对企业内部经营方面的披露相对有限；另外，对于企业合作的大股东进行的披露模式相对比较顺畅，但针对中小投资者而言就途径受限，同时在进行信息披露时，相应的时效性及透明度等方面还不能做到有效保证。

三、推进 Q 公司社会责任履行的措施

（一）完善员工薪酬福利体系

想要保证 Q 公司内部所有员工薪酬的稳定，需使得员工的每一项薪酬及福利待遇与同业齐平，即使不高出太多也不要低太多，同时也要对福利项目进行添加。需针对岗位作出相应的调整，比如针对外地的一些员工给予交通费用方面的

补助，对外出做理赔考察的员工也要给予一定的话费补助等。此外，公司也要进行人文方面的考虑，比如在员工生日当天，为其带来相应的福利，让员工感受到满满的温情，长此以往形成一种较为规范的机制。作为员工，也要对公司提供的福利进行期待，针对不同层次的优秀人才给予不同的福利放送形式，来达到激励的效果。

（二）优化产品供给结构

对保险公司而言，需认真落实社会责任，并将其作为对产品不断研发的重要参考指标，为整个社会带来持续的效益及愈发全面的产品服务，用相对正确的观念来影响整个社会的经济走向。例如针对绿色保险而言，可积极推动，并将相应的绿色产品向客户推广；针对环境保护要求较高的地点，进行产品的有效供给，进而持续保障企业内部的风险防控水平；对环保企业进行科技方面的创新，从而带来更多优质的产品。

保险行业之所以能成为较为特殊的金融机构，是因为它需要用其产品来保证社会的风险，为客户的预期风险进行保障，同时也要进行主动的社会性管理，以此来缓冲当前改革活动中产生的矛盾。例如针对不同领域进行的责任险，推动该产品后，可通过经济模式来对当前的社会冲突形成补偿；而一些医疗险主要是适时针对养老社区进行宣传，从而对政府面临的老龄化问题给出解决方案；涉及税收递延险时，应当面向整个社会来宣导与公众相匹配的产品，以此来不断强化社会全体对风险的抵抗力度，保证整个社会的稳定发展。此外，保险公司需切实推动整个社会的公共化服务，不断推行相应的险种，持续对当前的服务体系形成助力。

（三）持续推进公益事业

全力以赴调集整个保险行业的各项资源，以此来强化对教育方面、养老方面及医疗方面的持续支持，达成企业内部经济效益与外部社会效益的一致性，形成对社会的补偿机制。例如，持续推动相应的教育机制来扶贫，保险公司筹措资金兴建各类希望性质小学，或是进行支教性质的活动等，对农村的教育机制形成有效的助力；在政府给出大规模补贴的情况下，并行推出农村性质的保险，切实强化当前的服务模式，避免相应的贫困现状，改善农村的医疗现状。

（四）优化顾客服务体验

公信力往往能成为相对关键性的资本，去衡量企业的风险水平，同时也是保险行业具有竞争力的模式。最近几年，国内的保险企业迅速发展，总体保费不断增长，而相应的口碑及认可度没有随之增长。更深层次的原因便是当前的保险行业还未有效从客户层面来建立较好的服务模式，进而导致这些客户相应的权益无法实现。所以，这些公司需要追求正确的方向，并将客户的核心利益置于首位，严格避免由于片面的经济利得而对客户的利得产生损伤，同时用社会普遍存在的公信力及客户方面的认可来持续推进行业的健康运作。

（五）构建共赢伙伴关系

主动参与保险性质的社会团建，并宣导保险相应的文化和知识体系，促进保险活动的落地。不断树立保险品牌，并持续强化保险业的公信力。使得保险行业优秀人才进行有序流动，促进整个行业内部的素质提升。主动参与代表当前领域先进技术水平的研讨会，努力推动行业的发展。保险行业与其他各类金融机构之间需要加强合作，在合作过程中需守住诚信的底线，并贯彻共赢的理念，以此来维护合作关系。

第十章 现代公司社会责任会计信息披露质量研究

将现代公司社会责任会计信息披露质量研究阐述清楚,就需要以具体公司为例进行详细分析,因此,笔者以 N 公司的社会责任会计信息披露质量为例,在本章进行研究。

第一节 社会责任会计信息披露的相关概念与理论基础

一、社会责任会计信息披露的概念

(一)社会责任会计信息披露的内容

关于 CSR 会计信息披露的内容,目前国际上没有统一的标准,而且各行业的利益相关者不尽相同,形成统一的标准也不符合实际。但是各行业都会涉及一些重要的方面,例如企业对投资者担负的责任,对公司内部员工担负的责任,对周围生态环境产生的影响,对社区的责任和对消费者所担负的责任。员工为企业提供劳动,企业要想保持活力,必须依赖员工和投资者。企业需要保障员工的生命安全和身心健康,还要为员工的合理报酬提供保障。N 公司是机械制造业企业,在生产过程中存在较大的安全隐患,这就需要企业重点关注员工安全方面的责任。

投资者为企业提供资金,充足的资金能够使企业高效运营。企业应当保障投资者的权益,这也是 CSR 会计信息披露中不可或缺的一部分。

企业的正常经营,都或多或少会对周围的生态环境造成影响,尤其是像 N 公司这样的工业企业。这类公司在生产过程中会消耗大量电能和原料,排放大量的温室气体、废气、废水和固体废物,因此这类公司需要把履行和披露社会责任的重点放在节能减排上面。

一个企业真正做大做强,不仅要有较强的营利能力,还要能够积极地回馈社会。能提供更多的工作岗位,带动当地的经济,研发更先进的产品,帮助更多需要帮助的人,这些和企业经营创造盈利同样富有意义。因此一个企业也应当把社区责任放在重要的位置上,积极履行并加以披露。

企业最直接的盈利来自消费者。消费者对企业的重要性不言而喻,因此企业要将履行产品质量责任、消费者权益责任的情况积极披露出来。①

(二)社会责任会计信息披露的模式

目前国际上并没有统一的 CSR 会计信息的披露模式,因此我国企业有自主选择权。目前国内外主流的 CSR 会计信息披露模式有以下三种。

第一种是文字披露。这种模式很多时候都是定性披露,并不能提供准确、全面的信息给利益相关者,企业很少会把对企业形象不利的负面信息披露在这里,因此该方法只适用于一些小微企业。

第二种是直接在财务报表中添加相关的二级会计科目。这种模式对专业的财会人员而言容易理解,且能很快熟练操作,但也存在弊端。有些社会责任的项目无法用会计科目来表达并计量,使用这种方法会使社会责任很多方面的信息无法被披露。

最后一种是编制独立的 CSR 报告,是目前被国内外大型上市公司广泛采用的模式。它主要按照会计学原理,对企业发生的社会责任信息加以处理、确认、计量并以财务报告为参考,编制出独立的 CSR 报告。同时也会定性披露一些信息加以辅助说明。该模式弥补了前两种模式的短板,可以全面、精确地反映公司社会责任的履行情况。N 公司就是采用这用模式披露自己的社会责任信息。

(三)评价社会责任会计信息披露质量的方法

不同的 CSR 会计信息披露方式,对应不同的评价方法。由于企业采用的披露方式各不相同,所以评价方法也无法做到统一。当今国内外使用频率最高的评价方法有问卷调查法、内容分析法和指数法。

问卷调查法是指通过将有关企业履行社会责任情况和社会责任披露情况的问题做成调查问卷,再将调查问卷发放给被调查者作答,以被调查者的答案作为评价公司社会责任会计信息披露质量的依据。这种方法得到的结果往往不够准确,受到被调查者主观的影响,有时还存在被调查者隐瞒或者夸大事实的情况。

内容分析法要先将企业涉及社会责任会计信息披露的文件和资料整合起来,接着对其内容加以分析,并以其为评价公司社会责任会计信息披露情况的依据。具体的,比如披露社会责任信息的报告篇幅越长,字数越多,可能其质量的评价

---

① 赵新华,王兆君. 我国化工企业社会责任信息披露评价 [J]. 现代化工,2019,39(5):10–13.

结果就较高。这种方法具有操作简单、普遍适用的优点，但也有缺点，比如工作量较大，且评价标准有时并不科学。篇幅较长，字数较多的报告，也许真正对利益相关者有价值的信息却披露甚少，而有的报告虽然比较简短，但却披露了较为全面的有价值的信息，这样的评价结果是有失公允的。

指数法是在内容分析法的基础上加以完善的一种评价方法。指数法先根据被评价公司的行业特性，确定相应的各级指标。一般一级指标都是按照投资人、客户、环境、员工和社区这几大类划分的，具体到某些特殊行业可能有所不同。从二级指标开始，就需要根据行业的不同有所变动。然后同内容分析法一样，以企业发布的CSR报告、年报以及其他相关资料为依据，主要以CSR报告为主，研究这些报告中是否披露了相关指标，指标是被定量披露还是定性披露，并按照定量披露、定性披露和未披露由高到低对各指标打分，从而评价出企业整体的CSR会计信息披露质量水平。虽然指数法存在工作量大、操作不易上手等缺点，但该方法相对其他两种方法能给出更加精确客观的评价结果。

二、社会责任会计信息披露的理论基础

（一）利益相关者理论

该理论前文已经作过介绍，在此不再进行过多阐述。N公司作为机械制造业企业，如果只知道追求一时的利润，盲目扩大经营，或者降低生产成本，对自然环境，对工业产品消费者而言都受到了侵害，环境的恶化、消费者的流失都会反过来影响N公司的正常发展。

（二）信息不对称理论

我们把市场经济活动比喻成一次次博弈。在博弈中，博弈的各方所获得的信息往往有很大差异。掌握更多信息的一方，往往能在博弈中获得更多的利益。在和商人博弈时，买方所获得的信息大多数都来自卖方，商人可以通过伪造或夸大商品信息诱骗消费者上当，而消费者很容易就会被虚假信息所欺骗，遭受经济损失，于是我们总结出"买的永远没有卖的精"的结论。企业在披露社会责任信息时，也是掌握更多信息的一方，如果企业夸大正面信息，刻意隐瞒负面信息，这对信息接收者极为不利。比如企业的经营状况和财务状况比较糟糕，为获取现金流，对外提供虚假财务报表，导致更多的投资者将资金投入该企业，损害了投资者的利益。

第二节　公司社会责任会计信息披露案例简介

一、N 公司概况

（一）N 公司基本情况介绍

N 公司成立于 2002 年，在 2010 年上市，是一家国有矿山设备制造企业。公司以煤矿采掘设备制造、汽车零部件制造为主营业务，同时在金融、服务、商贸等领域也有业务板块。发展至今，已拥有超过 20 个生产研发销售基地，遍布全球多个国家，打造了立足中国、面向全球的高端装备制造集团。N 公司是国家级高新技术企业，是河南省混合所有制经济、职业经理人的双项改革试点及国务院国资委国企改革"双百行动"企业。

近年来，N 公司不断提高生产技术，创新管理模式，提升设备性能，企业的规模和经营状况有了质的提高。在支架市场占有率、液压支架科技研发和设计水平等方面领先全国，在支架总产量、支架工作阻力和最大支护高度等方面领先全球。

目前，N 公司正加快推动传统产品优化升级，在做好采矿设备制造板块的同时，大力发展汽车零部件制造、新材料、服务、金融等新业务板块，努力形成优势突出、结构合理、创新驱动、开放协同的发展新格局，把 N 公司构建成为多元发展、多极支撑的现代化企业集团。

（二）N 公司组织结构介绍

目前，N 公司采用了扁平化垂直管理和董事会决策机制对自己的组织结构进行设置。公司按照业务将部门划分为客户中心、研发中心、管理中心和生产中心，每个部门又有自己管辖的二级职能部门。可以看出，N 公司的组织结构设置得较为清晰，内部管理模式较为成熟。N 公司组织结构如图 10-1 所示。

图 10-1　N 公司组织结构图

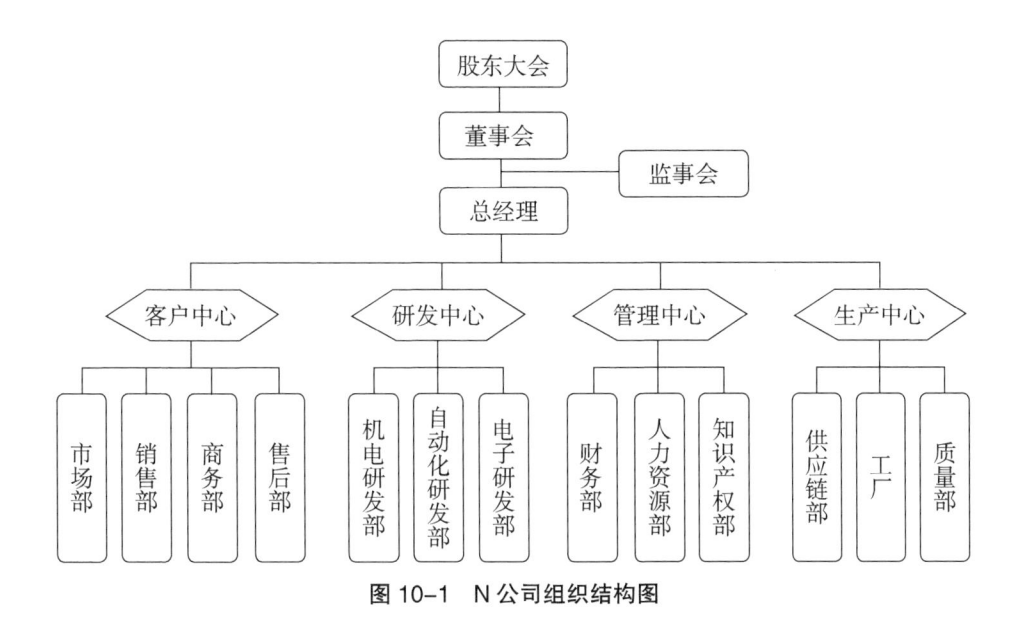

二、N 公司社会责任会计信息披露概况

（一）披露形式

N 公司近年来都是通过出具独立的 CSR 报告书来披露企业的社会责任履行情况。N 公司 2013 年发布第一篇独立的 CSR 报告（2012 年 CSR 报告），至 2019 年年底自愿披露了 7 份独立的 CSR 报告（2012—2018 年），具有信息披露的连续性。[①]

（二）披露内容

笔者选择 N 公司 2020 年的 CSR 报告对其披露内容进行分析。

2020 年，N 公司的社会责任会计信息披露主要从管理方法、市场责任、员工责任、环境责任和社区责任五个方面来进行：①管理方法。管理方法主要通过社会责任管治、权益者参与和重要社会责任议题三个项目进行披露。②市场责任。市场责任主要通过产品责任、客户服务、供应商管理和反腐倡廉四个项目进行披露。③员工责任。员工责任主要通过劳工准则、员工关怀、职业发展和安全与健康四个项目进行披露。④环境责任。环境责任主要通过低碳管理、排放管理和水资源管理三个项目进行披露。⑤社区责任。社区责任主要通过助学帮教、改善生计、尊老爱幼和管理噪声四个项目进行披露。

---
① 张雪. 社会责任信息披露案例分析——以 A 公司为例 [J]. 农村经济与科技，2019，30（18）：104-105.

第三节 公司社会责任会计信息披露质量基本评价

一、社会责任会计信息披露质量评价体系的构建

（一）评价体系构建依据

由于目前没有统一的CSR会计信息披露标准，因此笔者在构建CSR会计信息披露质量评价体系时，主要借鉴了国内外一些通用的、权威性较高的CSR报告编制标准，下面对这些标准作一些简单的介绍。

社会责任标准（SA8000）是由社会责任国际（SAI）管理，并由社会责任认可服务（SAAS）监督的。这是第一个全球公认的可用于认证的社会责任标准。SA8000致力于改善工作条件，适用于各个行业的、各种规模的公司。SA8000是基于国际劳工组织、世界人权宣言和联合国儿童权利公约的约定而制定的。该标准主要针对员工责任方面的问题，包括童工、强迫劳动、健康与安全、结社自由和集体谈判权、歧视、纪律常规、工作时间、报酬以及管理体系如供应链监控系统，外部沟通以及其他政策。目前国内外众多上市公司，跨国公司都通过遵守SA8000社会责任标准来提升自己的公司形象。

《可持续发展报告指南》从经济责任、环境责任和社会责任三个维度，对企业CSR信息披露进行指导。现今许多像世界经济论坛、联合国全球契约组织、经济合作与发展组织这样的国际组织，在进行公司社会责任方面的讨论交流时都会经常参考《可持续发展报告指南》，许多规模较大的企业也开始以该指南为编制CSR报告的标准。

《中国企业社会责任报告编写指南》（China-CSR4.0）由中国社科院发布和更新，目前是我国最权威的指南，在我国社会责任发展中起到重要的作用，我国许多上市公司用其作为CSR报告编写的依据。同时，第三方审验机构在审验报告时也可以用China-CSR4.0作为参考标准。

依据以上几个权威的标准和其他国内外相关的研究成果，笔者将从股东及债权人责任、环境责任、员工责任、政府及社区责任和供应商及客户责任五大方面构建CSR会计信息披露质量评价体系。

（二）评价指标选取原则

经过前面的分析我们知道，指数法在评价企业的 CSR 会计信息披露质量时，更加全面、准确，因此笔者选择指数法作为评价方法。在选取指标时应当遵循一定的原则，这样评价的结果才更加客观、真实。

1. 重要性原则

评价指标的选择应当充分遵守重要性原则。重要的指标，是企业日常经营时应当重点关注并积极履行的责任指标，披露这些指标更能反映公司社会责任的履行情况。而一些相对次要的指标，其披露情况对披露整体的质量影响可能不是太大，选取过多这类指标可能会增加评价过程的工作量，也会影响评价结果的准确性。

2. 行业适用原则

选取指标时要考虑行业特性，指标的选择及一级指标的权重应当适用于相应的行业。每个行业都有自己独特的属性，用适用行业的评价体系评价出来的结果才更加客观真实。因此，笔者在选取评价指标时，考虑了 N 公司所处行业——矿山设备制造业的行业特性，加入了部分具有行业特征的指标。针对机械制造业行业污染较为严重、员工车间工作存在健康安全隐患等特点，在环境责任和员工责任方面设置了相对较多的指标。这样建立的评价体系更有针对性，更为合理，评价结果也更具参考性，更有价值。

3. 定性与定量相结合原则

企业在披露 CSR 信息时应当以定量披露为主，但有些指标可能更适合定性披露，例如售后体系的构建和完善、员工参与志愿者活动的信息等，在披露这些指标时应当做到全面、详尽，也可在其中加入相关的定量数据辅助披露。因此，在选择评价指标时，要采用定性指标与定量指标相结合的原则，对一些定性指标也要有所考量。

（三）评价指标选取

1. 股东及债权人责任

企业良好的运营能力和完善的内部控制体系是保障股东及债权人权益的关键。因此，笔者在股东及债权人责任一级指标下设置了企业运营能力与内部控制状况二级指标。而营业净利率、净资产收益率和风险管理体系的建立健全等三级指标更能反映企业的运营能力和内部控制状况。风险管理体系的建立健全不是一个特定的定量指标，主要是为了披露企业内部的风险控制水平，可以定性披露，也可以加入相关的定量数据，但都应做到全面、详细的披露。

股东更加关注企业的营利能力和股利分配情况，以及自己对公司重要信息的知情权。因此笔者选择基本每股收益、股利支付率以及保障股东知情权相关数据作为股东责任的三级指标。①

债权人考虑更多的是企业的偿债能力如何，是否按照约定使用借款，以及按期足额偿还本息的情况如何。所以笔者选择利息保障倍数、保障债权人知情权相关数据、按期还本付息率作为债权人责任的三级指标。按期还本付息率是当年实际偿还本息金额占当年应当偿还本息金额的比率。

2. 环境责任

节能减排，一直是工业企业重点关注的问题。像 N 公司这样的矿山设备制造业企业，在生产设备时，会消耗大量的天然气、电力等能源，同时还会排放大量废气、固体废弃物和污水。因此，笔者选择节能减排总投入额、温室气体排放量、能源消耗量、废气排放量、废弃物排放量和废水循环利用率 6 个项目作为节能减排披露情况的评分指标。

在注重节能减排的同时，工业企业也应当主动采取措施改善周围生态环境。矿山设备制造企业在生产时，会导致噪声扰民的问题。因此，在环境保护方面，笔者选择了噪声管理相关数据作为环境治理的一个三级指标，除此之外，笔者还选择了增加绿化投入、环保培训与教育投入及绿色办公相关数据 3 个三级指标。噪声管理相关数据是定性指标，在文字披露时要求做到客观、详细，也可以在其中加入一些定量数据。

3. 保护员工权益责任

员工是企业发展的发动机，只有发动机的动力充足，企业才能更快、更好地发展。因此，企业在日常管理中应当重视对员工权益的保障，同时，也应当积极披露员工责任的履行情况。

矿山设备制造业企业生产过程中存在较大的安全隐患，比如 N 公司的安全隐患主要存在于生产线上起重机等特种设备的使用过程中，主要有机械夹伤、重物接触、起重伤害、车辆伤害等。除此之外，这一类型的企业在生产时会排放大量有毒气体、粉末，危害员工的身心健康。因此，像 N 公司这样的企业应当定期对生产线上的员工进行体检，同时也要检查生产车间的粉尘和有毒气体浓度，以及机械设备是否存在安全隐患，如有问题需及时加大投入进行处理。因此，笔

① 王欢. 上市公司碳会计信息披露研究——以 SH 公司为例 [J]. 当代会计，2021（5）：21-23.

者选择职工体检普及率、"职业病"诊断率、作业场所粉尘、毒物合格率、安全事故发生次数以及健康安全教育培训相关数据作为评价员工安全及健康责任披露情况的三级指标。

员工的职业技能水平，对企业的发展影响很大。只有不断对员工进行职业培训，提升员工职业素质，企业运营效率才会提升，才能创造更多的利润。员工培养方面，笔者选取的二级指标包括员工培训总时长和员工受训比例。

企业还需保障员工的基本福利。员工的基本福利得到了保障，才能更加踏实地投入工作中，投入企业的发展建设中。因此，这里选择社保缴纳率和正式劳动合同签约率作为评价指标是比较恰当的。

除此之外，笔者还选取了女性员工比例、残疾员工数量两项作为评价反性别歧视、生理歧视披露情况的三级指标。

4. 政府及社区责任

企业的稳定发展需要国家的扶持。国家繁荣昌盛，才能给企业的健康发展提供良好的环境。企业通过缴纳税款，促进国家经济的增长；企业经营中保持廉政之风，远离腐败，有助于纯净国家的商业环境；企业通过良好的经营，不断吸引人才流入，促进就业，带动经济发展。这些都对国家产生了积极的影响。因此，笔者选取纳税总额、廉政建设相关数据、吸纳就业人数这些指标作为评价N公司披露政府责任履行情况的依据。

企业从社会获取资源，得以追求利益，发展壮大，同时不应忘记回馈社会。当今国内社会，贫富差距依然存在。企业在发展成熟以后，有了经济实力，应当献出爱心，温暖社会。同时，当企业某些经营活动涉及社会公众利益时，社会公众应当享有知情权，获得企业更多的信息，这就要求企业及时公开相关活动信息。因此，笔者选取社会公益捐赠数额、员工志愿者活动数据、社区基础建设支出以及保障社会公众知情权相关数据四个指标来分析N公司社区责任的披露质量。

5. 供应商及客户责任

矿山设备制造业企业接受供应商提供的原材料，进行采矿设备的生产，并将完工产品销售给煤矿开采企业等下游企业。在"供产销"的环节中，矿山设备制造业企业作为中间的纽带，具有重要的调节作用。

供应商提供上游原材料给机械制造企业，企业要保证上游原材料的质量，还要巩固与供应商的联系，树立诚信的企业形象。企业通过建立科学、成熟的采购制度与体系，不仅给供应商提供公平竞争的商业环境，还能提高原材料的质量，为后续生产销售环节打下良好的基础。此外，企业积极履行购买合同规定的权利义务，在合理的时间范围内及时支付货款，都是在维护供应商的权益。因此，笔者选择采购制度与体系的建立健全、购买合同履约率和应付账款周转率作为供应商责任的三级指标。

企业的持续经营需要稳定的市场，因此必须严把产品质量关，同时完善售后服务，这样才能提升企业形象，减少客户流失的风险。所以，站在客户角度出发，笔者选择产品质量管理体系的建立健全、主营产品合格率、客户服务体系的建立健全、客户投诉率、投诉处理率以及客户满意度等6个指标进行分析。

综合以上5个方面责任，笔者一共设置了46个具体指标，构成了评价N公司CSR会计信息披露质量的评价体系。该体系也适用于矿山设备制造行业的其他企业。

（四）评价指标赋分

笔者对46个指标进行汇总，发现其中大多数都是定量指标，也包含一些定性指标，比如风险管理体系的建立健全、产品质量管理体系的建立健全等。我们分为三种情况对这46个指标进行赋分。

情况一：对于直接定量披露目标指标，或者披露相关指标后经简单计算可以得出目标指标，或者披露相关指标，虽然无法经计算得出目标指标，但是不影响披露质量（比如对于女性员工比例指标，报告同时披露了普通员工女性比例、管理层员工女性比例，但普通员工与管理层员工比例不知，无法获知整体女性员工比例，但是不影响该指标披露质量），以及全面、详细地披露定性指标等以上情况，对相应指标评定为2分，也是单项指标的最高分。

情况二：对于定量指标只有文字性的披露，或者定量指标只披露了与之相关的其他定量数据的情况（比如报告中未披露公司整体女性员工比例，只披露了高级管理层女性员工比例，再比如报告中未披露节能减排总投入额，仅仅披露了投入多少资金增设某些节能减排设备等），以及定性指标披露过于简洁，信息不全面等情况，对相应指标评定为1分。

情况三：对于完全没有披露或者年报与CSR报告披露数据完全不一致的情况，对相应指标评定为0分。

46个三级指标合计为92分，还有2个加分项目，最高分都评定为4分。整体CSR会计信息披露质量满分为100分。下面对两个加分项目进行说明。

目前没有相关法律法规强制要求企业发布的CSR报告需经第三方审验，也没有要求报告中必须披露负面信息。但如果企业在编制 CSR 报告时加入了企业负面信息的披露，发布报告前聘请第三方审验机构对报告进行审验，将很大程度地提高报告的质量。因此，本体系中加入"CSR 报告是否经第三方审验"和"CSR 报告负面信息披露情况"2 个加分项。"CSR 报告是否经第三方审验"项目在报告经过审验的情况下，得到满分 4 分，没有审验得 0 分；"CSR 报告负面信息披露情况"项目的评定则视具体情况酌情给分，得分区间在 0 ~ 4 分。

笔者在评价体系中依据所得评分，将五大社会责任类别以及 CSR 会计信息整体的披露质量分别进行层次划分，一共划分为 5 个层次，按照评分由高到低依次划分为优秀水平、良好水平、中等水平、起步水平和旁观水平。各类分数统计如表 10-1 所示。

表 10-1　优秀水平、良好水平、中等水平、起步水平及旁观水平得分表

责任类别	优秀水平	良好水平	中等水平	起步水平	旁观水平
股东及债权人	18 ~ 14.4（含）	14.4 ~ 10.8（含）	10.8 ~ 7.2（含）	7.2 ~ 3.6（含）	3.6 以下
环境	20 ~ 16（含）	16 ~ 12（含）	12 ~ 8（含）	8 ~ 4（含）	4 以下
员工	22 ~ 17.6（含）	17.6 ~ 13.2（含）	13.2 ~ 8.8（含）	8.8 ~ 4.4（含）	4.4 以下
政府及社区	14 ~ 11.2（含）	11.2 ~ 8.4（含）	8.4 ~ 5.6（含）	5.6 ~ 2.8（含）	2.8 以下
供应商及客户	18 ~ 14.4（含）	14.4 ~ 10.8（含）	10.8 ~ 7.2（含）	7.2 ~ 3.6（含）	3.6 以下
整体	100 ~ 80（含）	80 ~ 60（含）	60 ~ 40（含）	40 ~ 20（含）	20 以下

二、N 公司社会责任会计信息披露质量评价结果

前文已经建立了一套完整的社会责任会计信息披露质量评价体系，笔者以 N 公司 2018 年、2019 年公布的 CSR 报告、年报和其他相关资料为基础，利用评价体系对 N 公司 2018 年、2019 年 CSR 会计信息的披露质量进行评分，从而定量分析 N 公司近年来 CSR 会计信息披露的具体情况。

对在 N 公司相关资料中找到指标对应的信息加以分析可知，N 公司近两年的社会责任会计信息披露质量评价均在 60 分以上，处于良好阶段；2019 年整体得分相比 2018 年略高一点，达到了 60.5 分。两年的整体得分都处于较高水平，但由于员工责任和供应商及客户责任方面评分较低，使 N 公司社会责任会计信息披露整体质量刚过良好线，说明 N 公司在 CSR 会计信息披露方面仍有不足之处。两年的评价结果基本相似，现将两年的披露质量一起分析。

具体来看，N 公司在股东及债权人责任方面和政府及社区责任方面披露情况较好，评分较高，股东及债权人责任方面评分较高的原因主要是含有较高比重的

指标在年报中披露，或披露出相关数据经计算得出；环境责任方面，N 公司只注意了节能减排责任的披露，而忽略了环境治理责任问题；员工责任方面，问题在于员工安全及健康和员工福利保障方面的大量指标都是文字性披露，没有定量披露，导致得分偏低；供应商及客户责任方面，尽管报告中将采购制度与体系、产品质量管理体系和顾客管理体系都详尽披露出来，但具体的定量指标依然没有披露出来。N 公司实际的诚信度、产品质量以及售后情况，无法从报告中获知。

除此之外，由于 CSR 报告未经第三方审验，且几乎没有负面信息的披露，所以加分项目得分很不乐观。

综合以上分析我们得出结论：N 公司的 CSR 报告披露水平较高，但在环境责任、员工责任、供应商及客户责任等方面的披露都需要加以改进，且应该加强披露负面信息以及聘请第三方对报告进行审验的意识。

第四节　公司社会责任会计信息披露存在的问题及建议

一、N 公司社会责任会计信息披露存在的问题

经过研究可以发现，N 公司社会责任会计信息披露质量逐年提高，且在行业内处于领先位置，但同时也发现了其中存在的诸多问题，下面将这些问题总结出来。

（一）员工责任和供应商及客户责任披露情况相对不理想

N 公司近几年 CSR 会计信息披露质量整体较高，但是在员工责任方面、供应商及客户责任方面披露质量相对较差。员工责任方面和供应商及客户责任方面都有部分涉及负面信息的指标没有有效地披露出来，比如员工责任方面的"职业病"诊断率、安全事故发生次数等，供应商及客户责任方面的主营产品合格率、客户投诉率等；除此之外，员工责任方面还有大量定量指标仅仅定性披露，信息比较模糊，比如职工体检普及率、社保缴纳率、正式劳动合同签约率等。这些原因导致两方面评价得分相对较低。

究其原因，主要有以下三点。

第一，N 公司披露定量指标的意识不够。尽管报告中披露了大量定量指标，但是依然有相当多的定量指标未被有效地披露，说明 N 公司具有一定的披露定量指标的意识，但程度还稍显不足，有待进一步提高披露定量指标的意识。

第二，N公司可能存在刻意隐瞒负面信息的情况。对于涉及负面信息的指标选择模糊处理甚至在披露时直接忽略，因为披露过多负面信息可能会对N公司短期的利益产生不利影响。

第三，这些方面的利益相关者监督企业履行社会责任的意识不够。员工、供应商、客户对N公司履行社会责任的重视程度不够，或者这些利益相关者对N公司披露涉及自己利益方面的社会责任信息的要求较低，也很大程度上导致了N公司披露相关方面责任的意识不够，从而导致披露质量相对较低。

（二）CSR报告未经第三方审验单位审验

前文已经说明，包括N公司未邀请第三方审验单位对其CSR报告进行审验，说明这一点在行业内没有引起足够的重视。就如同财务报告经注册会计师审计能加强可信度一样，一份经第三方审验的CSR报告更能让报告使用者信服，而N公司正好忽略了这一点。这使我们对其披露的信息的真实性产生了怀疑。

究其原因，主要是因为政府未出台相关法律法规对报告审验方面提出强制要求，企业为了避免麻烦和相关费用，更倾向于由公司内部管理层对其CSR报告进行审核，但同时报告的可信度也大大降低了。

（三）报告中几乎未披露负面信息

N公司的CSR报告中几乎未出现负面信息，这并不能说明N公司一直没有负面的事件发生，相反更让人怀疑N公司存在刻意隐瞒负面信息的可能。例如，N公司每年的报告中，也没有披露员工"职业病"诊断率和作业场所粉尘、毒物合格率、安全事故发生次数等涉及员工安全方面的具体定量数据等。

究其原因，主要有以下两点。

第一，N公司披露负面信息的主动性不足。负面信息的披露，往往对企业自身的形象也会产生负面影响。企业担心将负面信息被披露出来，经过媒体的传播，会使公众质疑其履行社会责任的情况，从而影响企业形象，进而使企业利益受损。因此，N公司选择将那些可能有损企业形象的负面信息隐藏起来，而不是主动披露，所以报告中只能看见企业光鲜的一面。①

第二，相关部门未采取强制手段要求企业披露负面信息。目前国内对企业的社会责任信息采取自愿披露原则，因此政府并未出台相关法律法规来规范各行业公司社会责任会计信息披露的内容，也没有相关部门对企业披露负面信息的情况

---

① 郑丁灏.上市公司社会责任信息披露制度之审思与重构[J].金融与经济，2021（5）：52-58，76.

进行监督，更不会对不披露负面信息的企业进行处罚。失去外界的约束，企业在大多数情况下不愿意自主披露负面信息。

（四）未将股东及债权人责任部分单独披露

虽然股东和债权人可以在公司年报和上交所、深交所等各大相关网站获取公司的相关信息，但是股东及债权人作为公司利益相关者的一部分，相关责任在公司发布的独立 CSR 报告中未被单独披露出来，对 CSR 报告的完整性也产生了很大影响。

究其原因，可能是因为 N 公司对 CSR 报告的完整性不太注重，由于股东及债权人责任方面的一些重要指标都在年报中披露，因此管理层可能认为没有必要在 CSR 报告中将该部分单独披露出来。

二、提高 N 公司社会责任会计信息披露质量的建议

（一）内部角度

1. 主动聘请第三方审验机构审验 CSR 报告

虽然政府部门未出台相关法律法规要求企业发布的 CSR 报告必须经过第三方专业的审验机构审验，但是 N 公司和其他规模较大的上市公司，不应该以降低成本和逃避监管为由，省去审验的程序。设想一下，没有经过注册会计师审计的财务报表，可信程度是什么情况。CSR 报告虽然不是财务报表，但其和财务报表都是由企业内部管理层编制，都需要独立第三方进行审查以增强可信度，道理是相同的。N 公司应当对出具的 CSR 报告的可信度提供保证，让报告使用者获取报告信息时更加信服。主动聘请第三方来对报告进行审验，这不仅增强了报告的可信度，也督促了 N 公司将 CSR 报告披露得更加完善。

2. 正视并勇于披露负面信息

N 公司通过 CSR 报告向利益相关者传达自己履行社会责任的情况，除了要保证披露的内容真实，还应当保证披露的内容全面。全面就要求 N 公司不光要披露那些正面的信息，也要将负面信息及时地披露出来。因为负面信息反映了企业管理上存在的问题，以及社会责任履行方面存在的不足，这对利益相关者同样重要，因此负面信息是 N 公司 CSR 报告中不可或缺的一部分。如果刻意隐瞒负面信息，整个报告披露的都是正面的信息，反而会让报告使用者对企业产生怀疑。如果任由这样的情况持续下去，政府和社会将会失去对 N 公司的监管作用，出现的问题很可能会越来越严重，这样对企业自身，对整个社会而言都是不利的。

若 N 公司在今后的 CSR 报告中加入负面信息的披露，虽然会暴露现阶段企业存在的问题，但同时会让公众对 N 公司有了全面、客观的认识，并监督企业对问题及时加以改正，同时也会对企业勇于展现自身问题的行为给予肯定，反而会有助于提升 N 公司的形象。

3. 加强 N 公司员工的社会责任意识

员工是企业发展的根本，N 公司想要更好地履行社会责任和提升社会责任会计信息披露质量，必须加强员工的社会责任意识。可以经常举办社会责任知识讲座、社会责任知识竞赛等活动，来提升员工的社会责任意识，理解公司经营营利和履行社会责任的正确关系，从而更好地从自身出发履行社会责任。特别是财务部门，要积极开展社会责任会计培训，提升财务人员的社会责任会计方面的知识，积极开展会计职业道德方面的教育。只有员工的相关意识得到提升，N 公司才能更好地履行社会责任，发布更完善的 CSR 报告。

（二）外部角度

1. 加大相关部门的监督和奖惩力度

国家政府部门应当出台针对矿山设备制造业企业与社会责任相关的法律法规。比如强制矿山设备制造业企业按年发布 CSR 报告并要求有第三方审验，并有针对性地制定一套符合 N 公司行业特性的报告披露准则。这样可以做到行业的统一，方便日后的管理。并设置专门的部门或者授权第三方对企业履行社会责任和披露 CSR 报告的情况进行监督。

针对 N 公司刻意隐瞒实际的售后客户投诉情况和涉及员工安全方面的具体定量数据，有关部门可以重点审查 N 公司产品的生产过程、售后情况和工人工作的实际情况，以及发布的 CSR 报告中相关数据的披露情况，并及时根据实际情况予以表扬或者惩罚。

2. 加强第三方机构的监督作用

N 公司在聘请第三方单位对其 CSR 报告进行审验后，作为独立的第三方机构，也应当尽职尽责，积极、认真地对其 CSR 报告进行审验。不断提高自身的专业技术水平，恪守职业道德。具体审验的手段可参照注册会计师对 N 公司的财务情况进行审计的方法，由相关部门设立一套新的适合 N 公司行业特性的社会责任会计准则，第三方按照该准则对 N 公司的 CSR 报告进行审验，并出具相应的审验报告。这样可以增加报告的可信度，也对报告的编制起到了很大的监督作用，不仅有效提高报告的质量，也能间接提高 N 公司社会责任的履行情况。

3. 提高利益相关者监督企业履行社会责任的意识

提高利益相关者监督企业履行社会责任的意识，要求利益相关者不仅要加强对企业履行社会责任的重视程度，同时也要加强对公司社会责任信息披露情况的重视程度。社会责任信息的披露主要通过 CSR 报告为载体，然而目前社会公众对 CSR 报告质量的重视程度远远不够。只有加强利益相关者的社会责任意识，才能使其充分发挥社会监督作用，从而督促企业更好地履行社会责任，并发布更高质量的 CSR 报告。

针对 N 公司，首先要加强其客户的社会责任意识，因为 N 公司在供应商及客户责任方面的责任披露相对欠缺；其次，要加强 N 公司员工的社会责任意识，员工受雇于公司，不仅要代表公司积极履行社会责任，也要明白自己作为公司利益相关者的一部分，公司对自己应尽的社会责任同样不容忽视。

提高利益相关者的社会责任意识有多种手段，包括政府等相关部门发布的公告、媒体的宣传等。媒体可以通过表扬积极履行社会责任和积极发布高质量 CSR 报告的企业；同时曝光以牺牲利益相关者为代价获取利益的企业，让利益相关者认识到社会责任的重要性，并一起参与到监督企业履行社会责任的队伍中来。

第十一章　现代公司社会责任实现机制研究

目前，我国公司社会责任实践仍处于起步阶段，公司社会责任绩效普遍较低。要改变这种现状，必须探索建立符合我国国情和企业实际的公司社会责任管理模式和实现机制，形成对企业履行社会责任的硬约束，促使企业最大限度地履行其应有的责任。在政府、企业、社会之间形成合理关系的基础上，通过明确各自的角色定位并相互协作，确保我国公司社会责任的实现机制得以顺利建立和运行。公司社会责任实现机制包括了公司社会责任的激励机制、公司社会责任的外部约束机制、公司社会责任的需求机制、公司社会责任的信息披露机制、公司社会责任管理认证机制以及公司内部治理机制。公司社会责任实现机制的构建需要由政府、企业和社会三方各司其职，相互作用方可完成。在目前阶段，政府应有效地利用法律、经济、行政等手段对公司社会责任进行引导、约束、管理，推动企业有效履行社会责任；企业应强化社会责任意识，将公司社会责任纳入企业战略和日常运营的统一框架中，加强自律，完善公司治理结构和组织结构，实施战略型公司社会责任，不断增强履行社会责任的能力，提高公司社会责任绩效水平。公民社会的发展有助于加强公司社会责任的外部压力，因而有助于刺激公司社会责任管理与发展，它的三个核心群体是非政府组织、新闻媒体和消费者，三者从不同的角度推动公司社会责任实现机制的达成。

目前，在政府、社会、国际组织等力量的推动下，我国多数企业经营管理者已经认识到履行公司社会责任对企业自身发展和整个社会发展的重要性，部分企业开始积极履行社会责任；但从整体情况看，我国公司社会责任实践仍处于初级阶段，公司社会责任绩效仍处于有待完善的水平。要改变这种现状，不仅需要企业自身的努力，还需要政府、社会、消费者等主体共同参与，相互促进，建立一套符合我国国情和企业实际的公司社会责任实现机制，引导、推动企业有效履行社会责任，加强公司社会责任管理，提高公司社会责任绩效。

第一节　现代公司社会责任实现机制的基本概述

一、我国公司社会责任实现机制的参与主体

企业经营行为以及公司社会责任行为均是在一定的社会环境下进行的，企业与社会之间存在相互依存的关系。由于经济社会发展的状况在一定程度上是客观存在的，因此，社会环境的改善需要着力从利益相关者与企业之间的关系入手。由于政府具有社会公共利益的维护人和公共事务的管理者的双重身份，而企业承担社会责任的根本目的在于协调企业与社会的关系，促进社会和谐发展，因此，从各种关系看，可以将公司社会责任实现机制的参与主体界定为政府、企业和社会三方。其中，社会又包括了非政府组织、员工、商业伙伴、媒体、社区等除政府之外的其他利益相关者。政府是公司社会责任的管理主体，企业是公司社会责任的承担主体，社会则是公司社会责任的推动主体。

（一）政府与公司社会责任

企业是公司社会责任的承担主体，而政府是公司社会责任的管理主体。在政府、企业与社会三者之间建立合理的关系，是构建中国公司社会责任实现机制的关键。在政府、企业、社会之间形成合理关系的基础上，通过明确各自的角色定位并相互协作，确保中国的公司社会责任实现机制得以顺利建立和运行。

从政府经济学的视角来看，政府与企业是现代社会的两大活跃因素，两者以多种方式相互作用，并对经济行为、经济绩效和居民生活都产生重大影响。例如，廉洁、公平、高效的政府是提高企业效率的关键因素，严厉的法律法规则是保护企业知识产权以及促进企业创新的关键因素，而政府所颁布的政策又是企业作出经营与管理决策的重要影响因素。

在公司社会责任的实现问题上，政府如何监管企业直接关系到政企关系的合理性和有效性。作为公司社会责任的管制者，政府的管制作用主要体现在两个方面：引导和管制。政府颁布的政策法规既可以形成企业履行社会责任的压力，又可以引导公司社会责任管理决策和行为。因此，政府对企业的作用既有宏观调控也有直接管制。

（二）企业与公司社会责任

作为一定社会资源的拥有者和经营者，企业必须承担一定的社会责任，为整个社会的和谐发展、可持续发展作出应有的贡献。企业经营目标不仅仅是股东利益最大化，更应是利益相关者利益最大化。不履行公司社会责任，企业将失去生存的根本条件，企业长远发展注定难以实现。

作为社会责任的履行者，企业经营管理者必须培育社会责任意识，强化企业自律精神和行为，塑造主动承担社会责任的社会形象；企业应通过创新组织文化，完善公司治理结构，建立健全内部管理规章、制度，改善劳动关系，提升履行公司社会责任能力；企业应加强与各种利益相关者的联系和沟通，全面、及时、准确地发布公司社会责任信息，准确把握社会对企业的期望，科学地制定公司社会责任管理目标和实施方案，为企业发展创造良性的外部空间。[①]

（三）社会与公司社会责任

成功的企业需要健康的社会环境。例如，教育、医疗事业和公平的机会对于生产场所是至关重要的，安全的产品和工作条件不但能够留住顾客，更能降低内部事故的发生率。任何试图损害社会的企业最终都会发现它们获得的只是一时的利益。同时，和谐健康的社会同样需要成功的企业，缺乏有竞争力的企业去创造就业机会、进行创新和提供产品或服务，国家和地区竞争力就会衰退，社会就会出现问题，发展也会停滞。

作为公司社会责任的监督者和推动者，社会的监督和推动手段主要是通过非政府组织、新闻媒体等配合政府的引导和管制，对企业履行社会责任的状况进行必要的监督和推动。如典型的监督和推动手段是尝试设立专门负责公司社会责任管理的非政府组织，或是介于政府和企业之间的第三方认证的社会中介性评价和审核机构，定期向利益相关者提供企业相关的业绩证明报告或评价结果。

二、我国公司社会责任实现机制的建立目标与原则

（一）我国公司社会责任实现机制的建立目标——两个平衡

1. 宏观层面：经济增长与社会发展的平衡

转变经济发展方式，对我国的发展是有针对性的，就是不能把发展的动力放在增加投资、消耗资源、多占耕地等上面。这种重要调整强调的是在重视增长速度的同时，应更注重发展的质量和效益，走生产发展、生活富裕、生态良好的科

[①] 陈丽薇. 互联网公司企业社会责任与企业绩效的路径研究 [D]. 武汉：湖北经济学院，2019.

学、文明发展道路，避免片面追求经济目标而忽视社会发展。因此，我国公司社会责任实现机制也应当以追求经济、社会和环境的协调发展为最终目标。

2. 微观层面：公司社会责任与企业盈利目标的平衡

张维迎曾分析过公司社会责任的两个困境：一个是合理与合法的困境，即合理并不总是合法的；另一个是企业盈利与社会福利的困境，即企业营利并不总是提高社会福利。

他认为，当存在合理且合法、企业盈利且提高社会福利的情形时，公司社会责任就会由市场这只看不见的手实现。因此，公司社会责任实现机制就是要通过制度、机构的设置及相关主体之间的相互制衡，将企业经济行为和整个市场规范在合理且合法、企业盈利且提高社会福利的范围内，尽一切可能根除合理但不合法、不合理但合法、企业盈利但损害社会福利、企业亏损但社会福利增加等情形，这样的环境才最适宜公司社会责任的落实和发展。公司社会责任实现机制的提出是为了实现企业在社会责任和经济利益上的动态平衡，即在企业、政府及社会相互作用的关系中，每一方都同时达到了约束条件下可能实现的利益最大化目标，因而这种状态可以长期持续存在。企业通过经营活动获得利润，从而有能力更好地履行社会责任，尤其是更高级别的道德责任；而企业担负起社会责任、回馈社会的同时，也逐渐提高自身的声誉和品牌影响力，得到政府和社会的认可，这又反过来促进其经济效益的提高。

（二）我国公司社会责任实现机制的建立原则——两个符合

1. 符合我国国情和企业实际

加强公司社会责任管理，特别是构建公司社会责任体系必须立足于中国的基本国情。从整个社会层面来看，任何社会责任问题的解决总是要消耗一定的社会资源，这些资源要么由企业、政府或第三方组织分别承担，要么由他们共同承担。中国作为一个拥有超过14亿人口的大国，每年新增的劳动力就超过了2000万人。在这种地域广阔、城乡和地区发展不平衡的情况下，增强公司社会责任不可能一蹴而就，必须立足于我国的基本国情，正确树立符合我国当前实际的公司社会责任观，深刻认识时代对公司社会责任的要求，准确把握现阶段政府、企业和社会能做到哪些，公众最关注哪些以及应该提倡哪些，在此基础上构建中国特色的公司社会责任体系，促进整个社会资源配置效率的提高。

2. 符合市场经济的要求

在市场经济条件下，宏观调控已从过去的直接计划管理和行政干预转变为间接调节，政府原则上不能直接介入企业的微观商事活动。国家的调控和干预体现在公司社会责任方面，首先应充分尊重企业的自主权，使其成为真正的市场主体，这是保证企业效率和竞争力的重要条件。另一方面，在我国公司社会责任实现机制中，国家通过宏观调控引导企业承担社会责任，绝不是要回到"企业办社会"的老路上去。

第二节　现代公司社会责任实现机制的内容体系

公司社会责任作为时代发展和社会进步的产物，体现的不仅是企业主体的态度和行为方式，更是政府和社会主体的态度和行为表达。根据目前我国社会环境的特点，结合西方国家公司社会责任运动的经验和教训，我们将公司社会责任实现机制归纳为公司社会责任的激励约束机制、公司社会责任的需求机制、公司社会责任信息披露机制、公司社会责任管理认证机制以及公司内部治理机制。各内容之间的逻辑关系如图11-1所示，政府、企业、社会多元参与主体通过互动作用形成上述六大机制，从而对公司社会责任的实现产生外部和内部的驱动力。

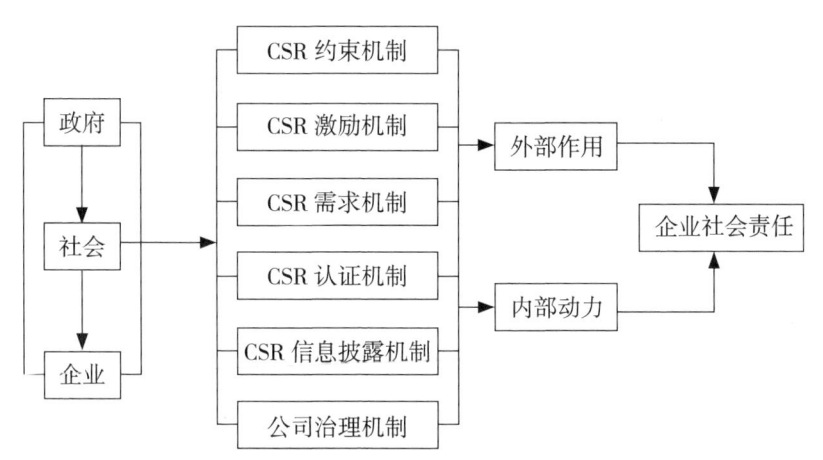

图 11-1　我国公司社会责任实现机制的内容体系

（一）公司社会责任的激励约束机制

正式制度的缺失，特别是激励和约束机制的不健全，是导致当前我国出现公司社会责任缺失现象的根本原因。目前的市场价格机制未能真正反映资源的稀缺程度和生产的环境成本，投资者和消费者在投票选择当中未能充分考虑公司社会责任表现，相关法律法规不够完善；财政政策、货币政策对不同行业的杠杆调节作用不够充分。因此，要推动我国企业履行社会责任，关键是要尽快完善公司社会责任实现的激励机制和约束机制，使企业自觉增强社会责任感，积极主动承担社会责任。

激励机制是在组织系统中，激励主体系统运用多种激励手段、措施并使之规范化和相对固定化，从而与激励客体相互作用、相互制约的结构、方式、关系及演变规律的总和。约束机制是根据业绩及对约束客体各种行为的监察结果，约束主体对约束客体进行适时、公正的奖惩决定，包含对权力的约束，建立较完善的监督机制，对渎职者采取惩罚措施。仅有约束而无激励，企业缺乏履行社会责任的利益动力；仅有激励而无约束，则企业可能因利己而盲目行动。因此，两者缺一不可。机制设计理论将前者称为参与约束，后者称为激励相容约束。只有同时满足参与约束和激励相容约束这两个条件，才能构成有助于解决公司社会责任实现问题的机制设计，图 11-2 为公司社会责任实现的激励与约束机制。

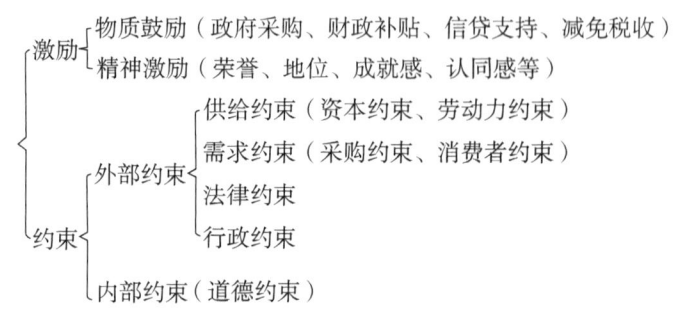

```
       ┌ 激励 ┌ 物质鼓励（政府采购、财政补贴、信贷支持、减免税收）
       │      └ 精神激励（荣誉、地位、成就感、认同感等）
       │             ┌ 供给约束（资本约束、劳动力约束）
       │      ┌ 外部约束 ┌ 需求约束（采购约束、消费者约束）
       │      │      ├ 法律约束
       └ 约束 ┤      └ 行政约束
              └ 内部约束（道德约束）
```

图 11-2　公司社会责任实现的激励与约束机制

1. 公司社会责任的激励机制

无论是法律责任还是环境责任、社会公益责任，在短期内，承担社会责任给企业带来的影响更为突出的是成本的增加。让企业自觉承担社会责任的一个较好的方法就是让企业先体会到此举的好处。因此，需要完善激励机制，为公司社会责任的实现提供强大的引导力。如果企业在节约资源、保护环境等方面能够得到正激励，那么每种正激励对一个追求持续性发展的企业来说都是极大的鼓舞。

（1）物质激励

物质激励主要由政府按照市场经济规律的要求，运用价格、税收、财政、信贷、收费、保险等经济手段，通过政府采购、财政补贴、税费优惠，甚至直接资助的办法鼓励企业主动承担社会责任。

政府采购。在尊重市场经济规律，遵行公开、公平、公正竞争的前提下，将政府工程招标、政府采购订单落实到遵纪守法、责任感强的好企业中。

财政补贴。包括对"退出"行为的补贴和"进入"行为的补贴。例如，政府对退出高污染、高能耗的企业给予财政奖励或对进行节能技术改造并取得节能效果的企业给予资金奖励。

税费优惠。完善《中华人民共和国企业所得税法》，对企业增进社会道德水准、进行社会捐赠或其他福利行为方面的非营利性投资从企业所得税中减免；对开发、使用环境资源的纳税单位和个人，按其对环境资源的保护程度进行征税，对于环境友好行为实行税收优惠政策；推行"绿色贷款"，对环境友好型企业或机构提供贷款扶持并实施优惠利率。

此外，还可引入当前国际上比较流行的公私合作PPP模式。例如，中德政府公司社会责任合作项目设立的公私合作基金，就是以非现金方式支持优秀的企业承担社会责任。

（2）精神激励

精神激励包括荣誉、地位、成就感、认同感等方面的激励。精神激励有助于提升企业的社会声誉，为企业带来更多的顾客、更好的员工、更多的合作伙伴、更融洽的社区关系等。例如，设立公司社会责任标兵或者类似奖项，鼓励企业适当从事社会公益活动。

2. 公司社会责任的外部约束机制

约束企业行为的各种条件及其对企业行为的约束作用，构成企业行为的约束机制。公司社会责任的约束机制可分为企业内部约束机制和企业外部约束机制。企业内部约束主要与公司治理有关，鉴于其重要性，置后单独讨论，在此仅讨论外部约束机制。公司社会责任的外部约束机制可分为市场约束、法律约束和行政约束。

（1）市场约束

市场约束包括供给约束和需求约束。供求约束主要来自投资者和企业员工。企业要正常生产经营必须在市场上获得足够资本，聘用具有各种专长的工人和专业技术人员、管理人员等。任何一种生产要素供应的短缺或垄断，都会影响企业的经营决策，约束企业行为。投资方面，社会责任投资的实施可有力地推动公司履行其社会责任。社会责任投资是指外部投资者根据公司社会责任绩效及企业披露的社会责任信息而做出的投资活动，是一种将融资目的和社会、环境以及伦理问题相统一的融资模式。在英美等发达国家，社会责任投资已经取得了长足发展，并出现了一些适合现代公司治理制度和现代金融市场的社会责任投资工具，如证券交易所开发的公司社会责任指数。员工方面，与企业吸引力、社会声望、企业管理及社会责任表现等显著正相关，因此，公司社会责任表现好的企业对求职者的组织吸引力更大，在求职者心目中的声望更高。

需求约束主要来自企业的商业伙伴和最终消费者。商业伙伴对公司社会责任的推动作用主要通过供应链体现，即采购方要求供应方改善生产环境，维护员工权益，提供符合生产守则的产品。消费者的购买决定则直接影响到企业的财务绩效，若市场对不积极承担社会责任的企业产品采取抵制措施，会使企业充分认识到不承担社会责任的严重后果。

（2）法律约束

法律约束包括立法方面的约束和司法方面的约束。立法是国家依据一定职权和程序，制定、认可和变动这种特定社会规范的活动。通过立法，一方面引导企业自觉承担利益相关者责任以增加企业利益相关者责任的自觉供给，如税法规定一定限额内的捐赠可以抵税，这样企业慈善捐赠比股东捐赠更有效率；另一方面强制企业承担利益驱动不足的利益相关者责任，如劳动法关于企业对职工责任的强制、消费者权益保护法关于企业对消费者责任的规定、环境保护法关于企业对公共利益的要求等，都是社会责任的强制供给形式。司法监督是制裁违法和维护权益的最终途径，可通过司法裁决给公司社会责任的实现创造一个公正高效的司法环境。从司法方面看，要加强法律法规的实施工作，使执法程序明确具体；创造健全的法律环境，充分发挥法律的利导性；做到有法可依、有法必依、执法必严、违法必究，使企业通过服从法律规范来承担公司社会责任。

（3）行政约束

行政约束是指政府通过引导、监督的方式形成企业承担社会责任的重要外部约束机制，协调企业利益与社会利益，以间接调控为主要手段，纠正和惩处逃避社会责任的行为，并保证部分由市场和法律约束的社会责任的履行。公司社会责任不同于计划经济时期国有企业"企业办社会"的概念——将企业看成一个行政单位，要求其对每一个员工承担本该由社会承担的福利功能，如企业办学校、办医院、办社区等。因此，行政约束不是以行政命令手段不加分辨地把社会责任强加到企业头上。

（二）公司社会责任需求机制

公司社会责任需求机制是指，通过增强企业利益相关者的公司社会责任意识和行为，提高对公司社会责任的社会性需求，增加利益相关者对企业的压力，促进利益相关者与企业的对话交流和互动合作，以带动企业对社会责任的有效供给。需求意识和需求行为是需求机制的两个基本构成要素，完善需求机制需要强化这两个方面。

当一种行为不需要支付成本或者成本很低时，对行为的管理就容易被忽略。于是，公司社会责任有效需求不足就成了企业内部社会责任管理缺位的"正当理由"。没有公司社会责任需求的推动，缺少对公司社会责任有着相当理解和需求的社会群体，就容易出现企业对社会责任供给不足的问题。利益相关者的压力、对话、互动合作对企业的影响是巨大的，企业回应利益相关者需求的过程，实际上也是逐步履行公司社会责任的过程。近几年，虽然随着国内公司社会责任实践的发展，公众对公司社会责任的需求有所提高，但是总体上有效需求水平仍偏低。因此，要完善公司社会责任需求机制，必须提高政府主体和社会主体对企业承担社会责任的需求意识，从而促进公司社会责任管理意识和实际管理水平的提高。

（三）公司社会责任信息披露机制

西方国家对于公司社会责任披露机制的研究和实践由来已久。20世纪30年代产生的强制信息披露，主张以政府干预的力量对上市公司的信息披露进行规范。在这种模式下，上市公司要按照有关规定的内容和格式进行披露，并承担相应的法律责任。自愿性信息披露是相对强制性信息披露而言的，是指在强制性披露的规则要求之外，公司管理层自主提供的关于公司财务和公司发展的其他方面相关信息，用以弥补强制性披露模式下信息量不足的缺点，促进上市公司信息披露向完善和真实的方向发展，并且在世界各国都逐步得到重视和认可。

目前，我国企业主要采取的是自愿性披露的方式。有一些企业正通过媒体以发布社会责任报告的形式向社会公布公司履行社会责任的状况，但披露内容还更多地体现在公司社会责任的理念方面，披露内容的深度、广度相对于西方发达国家来说还有较大差距。在鼓励上市公司作自愿性的信息披露的同时，我国应制定会计制度，要求企业强制披露公司社会责任信息，规定公司社会责任披露最低信息要求，并鼓励社会责任意识强的企业作更多的自愿性披露。强制性社会责任披露制度可以首先在上市公司和出口企业中实施，然后在全国所有企业推广使用，推动全部企业全面履行社会责任。[①]

（四）公司社会责任评价和认证机制

公司社会责任评价和认证机制的功能在于通过对公司社会责任管理和履行情况进行审验、评价并将有关结果向社会公布或提供给特定需要者，以达到辅助决策、监督企业行为等目的。该机制的建立需要解决好两方面的问题：一是谁作为评价主体；二是制定什么样的公司社会责任评价标准体系。

1. 公司社会责任评价主体

公司社会责任的评价主体可以是政府、消费者（第二方）、商业伙伴（第二方）、非政府组织（第三方）和企业自身等。企业自我评价是不可或缺的，通过加强内部审计、评价，有利于企业及时发现问题、解决问题并加强自律。从一定意义上讲，完善公司社会责任信息披露机制有助于加强企业自我评价。但仅有企业自我评价是不够的，企业出于利己的考虑，往往不愿意及时、全面公布评价结果。建立由外部的其他主体主导的公司社会责任评价机制，不仅能够为利益相关者的投资决策（或购买决策、行政决策）提供客观、公正的决策依据，而且能够直接提供企业履行社会责任的动力和压力。目前，在西方国家存在的评价机制主要是由非政府组织主导的，即第三方评价。该种评价机制具有较强的客观性和公正性。在非政府组织不成熟及消费者责任意识普遍缺乏的情况下，政府凭借其公信力可以充当评价主体。

2. 公司社会责任评价标准

目前，国际上出现的社会责任标准主要出自非政府组织，有社会责任国际、公平劳工协会、服装厂行为标准组织、道德贸易倡议组织和工人权利联合会等，这些组织都先后制定了各自的社会责任标准。其中，社会责任国际的 SA8000 和 AccountAbility 制定的 AA1000 审验标准影响较大。这些认证标准都是以发达国家的立场、眼光和实际制定的，与我国现状有很大差距，对发展中国家来说，这些标准常常是难以达到的，这就要求我国政府尽快制定适合中国国情的社会责任标准。

对任何一个企业的评价都应从经济、法律、社会和环境四个方面入手，经济指标、法律指标仅仅被认为是企业最基本的评价指标，而关于公司社会责任的评价有多种多样，如道琼斯可持续发展指数、多米尼道德指数、《商业道德》等都将公司社会责任纳入评价体系。我国也应该根据自己的国情，建立类似 SA8000

[①] 王娟，刘昭阳. 食品业上市公司社会责任信息披露问题研究[J]. 邢台学院学报, 2021, 36(2): 86-91.

的认证标准或公司社会责任评价标准体系，把遵守法律、保护环境、促进社会事业发展、社会进步等方面的内容不仅纳入对企业的评价体系中，同时也纳入对地方政府的业绩考察当中去，加重环境指标、社会指标的权重。

（五）公司内部治理机制

公司治理和公司社会责任之间是一种相互依存、相互促进的关系，完善的公司内部治理机制是企业认真、有效履行社会责任的制度保证，而企业积极承担社会责任的主要表现之一是推动公司法人治理结构的完善和良性发展。健全公司社会责任的内部治理机制，主要依靠"老三会"（党委会、工会、职代会）和"新三会"（股东会、董事会、监事会）。首先，允许企业利害关系人参与企业的经营与管理，在这种共同治理的模式下，董事会领导下的经理人员的受托责任不再只单纯地维护股东价值，而是维护企业所有资产的价值。其次，在董事会层面设立专门委员会负责公司社会责任事项，或在董事会职能中明确董事会要承担公司社会责任，在操作上授权给公司的管理层负责相关事项。最后，增设一些外部独立董事和职工董事。职工董事要履行反映职工合理诉求、代表和维护职工合法权益的职责。

股东和员工是与公司关系最密切的利益相关者，公司的运营不能仅仅考虑股东的利益和要求，还必须恰当地考虑职工的利益和要求。在欧洲，公司的社会责任主要是通过职工参与公司决策机制来实现的。例如，在德国、荷兰、瑞典等国家的公司制度中，各有一套独具特色的职工参与公司治理的制度。在我国，职工参与公司治理制度在《公司法》中是有所体现的。例如，《公司法》第五十一条规定："监事会应当包括股东代表和适当比例的公司职工代表，其中职工代表的比例不得低于三分之一，具体比例由公司章程规定。"第四十四条："两个以上的国有企业或者两个以上的其他国有投资主体投资设立的有限责任公司，其董事会成员中应当有公司职工代表；其他有限责任公司董事会成员中可以有公司职工代表。董事会中的职工代表由公司职工通过职工代表大会、职工大会或者其他形式民主选举产生。"

因此，为了增强公司社会责任感，需要大力推进职工参与制度。职工参与公司治理，既是人的经济价值的提高，也是缓和劳资冲突以提高公司组织效率的需要。职工是企业的重大利害关系人，他们对公司有长期的人力投入，并承担了相应的风险，应该有自己的代表参与公司的决策。为了充分发挥职工的主人翁意识，应当创造条件让职工参与公司法人治理：一是要发挥好职代会及工会在公司中的作用；二是应大力推行董事会、监事会的职工代表制。职工董事、职工监事是职工委派自己的代表，通过股东大会进入公司领导机构，是职工参与企业管理和监督的重要形式，也是职工维护和保护自身合法权益的体现。

第三节　推动现代公司社会责任实现机制构建的措施

在政府、企业与社会的关系中，公司社会责任的定位是能够有效维护和增进社会公共利益的润滑剂和媒介物，通过承担相应的公共职责来协调政府、企业与社会之间的关系。而公司社会责任实现机制的构建需要由政府、企业和社会三方各司其职，相互作用方可完成。在企业的外部环境中，政府扮演着极其重要而又特殊的角色，政府是从宏观的角度以引导者和管制者的身份出现，起到自上而下的推动作用；企业从微观的角度通过履行社会责任，承担自下而上的推动作用；而社会则扮演政府和企业之间中介平台的角色，分别向政府和企业传达彼此的意志，把政府、企业与社会之间的多元关系有机地贯穿起来，社会同时是公司社会责任的实施目标和受益者。图11-3为我国公司社会责任实现机制的构建。

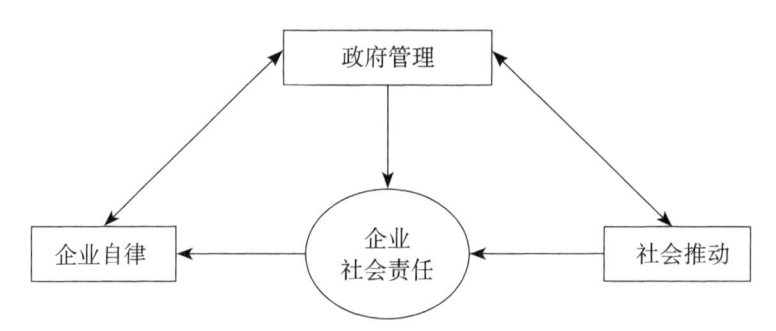

图11-3　我国公司社会责任实现机制的构建

一、政府管理

对于我国来说，政府对公司社会责任的推动就显得十分重要。政府应发挥主导作用，转变职能，为企业履行社会责任创造良好的社会环境和政策环境。

（一）法律手段

1. 立法

立法是国家依据一定职权和程序，制定、认可和变动法律这种特定社会规范的活动。政府制定的法律直接影响着公司社会责任，一方面通过立法引导企业自觉承担利益相关者责任，以增加企业利益相关者责任的自觉供给。如税法规定一定限额内的捐赠可以抵税，这样，企业慈善捐赠比股东捐赠更有效率。另一方面，通过立法强制企业承担利益驱动不足的利益相关者责任。如劳动法关于企业对职工责任的强制、消费者权益保护法关于企业对消费者责任的规定、环境保护法关于企业对社会公众责任的要求等，都是利益相关者责任的强制供给形式。对于企业利益相关者责任的需求，法律的作用也是双方面的：一方面，相关法规中的责任条款可以使企业利益相关者的损失得到补偿；另一方面，法律对弱势利益相关者的救济可以增强利益相关者的谈判力，并强化其对企业利益相关者责任的需求。[①]

国家通过立法规定公司社会责任，为公司承担社会责任提供依据，为行政机关公正执法确立准绳，当然也为违法行为预置了国家强制力。从立法方面推进公司社会责任法治化、规范化，必须依靠多个法律部门共同确认，整合法律资源，梳理目前与中国公司社会责任相关的法律，为公司社会责任实现机制的构建搭建一个平台。需要分析哪些条文有利于推进公司社会责任，哪些条文需要改进。为了强化公司社会责任，在今后立法中应强调，企业除了赢利之外，还必须承担社会责任；企业董事不仅仅是股东的代理人，而且是非股东利益相关者的代理人或受托人，明确规定公司董事会应增设职工董事，并规定其所占比例、职责和履责管理办法。需要我国政府继续抓紧修订已不完全适应现实需要的自然资源法律法规和环境保护法律法规；制定空缺的法律法规，加强综合性环境与资源法律法规的制定和研究，扩大环境与资源保护法的调整范围，加大其调整力度。

2. 司法

司法监督是制裁违法和维护权益的最终途径，通过司法裁判给公司社会责任的实现创造一个公正、高效的司法环境。好的法律要得到严格的执行才会产生足够的震慑力，否则便会成为一纸空文。

（二）经济手段

不少企业对社会责任望而生畏，这是因为它们片面地理解了社会责任的内涵，认为那纯粹是一种成本的投入，而不会带来任何回报。事实上，节能环保、提高员工素质、改善企业形象都可以为企业带来潜在或可见的经济回报。让企业自觉承担社会责任的一个较好的方法之一就是让企业先体会到社会责任的好处。政府

---
① 王琦. 论我国公司社会责任承担体系的有效建构 [J]. 中国集体经济，2019（3）：116-117.

可以按照市场经济规律的要求，运用价格、税收、财政、信贷、收费、保险等经济手段，影响市场的主体行为，通过财政补贴、税费优惠，甚至直接资助的办法鼓励企业走出第一步。经济手段具体包括以下七个方面。

第一，绿色税收。要对开发、保护、使用环境资源的纳税单位和个人，按其对环境资源的开发利用、污染、破坏和保护的程度进行征收或减免。对于环境友好行为，实行税收优惠政策；对环境不友好行为，建立以污染排放量为依据的直接污染税，以间接污染为依据的产品环境税。

第二，环境收费。提高排污收费水平，在资源价格改革中充分考虑环境保护因素，以价格和收费手段推动节能减排。

第三，绿色资本市场。在间接融资渠道，推行"绿色贷款"，对环境友好型企业或机构提供贷款扶持并实施优惠利率，对污染企业的新建项目投资和流动资金进行贷款额度限制并实施惩罚性高利率；在直接融资渠道上，研究一套针对公司社会责任表现的投资制度，包括资本市场初始准入限制、后续资金限制和惩罚性退市等内容的审核监管制度。

第四，生态补偿。这项政策不仅是环境与经济的需要，更是政治与战略的需要。要完善发达地区对不发达地区、城市对乡村、富裕人群对贫困人群、下游对上游、受益方对受损方、高污染高能耗产业对环保产业进行以财政转移支付手段为主的生态补偿政策。

第五，排污权交易。利用市场力量实现环境保护目标和优化环境容量资源配置，降低污染控制的总成本，调动污染者治污的积极性。

第六，绿色贸易。针对发达国家越来越多的绿色贸易壁垒，改变单纯追求数量增长而忽视资源约束和环境容量的发展模式，平衡好进出口贸易与国内外环保的利益关系。

第七，绿色保险。其中环境污染责任保险最具代表性。一方面，由保险公司对污染突发事故受害者进行赔偿，减轻政府与企业的压力；另一方面，增强了市场机制对企业排污的监督力量。

（三）行政手段

1. 全面转变政绩观

要推动公司社会责任的实现，政府部门首先要转变传统的政绩观，从以经济论实力转向综合权衡经济、社会和环境的发展质量。这一转变之所以重要是因为如果不转变这个观念，我们的政府就不会动真格下大力度去监管或关停污染企业，不会为了一个社区搬迁一个企业。所以转变政绩观、实施新的政绩评估体系将会对公司社会责任的发展有非常巨大的促进作用。

2. 直接介入公司社会责任

政府直接介入CSR，倡导企业实施公司社会责任，可从以下几个方面入手：一是由政府相关部门会同国际国内各种非政府组织和媒体，发起或参与一些CSR相关的活动以及培训，表明政府对CSR积极推进的立场；二是倡导企业积极应对跨国公司的CSR标准要求，要求国内企业转变经济增长方式，关注可持续发展、和谐社会及环境问题，通过实施公司社会责任，提高中国产品的国际竞争力；三是加强与有关国家和相关组织的合作，共同推动中国的CSR事业，妥善解决世界产业链中中国CSR成本的合理分担问题，要求跨国公司应当考虑与中国供应商共同承担社会责任成本，而不能一方面要求中国中小企业改善劳动条件，一方面却在采购合同上一味压低价格。

3. 间接引导非政府组织等社会力量

非政府组织等其他社会主体作为与政府和企业并存的第三方，具有主体广泛，行为相对独立、公正、灵活等特点，而且是企业行为的直接受用者，所以它们更加关注公司社会责任问题。在我国，这些主体尚未形成独立的制约力量，所以，政府应当促进其存在的多样化、合法化、职业化程度，将其权力提升到法律层面，确保其监督、制约的力度，从而淡化政府代言公众的功能，也可以弥补政府因与利益集团形成利益同盟而忽视公众利益的缺陷。

二、企业自律

公司社会责任的实践主体毕竟还是企业，企业自身的组织保障和内部制度建设是影响履行社会责任效果的重要条件。因此，企业要修炼内功，更好地承担起相应的社会责任，为整个社会的可持续发展作出贡献。在对公司社会责任实现不力的原因进行分析时，我们曾提到企业的社会责任意识和企业的社会责任能力对于公司社会责任实现的影响。

因此，企业的自律行为旨在从这两方面去推进。一方面，企业要把强化公司社会责任与和谐发展观联系起来，在经营活动中自觉履行社会责任和义务；要强化自律约束，对自己的经营理念、经营行为进行自我规范、约束和控制。另一方面，企业要建立基于公司社会责任的总体战略和经营战略，将履行公司社会责任与增强企业竞争优势结合起来，不断增强创造财富、回报社会的能力，同时，要完善企业内部治理结构和组织结构，以保证社会责任观念和战略的有效落实。

（一）自觉增强公司社会责任意识

增强公司社会责任意识主要从两个方面入手：一是增强具有社会责任感的企业家精神。企业的行为与企业家个人的操守密切相关，尤其是在我国经济发展中举足轻重的民营企业当中，企业家个人几乎可以完全决定企业的价值取向和未来走向。因此，作为企业家，应正确处理企业、政府与社会的关系，正确处理股东、客户与员工的关系，不只顾眼前利益，深刻感知到履行社会责任是获得长远发展的必要条件，是实现个人更高层次需要的途径。二是增强企业全员的社会责任意识。通过企业文化凝聚优秀的员工，从而使员工对企业价值达成共识，最大限度地提升公司社会责任的执行力。通过组织员工志愿者活动，使全员参与到公司社会责任行动中来。

（二）有效增强公司社会责任能力

1. 实施公司社会责任战略

社会责任应当是一个主动和自觉的过程。因此，企业承担的社会责任必须纳入企业的战略规划中。如果企业能够用战略的眼光来看待公司社会责任，那么，公司社会责任既可以解决社会问题，也能为企业带来竞争优势。

在战略管理中，任务陈述是制定战略的基础，它表明了企业存在的社会目的及价值。企业应在任务陈述中有效表达对社会责任的态度，从而奠定企业对社会责任问题及早采取行动的基本策略。其次，企业应明确，承担什么样的社会责任，对企业的经营方向、组织结构、用工制度、利润分配等都有不同程度的影响，必须根据变化了的企业内外社会环境制定具体的社会责任目标。企业应视情况而定，有选择性地策划和实施社会责任，设定确定的、可测量的目标。

在经营战略上，企业应拓展更多商业机会，从一开始就把对社会和环境的关心整合到经营战略中，结合公司的使命、战略、价值观、服务领域，有选择性地策划和实施公益事业。这是促进企业创新和获取竞争优势的关键，也是企业增强履行社会责任能力的关键，因为倘若企业无法在市场竞争中立足，甚至亏损、破产，那么不仅连基本的经济责任都无法实现，更不要谈道德责任了。企业应该选择少数适合自身价值观的战略性重点领域；挑选可以支持企业经营目标的社会活动；选择与自身的核心产品及核心市场相关的主题；支持可以为实现营销目标提供机会的主题；评价不同主题对陷入危机或面临国家政策变动时提供积极支持的潜力；让更多的企业部门参与选择过程，以便为支持计划的实施打下基础；承担那些社区、客户和员工最关心的主题。

2. 完善企业内部治理机制

公司社会责任要落到实处，就必须落实到企业的治理环节中。有效的公司治理结构应该包含公司社会责任的承担与实现机制，能够在企业面临决策时，综合考虑利益相关者的利益，使决策行为符合企业利益相关者价值最大化原则。这样，企业的行为就是可以预期和控制的。从整个社会来看，只有企业具备了这样的公司治理结构，才能形成实现社会责任分担的微观基础。在这个基础上，政府就可以运用宏观调控手段，制定相应的公共政策，引导企业承担相应的社会责任。因此，企业内部治理结构的调适是实现公司社会责任的基础。

3. 建立组织保障

对于社会责任的管理体系，欧美等国普遍给予高度的组织保障，并在战略规划上提到相当明确的位置，设立伦理委员会、伦理热线、建立伦理培训项目。各著名跨国公司都把履行公司社会责任作为实现企业好公民形象的条件，并且将公司社会责任作为一个制度化、规范化的管理体系，有明确的计划，有专门负责部门，有一定的经费保障，有可操作的规范化的管理程序。而内资企业特别是民营企业在组织制度建设上明显不足。国有控股企业虽然在社会责任管理措施的政策规章方面有更为明确的要求，但在组织保障方面还是明显逊色于外资企业。

内资企业在社会责任管理措施中的组织保障方面可借鉴外资企业的有两种组织形式：正式部门，即企业中设立专门的CSR部门，负责履行公司社会责任方面的义务；即需团队，即企业中没有专门的CSR部门，但在履行公司社会责任时会临时组织一个团队来进行相关活动。

三、社会推动

公民社会的发展有助于培育公司社会责任的外部压力，因而有助于刺激公司社会责任的发展，它的三个核心群体是非政府组织、新闻媒体和消费者，三者从不同的维度促进公司社会责任实现机制的达成。

（一）非政府组织的推动

非政府组织（NGO），一般被认为是非政府部门的协会、社团或其他非营利性组织。随着"小政府，大社会"理念的日益深入人心，非政府组织将在公共利益的维护方面发挥更大的作用，因此，在CSR领域方面的潜能也还有很大的上升空间。我们认为，与中国公司社会责任的实现密切相关的非政府组织有行业协会和本身即以CSR为工作重点的特殊机构。

行业协会的基本职能是在政府宏观管理和企业微观经济活动中间发挥桥梁和纽带作用，传达政府意图，反映企业要求，协调企业行为。其在公司社会责任实现的职责和作用主要体现在三个方面：一是对企业进行约束，利用行业协会自愿与强制相结合的民主机制，运用行规的作用，发挥其自律和监督职能，对成员企业的行为进行约束。二是制定行业标准，为行业内的合理竞争、有序发展以及国际市场的扩展创造条件。我们在前文的分析中提到过，目前公司社会责任标准很多，但并不完全适合我国国情和企业实际，需要建立起一个有效的公司社会责任认证机制，这项工作一个重要的承担主体就是行业协会。三是发挥沟通作用。向上与政府沟通，提供信息，反映群体需求；促进本行业成员间的对话和合作成员；制定维权准则，在具体的侵权案件中，通过协会直接给受害者以支持诉讼等方式参与。

本身就是以 CSR 工作为出发点的非政府组织，则需要深入了解中国国情，合理干预公司社会责任，但不应对企业正常的生产经营秩序造成干扰。需要获得企业对自身工作的支持，加强与企业的联系与合作。

（二）新闻媒体的推动

我国公司社会责任实现机制的重要内容之一是公司社会责任的激励与约束机制。在这个机制的构建过程中，除了政府以外，新闻媒体由于其特有的公信力与覆盖面，能够在最短的时间内造成各种社会舆论效果，产生最大的影响力和社会效益。新闻媒体应主要发挥如下三个作用。

1. 宣传作用

鉴于公司社会责任在我国的现状，新闻舆论应该加大对公司社会责任的宣传和引导工作，逐步澄清公司社会责任承担方式、内容和意义，引导公众对于企业履行社会责任的现状的理解和认识，为在全社会范围内建立公司社会责任制度发挥应有的作用。

2. 监督作用

现代社会赋予了媒体舆论监督职能，媒体拥有有效的话语权，将有关公司社会责任的事实交给公众，引起公众积极的社会舆论，就起到了监督的作用。

3. 激励作用

新闻媒体可以通过颁奖、评选等形式，对于那些在社会责任方面做得好的企业充分表扬，帮助其提升公众形象，促使更多的企业参与公司社会责任活动。在这方面，新闻媒体应当注意努力做到这些活动的公正与公开，使这些奖项和排名能真正有意义。同时，致力于传播公司社会责任的最佳履行方法，让更多的企业懂得如何履行公司社会责任。

（三）消费者的推动

消费者是一个特殊群体，其消费决定直接影响到企业的财务绩效，他们的行为对企业有十分重要的导向作用，因而在公司社会责任实现机制的构建中占据重要位置。

在西方，责任消费一直是公司社会责任发展重要动力之一，消费者的抉择直接影响着企业的战略。在自由化的市场经济下，消费者的"货币投票"对商品生产者和销售者具有终极的影响力，不论中小企业，还是跨国公司，最终都必须服从于消费者的选择。

参考文献

[1] 包燕萍.企业社会责任与税收激进——基于公司治理视角[J].财会通讯,2021(10):47-50.

[2] 卞娜.公司治理视角下的企业社会责任研究[M].北京:中国财政经济出版社,2020.

[3] 常亮.高管特征与企业社会责任关系研究[J].大众标准化,2021(6):49-51.

[4] 常伟,饶晓波,粟湘福.浅析我国保险企业承担的社会责任[J].现代营销(经营版),2019(9):176-177.

[5] 陈丽薇.互联网公司企业社会责任与企业绩效的路径研究[D].武汉:湖北经济学院,2019.

[6] 陈煦江,许梦洁.企业社会责任、竞争优势与财务可持续[J].会计之友,2020(24):125-131.

[7] 程晨.企业社会责任对创新产出的影响[J].现代企业,2021(2):27-28.

[8] 程泽琪.企业文化、社会责任与财务绩效的关系研究[D].杭州:浙江农林大学,2019.

[9] 迟德强.跨国公司社会责任[M].北京:中国政法大学出版社,2017.

[10] 付毓卉.广东上市公司社会责任能力建设研究[D].广州:广东省社会科学院,2019.

[11] 龚玉晶.上市公司履行企业社会责任的研究[M].北京:经济科学出版社,2019.

[12] 郭锐.道德、法律和公司:公司社会责任的成人礼[M].北京:中国法制出版社,2018.

[13] 胡康.陕西省上市公司社会责任评价研究[D].西安:西安理工大学,2019.

[14] 黄斌峰.P公司供应链环节的企业社会责任研究[D].深圳:深圳大学,2019.

[15] 李秋华.民营企业社会责任研究[M].杭州:浙江工商大学出版社,2019.

[16] 李学军.公司法背景下企业社会责任的实现路径[J].法制博览,2020(24):125-126.

[17] 李志斌,阮豆豆,章铁生.企业社会责任的价值创造机制:基于内部控制视角的研究[J].会计研究,2020(11):112-124.

[18] 刘朝霞.履行社会责任与企业可持续发展的关系实证研究[J].经营与管理,2020(6):62-66.

[19] 刘坤.社会责任履行对竞争力的影响研究[D].南京:南京林业大学,2019.

[20] 陆旸,王晶晶,高凯丽.战略性企业社会责任管理路径探析[J].现代经济信息,2019(24):28-30.

[21] 邵胜军.论上市公司社会责任报告披露问题[J].现代营销(下旬刊),2019(6):42-43.

[22] 施逸文.企业社会责任对企业价值的影响——基于食品行业的实证研究[J].西部皮革,2020,42(2):65-68.

[23] 孙明艳.企业社会责任、企业文化与财务绩效[D].长春:长春理工大学,2020.

[24] 孙艳梅,陶利斌.股权结构、公司治理与企业社会责任行为[J].浙江学刊,2019(1):111-123.

[25] 汪玉琴.公司社会责任承担的困境与解决对策[J].上海企业,2020(11):60-63.

[26] 王丹丹,夏子叶.造纸企业社会责任与财务绩效关系实证研究[J].中国林业经济,2019(5):6-9.